LA VIE QUOTIDIENNE

DES ÉCRIVAINS
ET DES ARTISTES
SOUS L'OCCUPATION
1940-1944

DES MÊMES AUTEURS

Gilles Ragache :

Les Années munichoises 1938-1940, Éditions Floréal, 1980.
1940 : La guerre détraquée. Éditions Aubier, 1983.
Le jour J (6 juin 44), Éditions du Seuil, 1984.

et en collaboration :

Luttes ouvrières (du XVIIIᵉ siècle à 1947), Éditions Floréal, 1976.
La France de 1968, Éditions du Seuil, 1978.
Les Loups en France, Éditions Aubier, 1982.

Jean-Robert Ragache :

en collaboration :

Histoire de la Normandie, Hachette, 1976; (réédition France-Empire, 1986).
Normandie, Editions Bonneton, 1978; réédition 1986.

LA VIE QUOTIDIENNE

DES ÉCRIVAINS
ET DES ARTISTES
SOUS L'OCCUPATION
1940-1944

GILLES RAGACHE
JEAN-ROBERT RAGACHE

HACHETTE

CHAPITRE I

ÉCRIVAINS ET ARTISTES DANS LA TOURMENTE

AVRIL 1940

D EPUIS des mois, dans la tranquillité feutrée d'un bureau, Jean Giraudoux gagne quotidiennement la guerre. Oh, sur le papier bien sûr! Mais c'est déjà bien, car il faut entretenir le moral des Alliés. C'est pourquoi, sur les murs de France, de belles affiches inspirées par le célèbre écrivain proclament : « Le temps travaille pour nous! », ou encore : « Nous vaincrons car nous sommes les plus forts! » Et chiffres à l'appui, Giraudoux, mobilisé dans un luxueux hôtel transformé en « ministère » pour y faire de la propagande, démontre doctement, par des causeries radiophoniques bien tournées, que Hitler va nécessairement perdre la guerre en cours...

En cours cette guerre? Pas vraiment... Depuis huit mois on s'ennuie ferme dans l'armée française. Après une brève offensive en septembre 39, l'inaction s'est généralisée. Excepté quelques hommes des corps-francs qui guerroient devant les lignes dans la sombre forêt de Warndt, tout le monde attend, et la forêt de Warndt paraît bien loin...

Les Français, peu désireux d'en découdre une nouvelle fois avec l'armée allemande – fût-elle hitlérienne –, sont tout prêts à croire que le temps travaille pour eux, que « la route du fer est coupée! », ou d'autres slogans du même tonneau. D'ailleurs un auteur aussi prestigieux que Giraudoux n'invente rien. Il ne fait qu'amplifier une opinion répandue parmi ses compatriotes, et n'est pas le seul à croire que la ligne Maginot suffit à protéger le pays. Comme lui, les Français sont nombreux à espérer que les Allemands, privés de matières premières essentielles et de nourriture, devront se rendre un jour ou l'autre, au terme d'une longue guerre économique, d'un blocus; bref, que l'on pourra faire la guerre sans verser de sang.

GUERRE ASSISE OU DRÔLE DE GUERRE

Comme tous leurs compatriotes, intellectuels et artistes se sont adaptés au mieux à cette guerre étrange, bizarrement baptisée « la guerre assise » par les Allemands, « the phoney war » par les Britanniques et « la drôle de guerre » en France où l'on prête à Roland Dorgelès la paternité de l'expression.

Quelques écrivains portent l'uniforme dans des unités combattantes comme Antoine de Saint-Exupéry qui a repris du service aux commandes d'un avion de reconnaissance, ou encore André Malraux qui, en principe réformé, a réussi à se faire incorporer en mars 40 dans une unité de blindés basée à Provins. Paul Nizan qui sert dans un régiment de pionniers écrit à Sartre : « Nous sommes toi et moi, parmi les six ou sept écrivains naïfs qui ne sont ni à la censure, ni chez Giraudoux. On ne nous considère pas sans ironie. Écrivons nos romans * [10]. » Certes Nizan exagère, mais il est vrai que plusieurs de ses confrères travaillent à la censure ou chez Giraudoux (ce qui revient d'ailleurs au même!) tels le romancier Philippe Hériat ou Paul Hazard, directeur du service de l'information pour l'étranger, éminent historien, académicien de surcroît. Beaucoup d'autres sont affectés à des tâches subalternes qui comportent bien peu de risques physiques et, y compris pour Jean-Paul Sartre, « météorologue de deuxième classe », la guerre semble lointaine, abstraite :

« Je lâche des ballons comme des colombes, aux envi-

---

* Les numéros renvoient à la bibliographie en fin de volume.

rons des batteries d'artillerie, et je les suis avec une lorgnette pour déterminer la direction des vents. » Et d'ajouter : « Ce travail extrêmement pacifique (je ne vois que les colombophiles, s'il y en a encore dans l'armée, pour avoir une fonction plus douce et plus poétique) me laisse de très grands loisirs [131]... » De fait, il passe le plus clair de son temps à lire, et plus encore à écrire, dans l'indifférence générale. Pourtant, de temps à autre, pris d'une sorte de remords, d'un sentiment diffus de culpabilité, il discute avec ses camarades pour savoir si oui ou non ils sont des « planqués ». Sartre parlant de lui-même résume la situation dans ses *Carnets* : « Il déclara qu'ils étaient tous des salauds, y compris lui-même et qu'on devrait coucher sur la paille ou dans la boue comme les soldats du front. Neuf heures sonnèrent et chacun rentra chez soi. Sartre salua son hôtesse et se coucha dans un bon lit avec un édredon sur les pieds [131]. » Un peu plus loin, l'écrivain traduit bien le malaise et le doute qui gagnent la majorité de ces désœuvrés : « La guerre n'a jamais été plus insaisissable que ces jours-ci. Elle me manque, car enfin, si elle n'existe pas, qu'est-ce que je fous ici ? »

Remobilisé tardivement (en avril 40), Jean Anouilh a dû quitter brusquement le microcosme du théâtre parisien pour une ingrate caserne des environs d'Auxerre. Pourtant il ne se plaint pas trop : « Comme j'étais dans la compagnie le seul seconde classe titulaire du baccalauréat, je fus bombardé secrétaire du commandant. Cette sinécure me permit tout au moins d'être souvent seul [4]. »

Après un bref séjour à Paris (caserne Mortier), Aragon a rejoint une division légère motorisée non loin de la frontière belge ; chef infirmier, il commande un groupe sanitaire composé d'étudiants, ce qui ne l'empêche pas d'écrire de nombreux poèmes, dont *Les Amants séparés* publiés dans une toute nouvelle revue : *P.C. 40*. Cette revue confidentielle, tirée à quelques centaines d'exemplaires, est née de l'initiative de Pierre Seghers, un jeune poète encore peu connu. Mobilisé à Nîmes, il a obtenu de ses supérieurs l'autorisation de publier des textes de poètes sous l'uniforme ; d'où ce nom curieux de *P.C. 40,* qui, en 1940, signifie tout simplement... *Poètes casqués* !

De son côté, Robert Brasillach coule une vie paisible mais monotone d'officier d'état-major non loin de Nancy. Par un système astucieux, il conserve le contact avec les autres rédacteurs de l'hebdomadaire *Je Suis Partout*, rédacteurs qui sont aussi ses amis : « Chaque semaine, Alain Laubreaux, qui animait avec Charles Lesca notre journal depuis le début de la guerre, envoyait de Paris à nos mobilisés un résumé des lettres reçues par lui de chacun : cette idée charmante était ce que nous nommions le Bulletin du consulat de *Je suis Partout*. » Cette méthode permet à Georges Blond mobilisé à Brest comme enseigne de vaisseau, à Maurice Bardèche, Pierre-Antoine Cousteau et Claude Roy de conserver le contact avec Brasillach, mais aussi avec Pierre Gaxotte qui, à cette époque, participe encore à *Je Suis Partout,* et avec Lucien Rebatet affecté à un service de renseignements.

Bien éloigné des préoccupations de l'équipe de *Je Suis Partout,* le poète Robert Desnos est cantonné dans un village d'Alsace où il s'ennuie ferme. Jean-Louis Barrault, qui lui rend parfois visite, est affecté à une « compagnie de camouflage » de Suippes où il retrouve d'autres artistes : les peintres Legueult, Launoy, les sculpteurs Damboise, Collamarini; le graveur Lemagny, le décorateur Delbée, des musiciens... Bref, un environnement culturel plutôt rare dans l'armée; et tout ce monde, habillé de kaki, imagine des camouflages plus ou moins sérieux. Jean-Louis Barrault, point dupe de l'étrangeté de la situation, écrit : « La seule chose pour laquelle je tins bon, ce fut de refuser de monter des spectacles – m'installer dans cette imposture ? Non, la mauvaise farce se suffisait à elle-même [9]. »

Tous subissent un conflit qu'ils n'ont pas voulu, mais dont ils ne voient plus comment l'éviter. L'attitude d'André Chamson est révélatrice de l'état d'esprit dominant. Membre du Comité des intellectuels antifascistes pendant la guerre d'Espagne, il n'en est pas moins capitaine de réserve; il a donc été mis à la disposition du général de Lattre de Tassigny, comme officier de liaison, et a accepté son affectation sans broncher : « Je m'étais promis voici des années, de ne jamais donner mon consentement à la guerre

(...). Il m'importe peu aujourd'hui de paraître infidèle à cette promesse. Car ce n'est pas la guerre que j'ai acceptée, ce n'est pas à elle que j'ai donné mon consentement, mais aux hommes qui m'entourent, à tous ceux qui, pas plus que moi, ne l'acceptent dans leur cœur et qui, pourtant, sont pris par elle [149]. »

Les artistes et cinéastes mobilisés ne connaissent pas un sort plus dur que celui de leurs confrères écrivains. Marcel Carné, après avoir « creusé quelques trous » avec le 606ᵉ Pionniers, est muté à La Ferté-sous-Jouarre auprès du général Georges. Tous les week-ends il obtient des permissions pour Paris et en profite... pour aller au cinéma! Charles Trenet, lui, est affecté à l'armée de l'air dans le Midi, où il anime le Théâtre des Ailes avant de participer au Théâtre aux armées.

Mobilisé dans la marine (à Cherbourg), Jean Gabin obtient en avril 40 une permission exceptionnelle pour achever *Remorques,* film dans lequel il retrouve sa célèbre partenaire de *Quai des brumes* : Michèle Morgan.

A la même époque Édith Piaf, provisoirement comédienne, obtient des militaires une faveur envers Paul Meurisse, son principal partenaire dans une toute nouvelle pièce de Cocteau intitulée *Le Bel Indifférent*; malgré la guerre, ils peuvent assurer une première très parisienne. Comme si de rien n'était.

Plus étonnant le cas de Jean Marais : réserviste d'une Compagnie de l'Air, il a rejoint son unité à Montdidier sans trop rechigner, même s'il affirme : « Cette guerre je la comprenais mal; je ne l'acceptais pas. » Bien que simple soldat, il a obtenu le droit de se loger à l'hôtel plutôt qu'en baraquement, et de conserver avec lui la belle voiture de Jean Cocteau, une Matford, qu'il a mise à la disposition de ses officiers. Ces entorses au règlement, ces privilèges, ne font cependant point trop grogner les camarades de Jean Marais : sa marraine de guerre n'est autre que la célèbre Coco Chanel, qui se montre d'une générosité stupéfiante : « Elle faisait travailler toute sa maison pour notre compagnie : des passe-montagne, des pulls, des gants que Jean devait apporter à son premier voyage [104]. » En effet, au moins une fois par semaine, Jean Cocteau joue au père Noël; il apporte des poèmes pour son ami et pour tous les autres des pulls, des thermos, des cigarettes... Célèbre, Jean Marais est protégé des rigueurs de la vie militaire jusqu'au printemps 1940 où un officier supérieur prend connaissance de ces irrégularités et décide d'y mettre fin en isolant l'acteur. Pour ce faire, il lui confie une tâche inattendue à laquelle Jean Marais s'adapte sans problème : équipé d'un téléphone de campagne, il grimpe au sommet du plus haut clocher du secteur (celui de l'église de Roye), et y devient guetteur! « Il y avait très peu de chances que je reconnaisse les avions allemands des français. On sait que j'ai très mauvaise vue, et j'ignorais les formes des uns et des autres. » Mais il ne s'affole pas et, légèrement vêtu pour mieux profiter du soleil printanier, il aménage tranquillement son petit territoire : « Au sommet il y avait un balcon assez large. Je peignis sur le muret de protection des avions allemands avec de la peinture noire, pour me faciliter la tâche (...). Je fis un coin-cuisine que je séparai du reste par un paravent de ma fabrication. J'achetai des tissus pour embellir mon lit de camp; je fabriquai des lampes avec des bonbonnes. Je fixai au mur des photos de Chanel, de Jean, des dessins [104]... »

Au cours de la drôle de guerre, Mussolini a adopté une prudente position d'attente. Il a massé des troupes aux frontières, mais officiellement l'Italie fasciste n'intervient pas dans le conflit. Les échanges entre Paris et Rome se poursuivent donc et c'est ainsi que Jean Renoir, affecté au service cinématographique des armées est muté à Rome au Centro Sperimentale pour y donner des cours de mise en scène; situation paradoxale pour un cinéaste du Front populaire que d'exercer dans la capitale fasciste! En toute quiétude il y enseigne donc, et entreprend même le tournage de *La Tosca* en compagnie de l'acteur Michel Simon. Ce ne sont pas les seules personnalités du spectacle à fréquenter la Ville Éternelle : le musicien Jacques Ibert et Corinne Luchaire, la plus jeune star du cinéma français, se sont aussi laissé tenter. Corinne Luchaire était rentrée de Deauville à Paris pour y fêter le premier Noël de guerre en compagnie d'aviateurs alliés. Puis, elle a volontiers accepté une invitation à Rome pour y tourner un nouveau film intitulé *L'Intruse*. Elle mène une agréable vie mondaine, en compagnie des plus nobles familles de l'aristocratie : « Je déjeunais fréquemment à l'ambassade où François-Poncet, ami de mon grand-père, me faisait les honneurs du somptueux Palais Farnèse [102]. » Au cours d'une partie de golf, elle fait connaissance du puissant et séduisant comte Ciano, le gendre de Mussolini. Cependant, en mai, les Français de Rome devront regagner précipitamment leur pays.

Si tout le monde ne bénéficie pas du statut spécial de Jean Marais ou de Jean Renoir, il existe bien, au sein de la communauté intellectuelle et artistique, une sorte de consensus « mou » au sujet de cette guerre qui n'en est pas encore vraiment une. Bien rares sont ceux qui envisagent sérieusement de fuir l'armée et le pays, imitant en cela le seul déserteur célèbre de la période : Maurice Thorez. Mais ce dernier obéit davantage à des motivations politiques qu'à des convictions philosophiques. Seule une minorité étroite s'obstine dans un refus de l'évidence, de l'inéluctable : Louis Lecoin et Jean Giono en sont les porte-drapeaux.

« PAIX IMMÉDIATE ! »

Anarcho-syndicaliste, pacifiste convaincu, Lecoin prend en septembre 39 une initiative qui, en d'autres temps, aurait eu bien peu d'écho et encore moins de conséquences : il lance une pétition d'intellectuels appelant à la paix ! Pour ce faire, il court la France du nord au sud, à la recherche de signatures susceptibles, pense-t-il, d'influencer l'opinion publique : « En quatre jours (...) j'accomplis un trajet de deux mille cinq cents kilomètres. » Sur la plage du Pouldu, il rencontre le philosophe Alain « malade de la goutte, roulé dans une petite voiture par une gouvernante ». Dans les Basses-Alpes, au camp de Contadour, il cherche le contact avec Jean Giono :

« Ce camp situé en pleine montagne, servait de refuge, à la belle saison, aux disciples du maître. Giono avait quitté le Contadour le matin même, et je fus reçu par Hélène

Laguerre assistée du poète Lucien Jacques, qui venait de publier *Carnets de moleskine*. Hélène Laguerre signa aussitôt et me pria d'utiliser le nom de Thyde Monnier, lauréate du prix Séverine [96]. » Puis Lecoin dans des conditions précaires, sans toujours voir longuement les gens, recueille une trentaine de signatures dont celle de l'écrivain populiste Henry Poulaille et celle de Victor Margueritte auteur de *La Garçonne,* un roman qui fit scandale en son temps. Enfin il complète sa liste par des journalistes ou des militants politiques de tendances diverses : Marcel Déat, Marceau Pivert ou Henri Jeanson.

Mais la censure veille! L'appel à peine publié (sous forme d'un tract que Lecoin a intitulé *Paix immédiate*!), les signataires sont aussitôt poursuivis en justice car cette affaire coïncide fâcheusement avec une « offensive de paix » lancée par Hitler à l'automne. Arrêté à Angers le 29 septembre, Lecoin est transféré à Paris pour y être jugé.

Pourtant, après les annexions successives de l'Autriche, de la Tchécoslovaquie et de la Pologne, qui peut encore croire à la volonté de paix du Führer? Bien peu de monde, même parmi des gens fort peu bellicistes. C'est pourquoi Lecoin et ses pairs seront réduits au silence dans l'indifférence quasi générale. Pis même pour Lecoin, la plupart des signataires se rétractent : Déat fait annoncer dans *L'Œuvre* qu'il n'a jamais signé ce tract; Victor Margueritte, aveugle, affirmera que l'on a abusé de sa cécité pour modifier le texte; Marceau Pivert qui n'avait pas vraiment signé ne fut pas inquiété. Bref, c'est la déroute pour Lecoin qui plonge en prison une fois de plus.

Certes, Jeanson sera finalement emprisonné quelques semaines pour propos antimilitaristes et relâché sous condition de s'engager, mais l'opinion publique ne suit pas. Les intellectuels encore moins. Giono est un des seuls à maintenir ses positions. Giono appartient à la génération clairsemée par la mort des « écrivains du feu », à ceux qui, de 1914 à 1918, ont passé leurs années de jeunesse dans la fournaise : Genevoix, Dorgelès, Cendrars, Drieu La Rochelle, Kessel, Thérive, Duhamel... Ils portent dans leur cœur, et souvent dans leur chair, les séquelles de cette trop longue épreuve.

Pourtant, confrontés une nouvelle fois au problème, leurs analyses divergent. Giono s'en est très bien expliqué plus tard dans une entrevue accordée à Madeleine Chapsal : « Au retour de la guerre, comme tous ceux qui en sont revenus, je me suis dit " jamais plus ". Voilà ce qu'on s'était tous dit (...). Et puis au bout d'un an, trente ans, le nombre des gens qui s'étaient dit " Jamais plus " a diminué, les uns parce qu'ils ont oublié, les autres par opportunisme, les uns par négligence, les autres parce que leurs convictions n'étaient pas bien affirmées [158]. »

C'est en suivant cette logique, cette fidélité à lui-même, que Giono a approuvé l'appel de Lecoin et lacéré les affiches de mobilisation placardées dans sa ville de Manosque. Mis aux arrêts, transféré à Digne, il est confronté à un colonel qui ne lui est pas hostile et lui propose même de rédiger des tracts pacifistes... pour le 2e Bureau! Il accepte, mais à condition qu'ils soient diffusés dans l'Europe entière, et non pas seulement en Allemagne comme le souhaitaient les militaires. Refus. On le menace de la prison, mais la prison ne l'impressionne guère. Au contraire, il présentera plus tard son séjour comme une expérience enrichissante et même « amusante » : « J'y suis allé avec un enthousiasme délirant! (...). Trois mois après j'étais le patron de la prison! (...). J'étais avec des quantités de types. Ils ont été ravis d'être avec moi parce que je leur racontais des histoires [158]. » Il est certain que Giono était un conteur fascinant, intarissable. Tous ceux qui ont eu l'occasion de le côtoyer en ont témoigné. Emprisonné à Marseille pendant trois mois, il est libéré en novembre sur l'intervention de nombreuses personnalités dont André Gide qui disait à Mauriac : « L'arrestation de Jean Giono (...) nous émeut sans beaucoup nous surprendre. L'intransigeance des déclarations de notre ami, dans de récents écrits, nous la faisait prévoir [67]. »

Tous les vétérans de 14-18 ne condamnent pas ce nouveau conflit. Blaise Cendrars par exemple : Suisse, engagé volontaire dans la Légion étrangère en 1914, amputé d'un bras un an plus tard, il reprend du service en 1940 comme correspondant de guerre pour le compte de *Paris-Soir*; il assure en particulier la liaison avec l'armée britannique. Roland Dorgelès et Joseph Kessel se trouvent eux aussi sur le front en reportage pour d'autres grands journaux. Maurice Genevoix, gravement blessé en 1915 près de Charleroi, ne prend pas clairement position pour les pacifistes, même s'il n'a rien d'un belliciste; pas plus que Georges Duhamel pourtant marqué par son expérience douloureuse de chirurgien des tranchées, ou André Thérive, dont les quatre années passées au front ont influencé l'œuvre littéraire.

Plus curieuse encore l'attitude de Céline (le docteur Destouches alias Louis-Ferdinand Céline). Non mobilisable en raison de ses graves blessures de la guerre précédente, il recherche néanmoins, et obtient, un engagement comme médecin à bord d'un transport de troupes, *Le Chella*. Or, dans la nuit du 5 au 6 janvier 1940, il fait naufrage! Un naufrage rocambolesque : *Le Chella* prend en plein travers un navire ami, l'aviso britannique *Kingston Cornelian*. Le navire allié explose; la proue du *Chella* est éventrée : « La nuiche – devant Gibraltar nous éventrons en pleine vitesse un torpilleur anglais qui explose mon ami! alors! à 10 h 20 du soir! coule corps et biens en moins d'une minute – (24 morts) et nous défonce l'avant. Nous coulons gentiment doucement – assez lentement pour arriver quand même plein d'eau à Gibraltar le lendemain à midi! Quelle nuit! J'ai suturé pendant quatorze heures et piqué dans tous les sens – toute la nuit, coupaillé ici et là – la guerre! sur ce rafiot fonçant, fonçant [169]... »

Pour sa part, Drieu La Rochelle, trois fois blessé au combat quelque vingt ans plus tôt, promène un regard sceptique et douloureux sur son époque. Au printemps 40, il vit de sa plume à Paris, tentant en vain de placer sa dernière pièce (*Charlotte Corday*) au Théâtre-Français. De temps à autre il fournit des articles au *Figaro*, ou au virulent *Je Suis Partout*. Après bien des démêlés avec la censure, il a réussi à faire publier en 1939 *Gilles*, son dernier roman, dans lequel il met en scène de nombreux personnages dont des femmes qu'il a aimées. Sous le nom de Cyrille Galant on peut reconnaître sans trop de peine Aragon (« Cyrille » pour l'U.R.S.S. et « Galant » pour le côté dandy du poète!) et sous celui de Rébecca Simonovitch, Elsa Triolet qui est née en Russie.

La sortie de ce livre provoque quelques turbulences sur la rive gauche où les polémiques littéraires prennent facilement une tournure passionnelle. Polémiques dont les enjeux politiques ne sont pas absents et qui provoquent une rupture entre Drieu et la prestigieuse revue des éditions Gallimard, la N.R.F., dont il démissionne.

Il est certain que les sympathies d'Aragon, qui écrit aussi dans la N.R.F., vont ouvertement au stalinisme tandis que Drieu regarde vers les jeunes régimes fascistes.

LA RIVE GAUCHE RETROUVE SES HABITUDES

La drôle de guerre n'a pas suffi à apaiser les querelles. Bien au contraire! Et une petite équipe de polémistes ne mâche pas toujours ses mots. Ainsi, dès septembre 39, Alain Laubreaux (rédacteur à *Je Suis Partout*) et Louis Darquier de Pellepoix (élu de la Ville de Paris) ne répugnent-ils pas à l'incident politique dans une célèbre brasserie de la rive gauche : chez *Lipp*, Darquier déclenche une violente bagarre en tenant à haute voix des propos antisémites : « Tout est foutu mon vieux! Les Juifs ont gagné! », déclare-t-il selon Laubreaux [96] pour qui il précise que cette guerre est imposée aux Français « par les Juifs et les Anglais ». De plus il mêle à ses propos « des invectives sonores à l'adresse d'Israël et de ses valets ». Choqués, plusieurs consommateurs réagissent; s'ensuit une bagarre générale dans la brasserie. Mais au fil des mois, ces provocations seront rares et la rive gauche demeure fort calme, retrouvant bien vite ses petites habitudes.

La brasserie *Lipp* où Laubreaux se rend souvent est fréquentée par de nombreuses personnalités. A la mi-septembre Brassaï y retrouve Picasso pour y faire des photos du « Maître » déjeunant « assis sur la moleskine – devant le mur décoré de céramiques réalisées par le père de Léon-Paul Fargue, un habitué des lieux ». Et Brassaï de préciser : « La clientèle de cette vieille brasserie était sensiblement différente de celle des *Deux Magots* et plus encore de celle qui fréquentait le *Café de Flore* : députés, sénateurs, ministres, vedettes du barreau, académiciens, membres de l'Institut, personnalités du théâtre, auteurs arrivés, peintres décorés (...). L'âge moyen de ses clients dépassait sensiblement celui des habitués du *Flore* [21]. » Le *Flore* est effectivement l'établissement concurrent. Laubreaux s'y rend de temps à autre, non sans manifester son mépris : « Je suis saisi à la gorge et aveuglé par l'épaisse fumée de tabac qui assombrit encore le café mal éclairé, où s'agite, grouille et bavarde une incroyable assemblée de Juifs et de métèques. C'est une atmosphère de bas quartier oriental. Et au milieu de cette pègre, immobile et silencieux, j'aperçois Léon-Paul Fargue qui médite devant un quart de Vichy mis à chambrer dans un seau à champagne [93]. » Et le poète lui déclare sans plus de détours : « Tu vois, j'attends la défaite (...). Elle est certaine la défaite. Parce qu'une victoire, au prix que nous devrions payer, serait un grand malheur pour notre patrie. »

Tout le monde n'a pas une vision aussi noire de la situation ou des lieux. Dans *La Force de l'âge*, Simone de Beauvoir qui, par goût, passe une bonne partie de sa vie dans les cafés, en fait une tout autre description. Après quelques jours de perturbations dues à la mobilisation, elle a pu réinstaller son « quartier général » au *Flore* où la défense passive impose un nouveau décor : « Il est tendu d'épais rideaux et il y a de nouvelles banquettes rouges, c'est superbe. Maintenant, les cafés ont appris à bien se camoufler, ils allument toutes leurs lampes et on est saisi par cet éclat quand on arrive du dehors [10]. » L'atmosphère du *Flore* est particulière, « inanalysable, comme un parfum », dit Brassaï. On y rencontre de jeunes poètes, des écrivains, et tout un petit monde en quête d'un engagement, d'un contrat ou d'une aventure...

La vie du quartier reprend bien vite son rythme : on se reçoit à nouveau l'un chez l'autre; on boit, on mange sans gros problèmes de ravitaillement; et surtout on discute à perdre haleine, avec passion, souvent sans indulgence pour les absents. Simone de Beauvoir décrit une soirée chez Youki Desnos, la femme du poète : « Il y a là une actrice ratée, une petite lesbienne qui fume la pipe, deux autres femmes, des jeunes gens silencieux et un soldat en permission qui ressemble à Buster Keaton. Youki lit une lettre de Desnos qui raconte paisiblement la vie qu'il mène sur le front et tout le monde s'indigne : il n'est pas assez révolté [10] ! » Non seulement Desnos n'est pas révolté, mais au cours de ses permissions, il reproche aux Parisiens de ne pas être conscients du fait « qu'il est temps de débarrasser le monde d'Hitler » et Youki affirme que, déçu par ses amis, « c'était presque avec soulagement qu'il partait rejoindre sa ligne Maginot et ses Vendéens [48] ».

Au hasard des permissions et des affectations, les cercles se reforment et se défont sans cesse. Elsa Triolet vit aussi à Paris (rue de la Sourdière) où Aragon et Georges Sadoul (tous deux en uniforme) peuvent parfois lui rendre visite. A l'inverse, quelques femmes déployant mille astuces réussissent à se rendre jusqu'aux lointaines garnisons de l'Est. Ainsi en novembre 39, Simone de Beauvoir réussit-elle à passer quelques jours dans un hôtel de Brumath, en Alsace, ville où Sartre tenait garnison. De retour à Paris, elle constate que les spectacles se déroulent normalement, et retrouve Charles Dullin qui prépare de nouvelles mises en scène. Disponible le soir, après avoir donné ses cours au lycée Camille-Sée, Simone de Beauvoir fréquente assidûment les salles de concert : « Je suivis régulièrement ceux de la salle du Conservatoire que dirigeait Charles Münch (...). J'assistais souvent à la répétition générale du samedi matin, et toujours aux séances du dimanche après-midi. On y apercevait des célébrités, entre autres Cocteau et Colette les pieds nus dans des sandales [10]. » Si, devenus voisins (au Palais-Royal) et amis, Jean Cocteau et Colette participent à la vie parisienne, ils ne sont pas les seuls.

La guerre ne modifie en rien le rituel du prix Goncourt : en cet hiver 39 les académiciens délibèrent et, comme à l'habitude, des noms circulent. Alain Laubreaux apprend ainsi que René Benjamin penche pour le livre de Robert Brasillach, *Les Sept Couleurs* ! Heureux pour son ami, Laubreaux se rend aussitôt chez Sacha Guitry pour tenter d'obtenir sa voix : « Nous bavardons. C'est-à-dire que je l'écoute », dit Laubreaux qui a bon espoir : « Quelle confusion chez les fils d'Abraham si le prix Goncourt était attribué au rédacteur en chef de *Je Suis Partout* [93]! » Mais il ne le sera pas. Brasillach obtient deux voix (Benjamin et Guitry) et Philippe Hériat est le lauréat inattendu pour *Les Enfants gâtés*.

Pendant huit mois, théâtres, cabarets et cinémas feront salle comble et, sauf en Alsace-Lorraine, la guerre est presque oubliée par les civils. A Paris plus qu'ailleurs, la vie mondaine se maintient jusqu'à la limite du possible. Le 28 mai 40, alors que Dunkerque est écrasée sous les bombes, que l'armée belge capitule, que des milliers de civils refluent vers le sud, l'Opéra fait salle comble! On y organise une première en l'honneur d'une création de Darius Milhaud, *Médée*. Pour la circonstance, l'auteur en personne est venu d'Aix-en-Provence. « Les décors de Masson et la mise en scène de Dullin sans aucun élément conventionnel formèrent un spectacle très impressionnant, écrit-il (...). La première fut aussi élégante qu'une soirée de gala d'avant-guerre [110]. » Simone de Beauvoir, qui n'aurait surtout pas voulu manquer cette réunion du Tout-Paris, confirme l'impression : « La musique me parut très belle et l'ensemble du spectacle remarquable; outre le chœur chantant – masqué, figé, emprisonné dans des espèces de sacs – il y avait un chœur muet; il soulignait certains moments du drame par des mouvements qui tenaient du mime plutôt que de la danse (...). Pendant quelques heures j'oubliai le monde [10]. »

Oublié le monde? Oubliée la guerre? Pas pour tous.

LE MANOIR DE COECILIAN

Juin 40. L'armée allemande, l'armée de Hitler, déferle sur la France. Irrésistible. De Dunkerque aux rives de la Loire, de Strasbourg à Brest, le chaos a balayé la routine des mois d'hiver.

Sur les hauteurs de Lagat-Jar un manoir étrange, baroque, sans style précis, domine la lande bretonne. Hors du temps, il semble défier l'océan et l'Histoire. En ce lieu retiré, où animaux et poètes vivent en harmonie, un très vieil homme, un sage à la superbe chevelure blanche, a pris racine : Saint-Pol Roux, poète symboliste, compagnon de Mallarmé. A ses côtés vivent sa fille Divine et sa vieille servante. Autour d'eux, avec eux, une multitude d'oiseaux blancs.

« Ici, j'ai découvert la vérité du monde! » a écrit le vieux sage.

Tous coulent des jours paisibles, loin des turbulences de l'Histoire et des hommes. Pourtant, par un lourd soir de juin, la guerre frappe à leur porte. Au crépuscule de cette vie calme, le Destin va prendre la forme d'un soldat allemand ivre de victoire et d'alcool. Incarnant les pires instincts du soudard en campagne, l'homme pénètre brutalement dans ce havre de paix et, tel un dément, il abat la vieille servante, lève la main sur le poète, s'acharne sur sa fille, tue des animaux, disperse des manuscrits, brise des meubles... Tandis que la servante agonise, Saint-Pol Roux sera transporté à l'hôpital de Brest. Le choc est trop grand. Il y mourra. De chagrin. Le cœur brisé.

Un peu plus tard, le manoir de Coecilian de nouveau pillé, incendié, et pour finir bombardé, sera réduit en ruine. Là, à l'extrême pointe de la Bretagne, non loin de Camaret, la collision entre le nouvel ordre nazi et le monde des lettres a été terrible.

Le destin n'avait cependant pas dit son dernier mot : quelques années auparavant, un des familiers de cette paisible demeure avait fait des croquis de ses hôtes et amis. Il était sous-préfet de Châteaulin et s'appelait... Jean Moulin!

L'attaque du manoir de Saint-Pol Roux constitue l'épilogue d'une tragédie dont le premier acte s'est joué quelques semaines plus tôt dans la forêt des Ardennes. Là, du 10 au 14 mai, à la surprise générale, les Allemands ont trouvé la brèche dans un dispositif de défense dont les Français étaient beaucoup trop sûrs. Après une longue période d'attente – que Julien Gracq retracera en 1958 dans *Un balcon en forêt* – les blindés de Guderian et de Rommel ont déferlé sur la France. A une vitesse, et avec une force qu'aucun stratège n'aurait osé prévoir, ils ont encerclé les troupes alliées autour de Dunkerque. Le 28 mai, l'armée belge a capitulé tandis que des milliers d'Anglais et de Français tentaient de franchir la Manche sous les coups incessants de l'adversaire.

Piégé comme tant d'autres dans cette fournaise, Paul Nizan n'y survivra pas : atteint d'une balle en pleine tête, il meurt au combat le 23 mai. Le jeune comédien Pierre Dux a un peu plus de chance. Après plusieurs jours d'attente sur une plage, il a réussi à prendre place à bord d'un navire anglais, le *Scottia*. Hélas, à peine au large, les avions allemands attaquent, et Pierre Dux voit « nettement la torpille se détacher, foncer sur nous (...) entrer dans la cheminée [54] ». Puis c'est le naufrage. Pierre Dux est recueilli de justesse par un autre navire et peut gagner l'Angleterre. Tout comme l'historien Marc Bloch. Demeuré sur la plage avant d'être fait prisonnier, un jeune soldat gardera en mémoire les moindres détails de la tragédie de Dunkerque; il s'appelle Robert Merle; plus tard, il en fera un roman. Dans la même région, au cours de ces journées difficiles, Aragon et son équipe de brancardiers se dévouent de leur mieux; cette conduite courageuse leur vaudra une croix de guerre qu'ils recevront en forêt de Conches, lors de la retraite vers la Loire. Ces épisodes influenceront longtemps l'œuvre romanesque d'Aragon.

Le 4 juin, les services de propagande du Grand Reich peuvent filmer à loisir des plages couvertes d'épaves, des ruines fumantes, ou de longues colonnes de prisonniers : la bataille de Dunkerque est terminée. Une deuxième se prépare aussitôt. Revenu du Liban en catastrophe, le général académicien Maxime Weygand a fait improviser une ligne de défense depuis l'embouchure de la Somme jusqu'à la ligne Maginot encore intacte.

Le 5 juin, nouvel assaut sur la Somme et l'Aisne. Les troupes allemandes regroupées, le moral au plus haut, se ruent sur les positions françaises. En face, dans le petit village d'Evergnicourt, un officier français tombe mortellement blessé : il était député et s'appelait Léo Lagrange !

Panzers et avions vont à nouveau emporter la décision. Saint-Exupéry participe à l'affrontement : « Du point de vue de l'engin blindé, une armée adverse peu motorisée est comme immobile (...). Les tanks pèsent ainsi contre la paroi. Il est toujours des trous. Ils passent toujours [291]. » En effet, une semaine plus tard, en dépit d'une forte résistance, les lignes françaises sont rompues et le gouvernement de Paul Reynaud, replié en Val-de-Loire le 10 juin, doit prendre une grave décision : la capitale est déclarée « ville ouverte »; Paris ne sera pas défendue! C'est donc l'arme à la bretelle, comme à la parade, que le 14 juin les troupes de Hitler investissent la Ville Lumière.

PARIS OCCUPÉ

Une fois encore l'Histoire déjoue les plans des Français. En effet, par crainte d'un nouveau siège, la ville s'était vidée de la plupart de ses habitants. Or en juin, si de violentes batailles font rage sur l'Aisne puis sur la Loire, on ne tire pas un coup de fusil dans Paris.

A de rares exceptions près, le petit monde des lettres a plié bagages, mais il en faut plus pour déloger Paul Léautaud de son pavillon de banlieue et de sa routine. Ce jour-là, il apprend par deux passantes que les Allemands sont à Paris. Qu'à cela ne tienne, il ne va pas renoncer pour autant à ses habitudes; et puis il lui faut acheter des bananes pour sa guenon! Lisons son *Journal* : « Je me rase. Je m'habille. Je vais prendre le métro pour aller à Paris pour mes provisions (...). Je traverse, selon mon habitude, le boulevard Saint-Michel pour gagner le trottoir de la rue Médicis le long du Luxembourg. Là, en face de la grande porte d'entrée du jardin, un soldat allemand (...). Cela ne m'a rien fait du tout. Je ne me suis même pas arrêté pour le regarder [94]. » Et Léautaud continue son bonhomme de chemin vers l'Odéon, pestant parce que son boulanger habituel est fermé, et qu'il y a une queue trop longue devant l'autre! Il est même un peu surpris de ne trouver personne au Mercure de France. Seule inquiétude de la journée (fugitive) : avoir laissé ses animaux dans la maison sans personne pour les garder! Inconscience des enjeux réels? Déphasage? Misanthropie? On ne peut répondre. Pas un mot de Léautaud pour ceux qui ce jour-là souffrent et meurent. Et ils sont nombreux. De retour dans sa banlieue (le métro fonctionne normalement), il revient à ses petites obsessions : « Plus de tabac en paquet. Des cigarettes Maryland, que je n'aime pas. Acheté néanmoins un paquet (cher : 6,25 francs) pour Georgette, plus cinq boîtes d'allumettes. Plus moyen de trouver de l'essence pour mon briquet [94]. » Et cela, pendant des pages...

Pourtant la guerre continue et, même en banlieue parisienne, tout le monde n'accepta pas l'invasion avec autant de résignation. Ce jour-là à Suresnes ou à Antony, de petits groupes de soldats en retraite refusent encore de se rendre et ouvrent le feu sur des éclaireurs allemands. Des hommes tombent des deux côtés.

Dans la capitale où tout demeure calme, un drame se noue. Thierry de Martel, un chirurgien de grand renom qui a le Tout-Paris pour clientèle, médecin-chef de l'hôpital américain de Neuilly, demande à l'ambassadeur des États-Unis William Bullitt, l'autorisation de quitter la ville. Ce dernier refuse : le chirurgien sera plus utile à son poste qu'à Bordeaux. Thierry de Martel est un lointain descendant du comte de Mirabeau, et le fils de la romancière Gyp, une figure de la vie parisienne à la Belle Époque. Farouche patriote, Martel se donne la mort : il ne peut supporter de savoir l'armée allemande dans sa ville. L'ambassadeur des États-Unis trouvera ce simple message : « Vous ai promis de ne pas quitter Paris. Ne vous ai pas dit si j'y resterai mort ou vivant. Adieu. Martel [227]. »

L'occupation d'une ville telle que Paris était chargée d'une dimension affective et politique considérable. Elle ne pouvait être une simple formalité et la nouvelle s'en répand dans le monde entier, comme une traînée de poudre.

COMBATS EN VAL-DE-LOIRE

Plus au sud, entre Paris et la Loire, c'est la panique. Le flot ininterrompu de l'exode vient buter sur le fleuve, et les rares points de passage disponibles, comme les ponts de Gien ou de Sully, sont le théâtre de scènes tragiques. D'invraisemblables cohues, bombardées et mitraillées par les avions, s'agglutinent sur la rive nord. A Orléans, Tours, Gien..., des quartiers entiers brûlent. La région d'habitude si paisible est frappée de plein fouet. On se bat avec acharnement dans Tours ou devant Saumur; là encore, des hommes tombent. Parmi eux, le talentueux musicien Jehan Alain, un des meilleurs compositeurs d'orgue du moment, qui est tué à Petit-Puy le 20 juin.

Non loin de là, le poète Max Jacob, retiré à l'abbaye de Saint-Benoît-sur-Loire depuis des années, assiste terrifié à ce déferlement : « On s'écrasait aux têtes des ponts; 1 200 morts à Sully, ville détruite avec détails affolants ou navrants. Ici on hébergeait, on couchait des inconnus, on soignait des blessés à l'hospice où j'ai fait l'infirmier. On a vécu sous un arc-en-ciel de bombes [153]... » écrit-il à son ami Marcel Béalu.

Cette débâcle connaît d'autres témoins dont Saint-Exupéry, bien qu'il refuse cette qualité : « Le métier de témoin m'a toujours fait horreur. Qui suis-je, si je ne participe pas ? J'ai besoin, pour être, de participer [291]. » Dans son avion malmené par la D.C.A. ennemie, Saint-Ex se mêle à l'action autant qu'il l'observe : les missions de son groupe (le II/33) coûtent dix-sept équipages sur vingt-trois. Dix-sept équipages de jeunes hommes qui ne reviendront pas. L'amertume de l'écrivain est compréhensible, mais il analyse la situation avec lucidité : « Certes une débâcle est un triste spectacle. Les hommes bas s'y montrent bas (...). Les troupes, gavées d'écœurement et de fatigue se décomposent dans l'absurde (...). La défaite montre les chefs sans pouvoir, les hommes en vrac, les foules passives [291]. »

En France, tout craque, à commencer par le gouvernement replié précipitamment à Bordeaux le 14 juin. Le

16 juin, Paul Reynaud perd pied et cède le pouvoir au maréchal Pétain. De sa voix cassée, sur les ondes grésillantes de la T.S.F., le vieil homme lance le lendemain un pathétique appel. Il affirme sans détour aux Français qu'il faut « cesser le combat »!

Encerclé par les Allemands près de Gérardmer, Robert Brasillach entend cette voix : « Voix brouillée par des appareils imparfaits. Voix brouillée par la douleur. Voix brouillée aussi parce que certains doutaient qu'elle fût authentique, pensaient encore à quelque surprise, à quelque maléfice [20]... » Sur le moment, comme beaucoup de ses camarades, il ne demande qu'à croire le maréchal : car à cette époque il est bien audacieux d'envisager une autre issue que la victoire du IIIᵉ Reich. Pourtant dès le lendemain, un général encore peu connu, Charles de Gaulle, lui répond par un appel prophétique sur les ondes de la B.B.C. Appel symbolique, bien peu entendu le jour même certes, mais lourd de conséquences pour l'avenir : « Cette guerre n'est pas tranchée par la bataille de France. Cette guerre est une guerre mondiale (...). Foudroyés aujourd'hui par la force mécanique, nous pourrons vaincre dans l'avenir par une force mécanique supérieure (...). Quoi qu'il arrive, la flamme de la résistance française ne saurait s'éteindre, et ne s'éteindra pas! Demain comme aujourd'hui, je parlerai à la radio de Londres [64]. »

Même si personne n'en a encore clairement conscience, ce jour-là une coupure profonde est née dans la vie culturelle et politique française. Seule une étroite minorité pense encore au combat. D'autres songent déjà qu'il leur faudra s'accommoder longtemps de l'ordre nazi, voire collaborer avec lui. Entre ces deux extrêmes, la population française flotte, hésite, souffre dans un conflit de plus en plus incohérent et cahotique.

Au cours du mois de juin, les combats, encore sévères, s'atomisent dans tout le pays. Il n'y a plus de front, plus de limites précises entre les armées. Seul le Midi paraît pouvoir offrir un abri provisoire. Et encore, le 20 juin, Mussolini vient-il de donner l'ordre d'attaquer les Alpes et Menton!

Épuisés, des soldats déposent les armes et se rendent;

d'autres refluent en désordre vers le sud. Contre toute logique apparente, certains s'obstinent, se refusent à capituler, à accepter la défaite : « Car nous mourons (...). Ces morts n'illustrent peut-être pas une résistance extraordinaire. Je ne célèbre point une résistance extraordinaire. Elle est impossible. Mais il est des paquets de fantassins qui se font massacrer dans une ferme indéfendable. Il est des groupes d'aviation qui fondent comme cire au feu [291] », écrit Saint-Exupéry, la rage au cœur.

Parmi les victimes de ces ultimes combats, se trouve un musicien, Maurice Jaubert, bien connu par ses chansons (*A Paris dans chaque faubourg*) et par la musique de nombreux films dont *Quai des brumes* : il est tombé le 19 juin à Azerailles, un petit village de Lorraine. Il avait tout juste quarante ans.

L'HEURE DU BILAN

En raison de l'agression de Mussolini contre une France à genoux, l'armistice signé à Rethondes le 22 juin ne peut être appliqué que le 25 juin. Au petit matin de ce jour de deuil, les armes se taisent dans l'ensemble du pays. Étourdis, abattus, les Français pleurent ou applaudissent. Saint-Exupéry s'interroge : « Mais fallait-il que la France pour s'épargner une défaite refusât la guerre ? Je ne le crois pas (...). L'esprit chez nous a dominé l'intelligence [291]. » Tous ne partagent pas cette opinion, même si la désillusion est générale : « Nous avions été les ennemis de cette guerre, mais maintenant qu'elle était là nous ne raisonnions plus, nous sentions avant tout notre pays nous faire mal, notre pays agonisant. Tout ce que nous avions pensé, tout ce que nous avions senti, cela même que nous n'osions pas dire, était terriblement confirmé : et il fallait que ce fût dans la plus affreuse défaite [20] », écrira Robert Brasillach. Comme nombre de ses amis, il voyait dans cette défaite une sorte de châtiment, de punition divine, cruelle mais salutaire, contre un peuple et un régime qui depuis 1936 s'étaient trop tournés vers les loisirs, la facilité, les droits plutôt que les devoirs... Ce sont ces thèmes que le maréchal et son entourage vont développer à l'envi dès l'été 40 : « Depuis la victoire *, l'esprit de jouissance l'a emporté sur l'esprit de sacrifice. On a revendiqué plus qu'on a servi. On a voulu épargner l'effort; on rencontre aujourd'hui le malheur [257]... »

La Révolution nationale est en marche.

Le 25 juin, pour les combattants, l'heure n'est pas encore à la réflexion, qui viendra plus tard. Pour l'instant, abrutis de fatigue, incapables d'analyser les événements, ils apprennent qu'en six semaines, plus de cent mille hommes sont morts dans les rangs de l'armée française; deux fois plus sont blessés. Si parmi les cinq millions de mobilisés, certains n'ont pas tiré un coup de fusil ni même vu un Allemand, cinq à six cent mille autres ont supporté seuls tout le poids de la bataille. Par leur sacrifice en d'incertains « combats de retardement », ils ont permis à la foule des moins résolus – tant civils que militaires – de s'enfuir vers le sud en un lamentable exode. Pourtant la postérité ne fera pas la différence, et ce sont même les récits des plus couards qui seront montés en épingle. L'Histoire est toujours injuste pour les vaincus.

Solidaire de ses camarades, Saint-Exupéry ne nourrit aucune illusion : « Demain, nous ne dirons rien non plus. Demain pour les témoins nous serons des vaincus. Les vaincus doivent se taire. Comme les graines [291]. » Paul Nizan, Maurice Jaubert, Léo Lagrange, Jehan Alain sont morts, mais heureusement, beaucoup de leurs confrères sont sains et saufs : soit prisonniers, soit repliés dans le Sud.

DERRIÈRE DES BARBELÉS

Deux semaines avant la débâcle, Robert Brasillach avait été convoqué à Paris sur ordre du ministre de l'Intérieur Georges Mandel, dans le cadre d'une enquête ordonnée sur *Je Suis Partout*. Pourtant, le 11 juin, il a choisi de rejoindre son unité par le dernier train en partance pour l'Est. Choisi,

---

* La victoire de 1918.

car à cette date il lui aurait suffi de « rater » ce train et, dans la pagaille ambiante, de mettre cap au sud. Personne ne lui en aurait tenu rigueur... Mais en repartant vers l'est, il scellait son sort à celui de ses camarades encerclés quelques jours plus tard. Il est donc capturé, comme tout l'état-major du général Condé, près de Bellefontaine dans les Vosges.

Bouclé dans la ville forteresse de Neuf-Brisach (transformée pour la circonstance en un gigantesque camp de cinquante mille hommes) il s'y organise de son mieux. Comme ses compagnons d'infortune, Brasillach avait d'abord été convoyé vers ce camp de transit, mais le véhicule se montrait des plus rétifs : « A force de pannes nous perdîmes la colonne (...). Nous étions seuls, sans un Allemand à l'horizon. Nous aurions pu cent fois nous évader chez des civils, changer de vêtements. L'idée ne nous en vint pas [20]. » Il est exact que dans la grande cohue de juin beaucoup de prisonniers auraient facilement pu prendre le large, tant les Allemands avaient raflé de monde; cependant bien peu ont tenté de le faire en raison d'une immense lassitude et surtout de la certitude que la captivité serait brève! Quelques jours, quelques semaines au plus... Alors à quoi bon prendre des risques!

Pris lui aussi dans la nasse, Jean-Paul Sartre partage les mêmes espoirs que ses camarades : « On a marché, et on ne savait pas très bien ce qu'on allait faire de nous. Il y en avait qui espéraient qu'on allait nous libérer huit ou quinze jours plus tard. De fait c'était le jour de ma naissance et, d'autre part le jour de l'armistice. Nous avons été faits prisonniers à quelques heures de l'armistice [131]. » L'écrivain ignore que le cessez-le-feu ne sera appliqué que trois jours après; mais cela n'aurait rien changé pour lui qu'il le fût trois jours plus tôt, car tous les soldats de l'Est furent réduits à l'état de captifs. Sartre est donc dirigé sur la caserne Haxo, à Baccarat, où il est enfermé avec plus de dix mille hommes, en un incroyable entassement, en une promiscuité telle qu'il n'en avait jamais connu. L'expérience marquera profondément l'écrivain.

Mobilisé dans les Chasseurs, Emmanuel Mounier, l'animateur de la revue *Esprit,* est capturé en Charente près de

Saintes. Prisonniers aussi : le philosophe Jean Cazeneuve, l'ingénieur Georges Soulès (Raymond Abellio de son nom de plume), le journaliste Alexandre Vialatte qui avait fait connaître Kafka en France, ou encore Jean Anouilh qui n'avait guère eu le temps de s'éloigner de sa caserne d'Auxerre. Quant à Jacques Benoist-Méchin, historien renommé et spécialiste de l'Allemagne, il est interné dans un camp provisoire au milieu des champs de blé de la Beauce. Enfin, pour André Malraux aussi la guerre a été courte. Il la racontera plus tard à Jean Lacouture : « Nos chars de Provins étaient hors du polygone d'entraînement. En mai, nous avons fait mouvement à pied, avec des antichars. Nous avons un peu tiraillé. J'ai été très légèrement blessé le 15 juin. Et le 16, nous étions faits prisonniers comme des fantassins [173]. » Avec ses compagnons, Malraux est alors dirigé vers un camp provisoire, à Sens, où note-t-il dans sa correspondance, deux sujets domineront toutes les conversations : la nourriture et la date d'une éventuelle libération.

Trois millions de soldats français ne sont heureusement ni blessés ni capturés. Tout aussi vaincus que leurs camarades, ils sont cependant demeurés libres et savourent la paix retrouvée. Éparpillés dans le Sud du pays, qui est devenu la zone non occupée, brusquement séparés du Nord par une étrange « frontière » qu'ils vont apprendre à connaître, ils scrutent un avenir bien incertain. Au-delà des considérations politiques, ils souhaitent surtout retrouver une vie normale. Pour cela, il leur faut d'abord être démobilisés, ce qui peut nécessiter plusieurs semaines ou plusieurs mois d'attente car la paix n'est pas signée, et au cours de l'été on s'installe dans un curieux état de « non-guerre ». Chacun attend.

Louis Aragon, que les hasards des combats ont d'abord mené en Grande-Bretagne, puis à Brest, a finalement abouti à Ribérac en Dordogne. Là, un beau jour de juin, il discute tranquillement avec des officiers quand il voit arriver une puissante limousine noire, une voiture de l'ambassade du Chili où il compte des amis; radieuse, Elsa Triolet en descend! Par faveur, elle a réussi à se faire convoyer jusqu'à ce petit pays. Avec la complicité des officiers, elle obtient le droit de demeurer sur place, déguisée en infirmière, jusqu'à ce qu'Aragon soit officiellement démobilisé. En août, pour se remettre de ses émotions, le célèbre couple s'installera en Corrèze dans un confortable château appartenant à la famille Jouvenel amie.

Après un long repli à bord d'une camionnette de l'armée de l'air, Jean Marais est à Auch dans le Gers. Rapidement démobilisé, il réussit à rejoindre Jean Cocteau à Perpignan où ce dernier s'est réfugié chez le docteur Nicoleau qui, avec sa femme et ses enfants, les accueille fort bien : « Entourés de tendresse et d'attention par cette adorable famille, nous étions heureux. Jean écrivait, dessinait. Ses dessins de cette époque ressemblent un peu aux dessins d'Ingres par leur fini, leur netteté dans la précision [104]. »

Pendant quelques jours on a cru Charles Trenet mort. Lui aussi était aviateur et le bruit avait couru (relayé par un journal) qu'il aurait été abattu en plein vol. En fait il ne volait pas, et le jour de l'armistice il se trouvait dans le Midi. Indemne ; tout comme Eugène Grindel, plus connu sous son nom de poète Paul Éluard, qui échoue dans le Tarn où il quitte l'uniforme dès juillet et comme Marc Bloch débarqué en Bretagne pour aboutir à Guéret dans la Creuse. Au terme d'une longue odyssée, Jean-Louis Barrault a abouti dans le Quercy : « J'avais parcouru toute la France en un mois (...). Après cette rude épreuve, je me sentis fait de la terre de France [9]. » Cependant intellectuels et artistes n'étaient pas tous sous l'uniforme. Loin s'en faut. Comment les « civils » ont-il vécu cette épreuve ?

LE GRAND EXODE

Au printemps 40, les personnalités du Tout-Paris ont presque toutes cédé à la peur, et en particulier à une peur obsédante des gaz asphyxiants. Dans les premières semaines du conflit, les plus prudents ont même anticipé le mouvement général, en quittant la capitale dès l'automne 39.

Ce fut le cas de l'éditeur Gaston Gallimard qui s'installa avec une partie de son personnel dans un petit village normand, non loin du Mont-Saint-Michel. Ce fut aussi le cas de Pablo Picasso qui, en compagnie de Dora Maar, est parti précipitamment pour Royan à bord d'une puissante Hispano-Suiza. Dans sa nouvelle résidence, l'auteur de *Guernica* peint et dessine d'abondance, puis, constatant qu'il ne se passe rien de dangereux à Paris, y revient pour de brefs séjours. Pour finir, en mai, il quitte la capitale en hâte à l'annonce de la percée allemande dans les Ardennes, soit un mois avant le véritable exode. Pourtant il a mal choisi son lieu de refuge : en juin, les soldats de Hitler pénètrent dans Royan. Picasso peut les voir passer sous les fenêtres de sa villa *Les Voiliers,* poussiéreux, fatigués, mais en bon ordre.

Réfugiée chez des amis, non loin d'Angers, Simone de Beauvoir voit elle aussi arriver les Allemands, non sans appréhension : « Quelque chose explosa sous nos fenêtres, les vitres du restaurant d'en face volèrent en éclats, une voix gutturale lança des mots inconnus, et ils apparurent, tous très grands, très blonds, avec des visages roses. Ils marchaient au pas et ne regardaient rien. Ils défilèrent longtemps [10]. » A la surprise générale, il n'y aura pas de violences : « Ils payaient leurs consommations et les œufs qu'ils achetaient dans les fermes, ils parlaient poliment : tous les commerçants leur firent des sourires. »

C'est à Saint-Brieuc que Corinne Luchaire rencontre les Allemands; elle apprend par les femmes de chambre qu'ils se sont installés dans l'hôtel, mais discrètement : « Ils payaient leurs consommations et dînaient par petites tables sans s'occuper des autres clients [102]. » Invitée à partager la table des officiers, l'actrice obtiendra sans peine l'autorisation de regagner la capitale.

Marie Laurencin – qui fut tant aimée d'Apollinaire – est happée par la guerre d'une bien curieuse manière : elle séjournait non loin de Pornic quand, fin juin, le maire du lieu est venu la trouver, muni de pinceaux et de peinture. Après s'être assuré qu'elle était bien peintre, il lui demanda d'accepter de l'aider en calligraphiant des noms... sur des croix de bois! Des noms britanniques. Ceux de jeunes soldats qui la veille, à Saint-Nazaire, avaient pris place à bord d'un navire en partance pour l'Angleterre. Mais les stukas veillaient, et la marée montante avait ramené les corps des jeunes gens sur les plages. Par centaines. Et plusieurs jours durant, Marie Laurencin a peint leurs noms sur de sombres croix de bois.

Recasé après son naufrage, comme médecin dans un dispensaire de banlieue, Céline fait partie le 10 juin d'un convoi d'évacuation « organisé » par la mairie de Sartrouville. Lui qui ne fait jamais rien comme ses pairs vit alors un exode surréaliste qu'il transposera plus tard dans *Les Beaux Draps* et dans *Guignol's band*. Il voyage donc à bord d'une ambulance municipale, en compagnie de sa femme Lucette, d'un chauffeur, d'une grand-mère et de deux nouveau-nés (qui ne sont pas les siens!) : « Curieux de nature et si j'ose dire de vocation, j'ai été fort heureux de participer à une aventure qui ne doit se renouveler j'imagine, que les trois ou quatre siècles [169]. » Le périple dure une dizaine de jours, émaillé d'incidents tragiques ou burlesques au terme desquels ils aboutissent tous en Charente : « Je suis parti avec des petites filles, je raconterai tout ça bien plus tard, à tête reposée, des " moins de dix jours " et leur grand'mère, dans une toute petite ambulance. J'ai bien protégé leur jeunesse au pire des plus affreux périls. (On dira tout ça sur ma tombe.) Croyez-moi si vous voulez, on pouvait pas aller plus vite, on a bien fait tout ce qu'on a pu, pour rattraper l'armée française [169]... »

Verve célinienne certes. Mauvaise foi aussi : Céline ne peut ignorer qu'une bonne semaine après son passage, on se battra durement de Saumur à Gien, loin derrière lui..., et non devant!

Comme toute la guerre, l'exode appelle la nuance : en réalité il y a deux exodes au cours du mois de juin. Le plus connu, celui des malchanceux, des foules apeurées, des gosses perdus de *Jeux interdits,* est décrit par René Barjavel (mobilisé comme cuisinier dans les zouaves) entraîné lui aussi dans cette incontrôlable déroute : « Les Stukas auraient pu faire des centaines de milliers de morts. Une chair à pâté. Mais leur rôle consistait essentiellement à entretenir la panique. Ils mordaient les foules de l'exode comme des chiens mordent les dernières brebis d'un troupeau. Pour le faire aller plus loin, encore plus loin [8]... » En queue de cortège plus qu'ailleurs la panique est fréquente! « Où vont-ils ces vagabonds? Ils se mettent en marche vers le sud, comme s'il était là-bas des logements et des aliments (...) des tendresses pour les accueillir. Mais il n'est dans le Sud, que des villes pleines à craquer, où l'on couche dans les hangars et dont les provisions s'épuisent (...). Ils marchent vers des escales fantômes [291] », écrit Saint-Exupéry. C'est l'exode des ruraux, trop lents avec leurs lourdes charrettes surchargées, et des populations du Nord qui connaissent leur troisième guerre en trois générations! Pourtant, il est un autre exode : celui des gens fortunés, plus avertis des risques. Celui-là a eu lieu à bord de puissantes voitures et fut rarement dramatique. Ainsi pour les gens de lettres et du spectacle, l' « exode » ne fut souvent qu'un voyage vers le Midi plus encombré et désordonné qu'à l'accoutumée; certaines personnalités ont même mangé au restaurant, et dormi dans des lits... Bien peu ont risqué leur vie. Ensuite, le talent littéraire aidant, les incidents de parcours ont été grossis, mais leur exode ne fut pas celui, dramatique, des piétons poussant des brouettes! Ils ont su faire des choix plus judicieux, partir tôt et loin, ou même ne pas quitter la capitale comme la charmante et mondaine Marie-Laure de Noailles qui refuse de quitter son hôtel particulier; ou comme son amie Youki Desnos qui s'accroche à son petit appartement de la rue Mazarine, et vit curieusement le premier jour de l'occupation : « Place de la Concorde, je vis hisser les drapeaux à croix gammée. Très émue, les jambes coupées, j'allais m'asseoir à la terrasse de chez *Maxim's* qui était ouvert. Un officier de marine allemand vint me rejoindre, s'installa sans façon à ma table, commanda du champagne et m'expliqua ses malheurs [48]. »

En juin, Sacha Guitry et le vieux philosophe Henri Bergson sont déjà installés à Dax pour y faire du thermalisme. Aussitôt après sa belle soirée à l'Opéra, Darius Milhaud a regagné (par le train) la Provence où il sera plus en sécurité. Redoutant les nazis, Clara Malraux s'est réfugiée dès le mois de mai dans une ferme isolée du Sud-Ouest que la guerre n'atteindra pas. Galtier-Boissière, rédacteur du véhément *Crapouillot*, a plié bagages à temps pour un petit village de la Creuse, imité en cela par la célèbre Colette qui rejoint sa fille Bel-Gazou au château de Curemonte en Corrèze. Léo Larguier, académicien Goncourt, s'est installé dans une demeure du Gard. Drieu a pris pension dans un petit hôtel de Dordogne, à La Roque-Gageac dont le maire est un ami. Tristan Bernard, Matisse ou André Gide goûtent sur la Côte d'Azur une villégiature plutôt agréable. Henri de Montherlant séjourne à Marseille où il connaît quelques démêlés avec la police en raison d'une liaison trop peu discrète avec un jeune mitron. Comme beaucoup de ses confrères, Montherlant s'est rapidement accommodé de la nouvelle situation résultant de la défaite.

D'autres ont « glissé » dans les cohortes de l'exode jusqu'à Biarritz comme Paul Derval le patron des *Folies Bergère* qui, dans une certaine bonne humeur, retrouve là-bas Elvire Popesco, Mistinguett et Suzanne Flon, une jeune présentatrice du théâtre de l'Étoile; et encore le champion de la musique « swing » Johnny Hess (Suisse en dépit de son prénom!) et même un certain Worloou Lembros qui ne va pas tarder à être plus connu... sous le nom de Georges Guétary. Bref, de quoi monter un spectacle!

Dans le midi de la France, plein comme un œuf, règne une atmosphère étrange, curieux mélange de tristesse et de soulagement, de vacances improvisées et de lourdes menaces. Cahin-caha, coupée en deux, la France tente de retrouver un équilibre. Disposant de plus de relations que la moyenne de leurs concitoyens, intellectuels et artistes seront parmi les premiers à s'adapter à ce monde nouveau. A y reprendre leurs habitudes. Ou à s'en créer d'autres...

CHAPITRE II

LA VIE REPREND

LE 17 juin 1940 au petit matin, une caméra allemande fixe pour la postérité une scène insolite : Hitler, visage fendu d'un large rire, esquisse un pas de danse en se tapant sur la cuisse. Sa joie peut éclater. L'armée française est éparpillée dans ces « jardins et routes » décrits par Ernst Jünger qui, le même jour, déguste un canard aux olives avant de partir pour Montmirail. Les Allemands sont à Paris depuis trois jours, un Paris vide où les grands boulevards ressemblent à « un grand mail de province » aux yeux de Léautaud, rassuré par la perspective d'une paix longue grâce à la force de l'Allemagne et par la prochaine réouverture du Mercure de France. Le pays est anesthésié, stupide ; il a explosé en communautés déracinées : solitude morale, matérielle, intellectuelle, aucun ancrage ne semble possible.

Pétain ? Gide a salué son discours ; mais il déchante dès le 23 au lendemain de la signature de l'armistice de Rethondes.

De Gaulle ? Mais qui a entendu son appel du 18 juin avivant la « flamme de la résistance française » ?

Depuis le 25 juin, tout est consommé : l'armistice, imposé et non négocié, entre en vigueur sur tous les fronts. Les revendications allemandes sont satisfaites : la France ne peut reprendre le combat. Le Reich obtient les garanties exigées par la poursuite de la lutte contre l'Angleterre et les conditions nécessaires à une paix nouvelle sont établies.

Fait le plus marquant pour les Français, une ligne de démarcation de plus de mille kilomètres coupe la France en deux zones : « Une zone occupée et une zone préoccupée » remarque malicieusement le poète Fernand Gregh. Cette zone non occupée devient bientôt zone « nono » dans le langage familier. La ligne, d'abord garnie par l'armée, puis par des gardes-frontières, devient difficilement franchissable par des individus sans laissez-passer. Edwige Feuillère le sait, qui paiera un peu plus tard, de trois kilos de vrai café remis à une manucure, l'obtention de l'*Ausweis* si convoité. Quant au courrier privé, il est autorisé dès septembre mais sur des cartes imprimées à l'avance. Cependant, le plus grave, c'est que la ligne est une véritable barrière économique qui condamne la zone Sud à l'asphyxie. De plus, l'Alsace et la Lorraine sont purement et simplement annexées et cinq départements du nord de la France, de la Somme aux Ardennes, sont déclarés zone interdite avec, pour objectif, d'en faire un centre de colonisation agricole.

En zone libre, le qualificatif va vite sembler relatif, le gouvernement présidé par Pétain depuis le 17 juin, s'installe à Vichy. C'est dans ce décor d'opérette, où l'ingestion d'eau et les mondanités font bon ménage, dans une atmosphère de grande première, que la IIIᵉ République achève son existence : le 10 juillet sur les 649 députés et sénateurs présents, seuls 80 refusent les pleins pouvoirs au vieux maréchal de quatre-vingt-quatre ans. Du haut des cintres du casino, Marie Marquet et son fils assistent à la scène présidée par Jules Jeanneney. Étaient absents ceux des parlementaires qui s'étaient embarqués sur le *Massilia* le 21 juin, afin de poursuivre la lutte outre-mer : Daladier, Mandel accompagné de Béatrice Bretty, César Campinchi, Yvon Delbos, Mendès France, Le Troquer et d'autres, auxquels s'étaient joints le musicien Jacques Ibert, Julien Cain conservateur de la Bibliothèque Nationale. Jean Prouvost, responsable de l'information, les dénonçait comme « des lâches qui ont fui la patrie ». Quant à Arletty, qui assistait à Bordeaux à l'appareillage, elle se souvient : « Pas un de ces messieurs ne me fait signe de monter. On aurait dit qu'ils me confiaient le sort de la France [5]. »

Une France soumise à la puissance inégalée d'un chef à laquelle s'ajoute une vénération à l'égard du vainqueur de Verdun chez qui l'ambition l'a emporté sur la pusillanimité.

Le changement de régime se fait sentir dans le *Journal officiel,* qui par une de ces lenteurs administratives reste « de la République française » jusqu'au 3 janvier 1941, avant de devenir « de l'État français », le 4. Le « Nous, maréchal de France, chef de l'État français, le Conseil des ministres entendu, décrétons »..., est le préambule à une série de décrets et de lois qui, dès juillet 1940, caractérisent le nouveau régime.

Entre le 17 et le 25 juillet 1940, se succèdent des lois concernant la déchéance de la nationalité française, avec rétroactivité possible, la révision des naturalisations, avec extension possible aux femmes et aux enfants.

Parmi ceux qui, dès le 7 septembre, perdent cette nationalité française pour avoir quitté leur pays : Pierre Cot et les journalistes Henri de Kerillis et Geneviève Tabouis; le 1er novembre, c'est au tour du cinéaste René Chomette (dit René Clair), de la comédienne Vera Koretzky (dite Vera Korène), de Pierre Lazareff, d'Alexis Léger (Saint-John Perse) et de bien d'autres qui précèdent de plus d'un mois un certain de Gaulle.

Et les révocations vont bon train : Georges Huisman, directeur général des Beaux-Arts remplacé par Louis Hautecœur; l'universitaire et scientifique Henry Laugier, directeur du C.N.R.S., René Cassin, professeur à la faculté de Droit de Paris. Quant à Jean Cassou, nommé le 24 septembre conservateur du musée d'Art Moderne, il se voit relevé de ses fonctions trois jours plus tard... Brève carrière pour un homme que la radio traite tout à la fois de « communiste-juif-rouge-espagnol-front populaire-franc-maçon-anarchiste ».

Julien Cain, lui est remplacé comme administrateur général de la Bibliothèque Nationale par Bernard Faÿ, professeur au Collège de France, grand pourfendeur de francs-maçons, et pour cela, chargé de l'exécution de la loi du 13 août portant interdiction des associations secrètes. La franc-maçonnerie qui a « comme père un Anglais et comme mère la tradition talmudique » ainsi que l'écrit le nouvel éditorialiste de *L'Illustration,* Jacques de Lesdain, se doit d'être combattu. L'hebdomadaire *Au Pilori,* dont le premier numéro date du 12 juillet, se fait le spécialiste de ce combat. Désormais, nul ne peut être fonctionnaire, agent de l'État ou des collectivités, s'il a des liens avec les associations dissoutes. La publication, à partir du mois d'août 1941 et pendant trois mois, des noms de dix-huit mille « dignitaires », fait du *Journal officiel* un quotidien très lu, à la grande déception des curieux qui, pensant y trouver les noms les plus célèbres du pays, n'y verront qu'un échantillon très habituel de la population française.

LE STATUT DES JUIFS

Il y a plus grave encore : en octobre 1940 est publiée la loi portant statut des juifs, avec une définition ethnique caractérisée : « Est regardé comme juif, pour l'application de la présente loi, toute personne issue de trois grands-parents de race juive, ou de deux grands-parents de la même race, si son conjoint lui-même est juif. » Certes avoir été combattant de la guerre de 14-18, de celle de 39-40, être décoré de la Légion d'honneur ou de la Médaille militaire atténuent l'indélébile tache. Néanmoins, l'accès des grands corps de l'État leur est interdit, mais aussi la magistrature, l'enseignement, l'armée, les entreprises subventionnées; les professions libérales sont autorisées... « à moins que des règlements d'administration publique n'aient fixé pour eux une proportion déterminée »..., et l'article 4 de la loi poursuit : « Dans ce cas, les mêmes règlements détermineront les conditions dans lesquelles aura lieu l'élimination des juifs en surnombre. » Les mots font frémir. En aucun cas ils ne pourront exercer les professions de responsabilité ayant trait à la presse, au cinéma, au théâtre ou à la radiodiffusion; directeurs, gérants, rédacteurs de journaux, metteurs en scène ou scénaristes de films, directeurs ou administrateurs de salles de spectacle, entre autres : la culture et sa diffusion ne peuvent être « enjuivées ».

Occasion favorable pour l'éditeur Denoël qui lance aux Nouvelles Éditions françaises, société qu'il vient de constituer, une collection dite d' « intérêt national » qui se nomme : « Le Juif et la France »; le Dr Montandon intitule son ouvrage : *Comment reconnaître le juif?*; le Dr Querrioux, toujours la caution médicale, traite de *La Médecine et les juifs* et Lucien Pemjean : *La Presse et les juifs depuis la Révolution française*. Quant à Lucien Rebatet, dont le nom de plume est François Vinneuil, il complète cette tétralogie par *Les Tribus du cinéma et du théâtre* où il dénonce avec sa violence coutumière, l' « invasion juive » en ces domaines.

Sont frappés par la loi les producteurs Pierre Braunberger, Jacques Haïk, les frères Hakim, les frères Nathan, Adolphe Osso, Simon Schiffrin; sont frappés les réalisateurs Jean et Marie Epstein, Max Ophüls, Henri Diamant-Berger; sont frappés les acteurs Jean-Pierre Aumont, Pierre Dac, Marcel Dalio, Samson Fainsilber, Vera Korène, Marianne Oswald, Jean Temerson. Quant aux éditeurs juifs, ils se voient « racheter » leurs sociétés.

Sans que l'occupant allemand ait eu à le lui demander, le gouvernement de Vichy entreprend l'aryanisation des professions « grangrenées ».

Le 29 mars 1941, une loi crée un Commissariat général aux Questions juives, confié à Xavier Vallat.

Simone de Beauvoir, au lycée Camille-Sée, signe, comme la plupart de ses collègues, le papier où elle affirme, sous foi du serment, n'être ni affiliée à la franc-maçonnerie, ni juive [10]. Prouver sa qualité d'aryen, se défendre d'être juif, comme devra le faire Sacha Guitry devant les attaques du journal *Au Pilori*, voilà le type d'exercices auquel vont se livrer certains Français pendant les années d'occupation. Le Dr Destouches, alias Louis-Ferdinand Céline, peut être heureux, lui qui écrivait à la veille de la guerre deux pamphlets antisémites : *Bagatelles pour un massacre* et *L'École des cadavres*. Dans le premier, on lit notamment : « Deux millions de Boches campés sur nos territoires, pourront jamais être pires, plus ravageurs, plus infamants que tous ces juifs dont nous crevons... Les Boches au moins, c'est des blancs [276]... » En janvier 1941, le régime prendra son visage définitif avec la prestation de serment des hauts dignitaires et des hauts fonctionnaires qui jurent fidélité à la personne du chef de l'État dont la reproduction des traits est soumise à une censure préalable depuis le 26 janvier : adieu caricature !

Les lois ne sont pas votées puisque l'Assemblée nationale est « en sommeil », mais le gouvernement de Vichy a créé, jusqu'à l'établissement d'une hypothétique Constitution, dont le projet ne sera signé par Pétain que le 30 janvier 1944, un Conseil national, uniquement consultatif et formé de personnalités compétentes dans leur domaine, nommées et non élues, qui se réuniront en séances non publiques; vont s'y perdre, ou s'y engager, des hommes aussi divers que l'académicien Abel Bonnard, le physicien Louis de Broglie, l'ingénieur Georges Claude, tous deux membres de l'Académie des Sciences, le pianiste Alfred Cortot, l'écrivain André Demaison, l'éditeur Lefort-Lavauzelle, et aussi, Louis Lumière, Henri Massis, Émile Mireaux, Jean Mistler, André Siegfried, au milieu d'avocats, de militaires, d'agriculteurs, d'armateurs, le tout savamment dosé.

Le cadre de Vichy se prête peu à cette vie politique où le drame côtoie le vaudeville. Choisie pour son grand nombre de chambres d'hôtels, la ville d'eaux voit les bureaux des ministères remplacer les lits, les dossiers s'empiler dans les salles de bains : ceux de la Défense nationale à l'*hôtel Thermal*, ceux de la Justice et des Finances au *Carlton*. *L'hôtel du Parc* abrite, outre le maréchal Pétain, les Affaires étrangères et aussi, provisoirement, les services de la radio d'État où œuvrent Rebatet, Laubreaux, Poulain, sous les ordres de Jean-Louis Tixier-Vignancour : anglophobie et incitation à la collaboration sont de règle sur les ondes.

Au-delà des ministres, secrétaires d'État, hauts fonctionnaires, s'agite un Tout-Vichy qui est un fragile succédané du Tout-Paris.

La guerre est finie, l'été est agréable, les terrasses de cafés bien garnies. On ne pense pas encore au chauffage. Qu'importe ! Le gouvernement doit bientôt regagner Paris : l'article 3 de la convention d'armistice n'a-t-il pas stipulé que le gouvernement français pourrait s'installer n'importe où, y compris dans la capitale... et le gouvernement de le demander dès le mois de juillet 40 à des autorités allemandes qui vont être de plus en plus réticentes à ce projet pour en abandonner bientôt l'idée.

PARIS SE PEUPLE D'ÉTRANGES « TOURISTES »

Paris, en cet automne, a peu à peu retrouvé sa physionomie habituelle notamment dans les quartiers populaires. En juin 40 il ne restait que 700 000 habitants sur plus de 2 millions recensés en 1936; en septembre ils sont 1 million 300 000. Les Parisiens reviennent après leur errance estivale. Pour retrouver une ville qui a changé. Pas toujours en mal... Henri Mondor qui s'est attaqué à la rédaction d'une vie de Mallarmé écrit à Robert Debré pour l'inciter à revenir : « Paris est un village désert, muet, où l'on entend les coqs de Seine-et-Oise, les menuisiers lointains. » Léon-Paul Fargue qui célébrait sa ville en 1939 dans *Le Piéton de Paris* écrit dans *L'Illustration* du 14 septembre une « Résurrection de 1900 » où il salue avec satisfaction le retour des bruits de sa jeunesse : sabots des chevaux, cris des marchands, rires d'enfants; et les grandes avenues dégagées qui permettent les découvertes lointaines, et le passage des troupeaux, et l'étal des grainetiers, et les moyens de transport hétéroclites : le poète rajeunit de quarante ans.

Il vaut peut-être mieux ignorer les panneaux indicateurs des carrefours rédigés en allemand, la relève quotidienne de la garde à 12 h 30 entre l'hôtel *Majestic,* siège du Commandement militaire de Paris et le Rond-Point des Champs-Élysées, les « touristes » en uniforme qui déambulent dans les rues, se ruent sur les étalages encore bien fournis afin d'acheter les produits français – tissus, bas de soie, parfums... – au plus bas prix grâce au taux de change très favorable de 20 francs pour 1 mark fixé arbitrairement par l'occupant. Il vaut mieux ignorer que le Grand Palais sert de garage pour les camions allemands, que l'École Polytechnique et l'École Normale Supérieure sont transformées en cantonnements, que le maréchal Göring, toujours soucieux de ses aises, a luxueusement aménagé le Palais du Luxembourg pour en faire le Haut État-Major de la Luftwaffe;

Les salles de l'*Empire* et du palais de Chaillot sont réservées exclusivement aux occupants, de même que les cinémas le *Rex*, le *Marignan*, le *Paris* entre autres...

Néanmoins, et malgré cette restriction, il reste aux Parisiens de quoi se distraire.

Juin 40 n'avait pas été favorable aux entreprises théâtrales. Le 4 juin, quatre salles seulement étaient encore ouvertes avec une maigre recette totale de 1 318 francs. Le jeudi 16 juin, l'Opéra-Comique n'encaissait que 552 francs; quant au théâtre de l'Œuvre, le lundi 10 juin, il voyait s'installer un seul spectateur, fervent mais remboursé!

Dès le lendemain de l'occupation, rouvraient des cabarets alléchés par les promesses de recettes de cette foule en uniforme : *Eve, Paradise, Pile ou Face,* qui ne seront pas gênés par les restrictions en matière de tissu. Le 6 juillet, c'était au tour du premier music-hall, le *Palace,* rue du Faubourg-Montmartre, plus connu auparavant sous le nom d'*Alcazar,* mais les Allemands, gens sérieux, avaient estimé que ce nom, rappelant l'héroïque défense sévillane des cadets du général Franco, ne pouvait convenir à ce lieu de plaisir, et l'avaient fait changer.

Des réouvertures plus sérieuses allaient avoir lieu dès juillet : Robert Trébor, président du syndicat des directeurs de théâtre, en est l'un des promoteurs, en accord avec Sacha Guitry, qui revient de Dax où se trouvaient aussi Alice Cocéa, Pierre Benoit, Guillaume Hanoteau, Gaby Morlay et Elvire Popesco. Le 31 juillet donc, le théâtre de la Madeleine donne *Pasteur* de et avec le « Maître » qui a réintégré son hôtel particulier du 18 avenue Élisée-Reclus. La première fait un triomphe tel que Guitry, prudemment, la retire de l'affiche, devant le mécontentement d'officiels allemands, indisposés par la pièce, jouée pour la première fois en 1919 et qui montre pourtant un Pasteur plaçant le travail au-dessus de toute contingence, et l'entente des peuples pour construire et non détruire. Équivoque : pièce de résistance décrivant la figure d'un grand Français, ou de collaboration nécessaire à la grandeur du pays. Toute l'occupation offre cette ambiguïté et cette confrontation.

Au mois d'août, c'est au tour des théâtres nationaux de reprendre leur activité : le 22, l'Opéra-Comique donne *Carmen*, et le 24 l'Opéra remplit la salle avec une *Damnation de Faust*. Bizet et Berlioz pour une eprise es Français sont à l'honneur en ce début d'occupation. Mais le 22 octobre on donne *Fidelio* de Beethoven. Le lendemain, la *Deutsche Zeitung in Frankreich* indique : « *Fidelio* a été le premier opéra allemand donné à Paris depuis l'armistice. Les nombreux Allemands qui assistèrent à la représentation réservèrent, de même que les Français, un grand succès aux chanteurs et aux musiciens. » Parmi eux, la grande cantatrice wagnérienne Germaine Lubin, particulièrement louangée dans ce journal qui montre le même jour la poignée de main entre Hitler et Laval.

La soirée de rentrée de la Comédie-Française a lieu le samedi 7 septembre; pas de pièce jouée mais une conférence de l'académicien Abel Bonnard qui exalte la grandeur française face à un parterre abondamment garni d'uniformes.

C'est à Jacques Copeau, le fondateur du Vieux-Colombier, qu'est confiée l'administration à la fois de la Comédie-Française, de l'Odéon et du Théâtre populaire de Chaillot. Est-ce par ironie que l'Odéon rouvre la saison avec *L'Arlésienne*? Une héroïne constamment absente : que d'interprétations! Quel symbole! Quant à Dullin, Gaston Baty et Louis Jouvet, ils reprennent leur activité scénique sans arrière-pensée. Ce dernier ne déclare-t-il pas à l'hebdomadaire *Aujourd'hui* : « Le moment est venu d'une reconstitution, d'une refonte du travail dramatique. Depuis des années on n'osait pas porter le couteau dans certaines pâtes à la croûte épaisse comme un blindage. Maintenant leur carapace est béante [179]. »

Quant aux cinémas, ils sont contraints à un régime minimum, les films anglo-saxons étant interdits et leur projection clandestine devenant une activité privée, la production allemande est allégrement distribuée : ainsi Emil Jannings dans *La Lutte héroïque* évoque la vie du docteur

Koch dont le bacille répond peut-être au virus du *Pasteur* de Guitry. *Le Maître de poste* fait triompher l'Allemand Heinrich George qui sera la vedette du Paris cinématographique de l'occupation.

L'écrivain André Thérive remarque que « depuis que les films allemands inondent nos salles, ils sont tous doublés... » et, comme il vient de voir l'un d'eux (*La Fille au vautour*) dont l'action se déroule au Tyrol, il ironise : « Les dialogues sont doublés en pseudo-langage péquenot (...). C'est d'une bouffonnerie étonnante. Le public d'ailleurs y est insensible et suit béatement un album de trop belles photos, les galopades d'une fille sauvage qui court dans la neige avec un vautour apprivoisé [137] » !

Autre contrainte pour les spectacles : le couvre-feu. Après avoir mis la France à l'heure allemande dès le 15 juin 1940, les autorités d'occupation fixent le retour au logis à 23 heures jusqu'au 25 septembre, et à 0 heure ensuite. Malheur au retardataire : il risque l'hospitalité au commissariat le plus proche dont *L'Illustration* du 14 septembre donne une description quasi idyllique faite de tiédeur, de café odorant et d'agents débonnaires. La relaxe à 5 heures du matin doit pourtant concerner des êtres froissés et courbatus.

Pourtant comment ne pas être tributaire d'un métro, alors que les moyens de transport individuels sont strictement réglementés ? Dès le 30 août est publiée la loi sur la circulation automobile : une autorisation est obligatoire pour faire circuler tout véhicule automobile, du vélomoteur au camion, et il faut des tickets pour obtenir le carburant composé d'un mélange d'essence et d'alcool. Mais tout est bon pour faire se mouvoir le véhicule : électricité, acétylène, gazogène et même ammoniac ! Quant à la bicyclette, elle devient reine : payée 2 500 francs d'occasion dès l'automne 40, elle fait l'objet de tant de convoitises que l'heureux propriétaire la monte chez lui *par précaution*, et qu'on a installé à Paris trois cents garages à vélos surveillés, près des stations d'autobus qui, eux, ont quasiment disparu du centre de la capitale pour desservir surtout la banlieue. Dans sa *Lettre à un ami américain*, Alfred Fabre-Luce vante les élégantes à bicyclette qui, nécessité oblige, ont relancé la mode de la jupe-culotte, «effet de la pénurie d'essence». C'est d'ailleurs, affirme-t-il, dans les périodes de restrictions que l'on voit la véritable élégance.

Si le sport vélocipédique donne de l'appétit à ses obligés sinon à ses fervents, il va devenir difficile de calmer les fringales. Dès le 20 juin 1940, le ministère de l'Agriculture et du Ravitaillement décrète que, dans les restaurants, il ne peut être servi au même repas et à la même personne qu'un hors-d'œuvre sous forme de crudités, un plat d'œuf ou de poisson ou de viande (pas plus de 100 g) et un plat de légumes ou pâtes, un fromage, un fruit : quelques mois plus tard cette disposition légale va faire saliver. Au début de l'été, l'illusion d'abondance est telle dans les magasins qui sont restés ouverts, que personne ne songe à faire de réserves. Les prix restent normaux; seul le sucre est rationné. Léautaud paie le 15 juillet un œuf 5 francs, 5 francs aussi le litre de lait et 25 francs la livre de beurre. «On exagère sur le prix de la vie à Paris», affirme-t-il avant de s'inquiéter quand même de débourser 5,75 francs pour une livre de haricots-beurre le 8 août suivant. Mais déjà ont fait leur apparition les cartes de rationnement; les rations du mois d'août s'élèvent à 500 g de sucre par personne, 250 g de pâtes, 100 g de riz, 125 g de savon, 300 g de margarine.

Tout cela ne va pas s'arranger avec le temps, et l'hiver qui s'annonce promet d'être rude avec un manque quasi total de charbon dont on souffre d'autant plus lorsqu'on habite un appartement moderne dépourvu de la bonne vieille cheminée consommatrice de matériaux divers et dispensatrice d'un minimum de chaleur. Alors on se calfeutre, on dort avec des gants et un bonnet, on s'habille chaudement et on recherche les endroits publics chauffés. Georges Duhamel reçoit chez lui, pour les visites du Nouvel An, avec sa cape d'académicien jetée sur les épaules pour se protéger du froid. La queue devant les boutiques d'alimentation devient une institution, vite réglementée, dont Marcel Aymé tire une nouvelle douce-amère, *En attendant*. Alors, la redécouverte du cousin de province, l'amabilité à la fermière qui vend dans ce canton retiré du Poitou une dinde ou un jambon de 1 500 à 2 000 francs, ce qui représente un mois de traitement de nombreux fonctionnaires : que de chemin parcouru dans des trains archibondés!

Jean-Paul Sartre et Simone de Beauvoir gagnent à eux deux à peu près 7 000 francs à une époque où le salaire d'un ouvrier n'atteint pas 1 000 francs mensuels; Boris Vian, jeune ingénieur complète son salaire de 3 600 francs mensuels en jouant de la « trompinette ». Jouhandeau, lui, dans son institution religieuse, accepte 740 francs mensuels pour prix d'une liberté qui lui permet d'écrire. Que sont ces salaires face aux prix des repas pratiqués dans les restaurants : le 25 décembre 1940, Galtier-Boissière invité par les comédiens Marcel Herrand et Jean Marchat, voit arriver sur la table une addition de 400 francs pour « des huîtres, un bœuf mode et un fromage arrosé de Crépy [60] ». Au même moment, à *La Tour d'Argent*, la portion d'asperges sauce hollandaise coûte 55 francs. Le prix de la bouteille de champagne dans une boîte de nuit oscille entre 125 et 200 francs.

Les restrictions n'empêchent pas les plaisanteries, même macabres : lorsque le 15 décembre 1940, les restes de l'Aiglon sont ramenés à Paris, en une cérémonie éclipsée d'ailleurs par l'éviction récente de Laval comme vice-président du Conseil, quelques « titis » ironisent en affirmant qu'ils auraient préféré du charbon à ces cendres et de la viande à ces os! Mauvais goût, mais seule réaction à la perte de celui des bonnes choses.

LA VILLE SANS REGARD

D'ailleurs il faut de la patience. Car, à toutes ces privations, s'ajoute la présence visible de l'occupant. Quelle attitude peut adopter le Parisien? La plus fréquente est l'indifférence. Les Allemands appelleront bientôt Paris : « La ville sans regard. » Ils sont transparents et pourtant ils sont là et bien là... « On disait toujours, on les aura, on les aura! Eh bien! Ça y est, maintenant on les a! » Amer sourire de Tristan Bernard mais sourire quand même. Les noms de ceux qui comptent, organisent, commandent, interviennent, contrôlent, ont de brutales et sèches résonances germaniques : Abetz, Epting, Bremer, Sieburg, Grimm... Quant à leurs séides français, souvent fantomatiques personnages jusque-là, leurs noms et leurs déclarations surgissent, péremptoires, dans l'actualité.

La France occupée, si elle est officiellement soumise au gouvernement et à l'administration de Vichy, est étroitement contrôlée par le système établi par les Allemands, qui placent ce territoire sous l'autorité de l'armée de Terre, selon une tradition déjà établie en 1870 et en 1914. Le général Streccius d'abord, puis, dès le 25 octobre 1940, le général Otto von Stülpnagel, petit homme sec au monocle rivé à l'œil gauche, sont les premières autorités allemandes de l'occupation.

L'administration militaire a son siège en l'hôtel *Majestic* où, en permanence, un millier de fonctionnaires se répartissent entre les différents services : un état-major administratif sous la direction du Dr Schmidt plus spécialement chargé de sauvegarder les intérêts de l'occupant, notamment au moyen d'un contrôle de la police française et de l'économie ; l'autre état-major, militaire, sous l'autorité du colonel Speidel, surveille la ligne de démarcation, les travaux publics et, en principe, les services de la propagande. Le système allemand en effet n'est pas simple. Les conflits de compétence vont se multiplier bientôt.

Le 14 juin 1940, est convoqué par Ribbentrop, au quartier général de Hitler en Forêt-Noire, un homme de trente-sept ans, ancien professeur de dessin. Il s'appelle Otto Abetz. Son rôle pendant l'occupation – malgré quelques éclipses et disgrâces – est essentiel. Il est chargé de représenter les Affaires étrangères auprès du commandant militaire en France. Le 3 août, il est nommé officiellement ambassadeur du Reich à Paris ; à Paris et non à Vichy, car les relations diplomatiques ne sont toujours pas rétablies entre la France et l'Allemagne.

Les directives du Führer sont à la fois précises et ambiguës : « L'ambassadeur Abetz est responsable de toutes

les questions politiques en France occupée et non occupée
(...). Jusqu'à la conclusion de la paix, la mission n'est pas
officiellement accréditée ; elle est toutefois chargée de maintenir régulièrement le contact avec le gouvernement français et de surveiller les relations politiques avec les autres
pays [2]. »

Comment Otto Abetz est-il arrivé là ? Né en mars 1903
près de Mannheim, ses études aux Beaux-Arts le mènent au
professorat de dessin à Karlsruhe. La France et sa culture
l'attirent : il admire Alain-Fournier, Alphonse Daudet et
Romain Rolland. De ce dernier il cite souvent la phrase tirée
de *Jean-Christophe* : « La France et l'Allemagne sont les
deux ailes de l'Occident ; qui brise l'une empêche l'autre de
voler. » Dès 1930, il participe à l'organisation de rencontres
germano-françaises de jeunes. Au *Sohlberkreis,* en Forêt-
Noire, il se lie d'amitié avec le Français Jean Luchaire, qui a
fondé une revue, *Notre Temps,* avec l'appui d'Aristide
Briand, et a écrit un livre qui marque beaucoup le jeune
Allemand : *Une Génération réaliste.* En 1932, la rencontre a
lieu dans les Ardennes françaises à Rethel. Otto Abetz y
retrouve Luchaire mais surtout sa secrétaire, Suzanne de
Bruyker, qu'il épouse en septembre. Les nazis arrivent au
pouvoir et en 1934, notre homme se retrouve dans les
services de Baldur von Schirach en tant que rapporteur des
questions françaises dans le directoire des jeunesses hitlé-
riennes. En même temps, il est le lien entre la *Deutsche-
Französische Gesellschaft* c'est-à-dire la Société Germano-
Française, et son homologue, le Comité France-Allemagne.
Lorsqu'il vient à Paris, il rencontre les collaborateurs des
Cahiers franco-allemands : on y voit les noms de Fernand de
Brinon, Jules Romains, Georges Duhamel, Paul Morand,
Alphonse de Chateaubriant, Drieu La Rochelle, Jean Fontenoy, Benoist-Méchin, etc. Socialisant naguère, il adhère au
parti nazi en 1937. Proche de Ribbentrop, le voilà propulsé
au premier plan lorsque celui-ci devient ministre des Affaires étrangères. C'est en juin 1939 qu'il est déclaré interdit de
séjour en France, à la suite d'une violente campagne de
L'Humanité et de *L'Époque* d'Henri de Kerillis, sous l'accusation de propagande interdite : Abetz avait, semble-t-il,

annoncé à certaines personnalités françaises, l'imminence d'une mainmise allemande sur Dantzig, et proclamé la nécessité d'une conciliation entre les deux pays. Les autorités françaises le soupçonnent de vouloir décourager la résolution du pays. Abetz s'en plaindra plus tard. Mais est-ce à cet incident qu'il doit son poste d'ambassadeur à Paris, Hitler y ayant peut-être vu l'occasion d'un camouflet à l'égard de la France? Car sa venue à Paris doit le combler d'aise. Il se flatte de ses affinités avec la France et sa capitale. Il émet pourtant des réserves : « Paris est resté pour nous un lieu de pèlerinage de l'esprit (...) pourtant ce Paris n'était pas seulement la ville de Mallarmé et de Rodin, mais aussi celle de Clemenceau et de Poincaré [2]. » Aucun esprit de revanche ne doit donc être toléré. Une fois à son poste, il retrouve ses anciens amis français. Il rencontre aussi Laval le 19 juillet : l'Auvergnat lui fait forte impression, Abetz lui apportera son appui en diverses circonstances. L'ambassadeur paraît jeune, bel homme, à la convivialité fastueuse, et nombreux sont ceux qui en apprécieront la munificence; son rôle est peu clair : il reçoit ses ordres directement du ministre Ribbentrop, mais doit agir en même temps en accord avec le commandant militaire Stülpnagel dont il est le conseiller politique.

Son objectif? Influencer les personnalités françaises et les mettre sur les rails de la collaboration; tout est bon pour l'atteindre : séduction personnelle, réceptions à l'ambassade, rue de Lille, qui va devenir l'un des centres mondains de la capitale, subventions aux journaux auxquels sont consacrés 1 milliard de francs... Il croit sûrement en la collaboration franco-allemande engagée depuis la poignée de main entre Hitler et Pétain à Montoire et le discours de ce dernier, le 30 octobre, où il annonce l'entrée de son pays dans cette voie. Il a consacré toutes ses activités à ce rapprochement. Mais un événement, qui ébranlera sa confiance, va révéler un tout autre homme que l'hôte distingué et cultivé, le disert convive : le 13 décembre, Laval est arrêté sur l'ordre de Pétain, ainsi que Marcel Déat, qui fondera un mois plus tard le Rassemblement National Populaire et fervent d'une politique active de collaboration. Luchaire, qui a invité

Bertrand de Jouvenel le lundi 16 décembre, raconte que c'est lui qui a appris la nouvelle de l'arrestation de Déat à Abetz. Le général de la Laurencie, ancien commandant de l'école de cavalerie de Saumur et, depuis le 19 août, délégué général du gouvernement français à Paris auprès du général von Stülpnagel, va, le 14, à l'ambassade d'Allemagne. Il y est reçu par un Abetz furieux et gesticulant, qui exige l'immédiate libération de Déat. Lui-même part pour Vichy, avec une escorte blindée, pour libérer Laval qu'il ramène à Paris. Il faut, pense Abetz, nettoyer le régime de Vichy de ses éléments réactionnaires, accusant en premier lieu l'Action Française et son chef Charles Maurras. Il faut entrer avec Laval dans une réelle politique de collaboration. L'instant révèle un homme plus cynique et violent que prévu, mais aussi plus désarmé devant les arcanes de la vie politique française. Le rêve de l'ambassadeur n'est-il pas de faire de la France le « lieu de plaisir » de l'Europe allemande, spécialisée dans la viticulture et les articles de luxe?

Cela ne l'empêche pas d'affirmer qu'il s'est opposé à plusieurs reprises à Göring quand celui-ci voulait faire remettre à l'Allemagne l'or et les devises entreposés dans les banques françaises et faire démonter les machines de l'industrie lourde française. De même, lorsque Goebbels veut empêcher la renaissance de la mode française, Abetz affirme, à juste titre, que ce n'est pas cela qui permettra l'éclosion d'une mode allemande!

Auprès d'Abetz, on trouve des hommes qui ont souvent de la France une connaissance que leur envieraient bien des Français : Achenbach, déjà en poste dans la capitale avant la guerre, a été mis à sa disposition par le ministère des Affaires étrangères pour régler les questions diplomatiques et de propagande; le consul Schleier, prisonnier de guerre en France en 1918, est un homme à la carrure puissante et à l'intelligence rapide : chargé des questions politiques, c'est lui qui remplacera Abetz lorsque celui-ci sera contraint à des absences prolongées; il est de ce fait une des figures du Tout-Paris de l'occupation. Karl Epting est l'ancien directeur de l'Office universitaire allemand de Paris qui est transformé en Institut allemand à l'automne 40, au 54 de la rue Saint-Dominique. Chargé des affaires culturelles, il y rencontre, pendant les années de guerre, une bonne partie de ce que la France compte d'intellectuels et d'écrivains. En 1945, il fera état de ses contacts avec Giraudoux, Montherlant, Cocteau, Giono, Daniel-Rops, Pierre Benoit, Paul Valéry, Georges Blond, Jouhandeau, Audiberti, Paul Morand, La Varende, Jacques de Lacretelle, Fabre-Luce et évidemment Chateaubriant, Brasillach, Rebatet, Drieu, Céline, les plus engagés dans la politique de collaboration.

Epting ne fait pas mystère de la fonction politique assignée à son Institut; au cours d'un entretien accordé à Brasillach en octobre 41 (et dont les termes sont publiés dans *Je Suis Partout*) il déclare : « On parle beaucoup de la collaboration économique, qui a son prix. On parle beaucoup moins de la collaboration intellectuelle, qui n'est pas moins précieuse. L'Institut allemand doit être un des moyens de cette collaboration. » Voilà qui a le mérite d'être clair!

Ses idées sur le rôle culturel de la France, Epting les exprime un soir de décembre 40 : « Il faut que les intellectuels français renoncent à l'universel. Il ne faut plus qu'ils prétendent parler au nom de principes valables pour tous les pays, et il ne sied pas qu'ils essaient de faire rayonner ces principes hors de France [55]. » A l'entendre, Bertrand de Jouvenel [86] comprend le vrai sens du mot « collaboration » : il s'agit en fait d'une « provincialisation » de la France. D'ailleurs, le même Epting va établir un peu plus tard une liste Mathias qui recense un millier d'ouvrages allemands à faire traduire. Le génie allemand, lui, peut se répandre universellement.

L'adjoint d'Epting est Karl-Heinz Bremer. Montherlant, qui l'a connu en 1937 lecteur à l'École Normale Supérieure, le décrit comme un homme « brusque, carré, jovial ». Son amour de la France est assuré, peut-être trop puisqu'il sera envoyé sur le front russe où il trouvera la mort en 1942.

Dès octobre 40, l'Institut allemand organise des conférences, le plus souvent à la Maison de la Chimie rue

Saint-Dominique : la première, du Dr Gross, sur l'organisation sociale du Reich. Le lendemain, le Dr Funke parle de la poésie allemande. Mais les vedettes de ces conférences sont le professeur Grimm et Friedrich Sieburg, qui se partagent entre les invitations de l'Institut allemand et celles du Groupe Collaboration. Dès l'engagement du régime de Vichy dans le chemin de la collaboration, un groupe d'hommes d'affaires et d'intellectuels, déjà liés à l'Allemagne avant la guerre, s'est formé sous l'égide d'Alphonse de Chateaubriant. « Mi-gentilhomme campagnard, mi-prophète barbu », prix Goncourt en 1911 pour son *Monsieur de Lourdines,* il a découvert la grandeur de l'Allemagne et l'admiration à l'égard de Hitler en 1935, date où il a loué un chalet en Forêt-Noire. « Collaborer, ce ne sera plus seulement accomplir un geste ou prendre une position de principe, c'est donner (...) son adhésion totale, nous dirions organique, à l'acte constitutif de la nouvelle Europe [32] », écrit-il en décembre 40. Il tente par son action de faire se rencontrer des Français et des Allemands aux activités et aux préoccupations analogues, et de faire se répandre la bonne parole nazie devant un public choisi et nombreux.

Quant au Professeur Grimm, avocat, qui a défendu les industriels allemands devant les tribunaux français pendant l'occupation de la Ruhr, il est chargé de la propagande à l'ambassade.

Abetz est donc bien épaulé; Céline peut, à juste titre, employer le terme de « royaume d'Otto » pour désigner tout ce monde qui gravite autour de l'ambassade de la rue de Lille. Mais, chargé de propagande auprès des responsables politiques, économiques, intellectuels, comme auprès de la presse et de la radio, il va vite se trouver en opposition avec les organismes consacrés à cette tâche. Bertrand de Jouvenel, qui a invité les Abetz chez lui le 1er février 1941, trouve l'ambassadeur las; son humour et sa fantaisie ont disparu; les responsabilités semblent l'avoir beaucoup changé.

Au premier rang des concurrents d'Abetz, la Propaganda Abteilung : créée officiellement le 18 juillet 1940, elle siège à l'hôtel *Majestic*, et dépend en fait de la section pays étrangers du ministère de l'Information et de la Propagande dirigé par Joseph Goebbels. Comparée à l'ambassade dont le rôle de propagande peut sembler positif, elle vise explicitement la disparition du rayonnement culturel français. Divisée régionalement en Propaganda Staffel à Paris, Saint-Germain, Dijon et Angers, elle contrôle la presse, la radio et le cinéma. A Paris, au 52 avenue des Champs-Élysées, le médiocre Arbeitführer Schulz dirige le système dans lequel se trouve aussi le Sonderführer (lieutenant) Gerhardt Heller, observateur amical et lucide de la situation française. Il décrit très bien la tâche qui incombe à ses services dans les domaines de la presse, de la radio, du cinéma, de la musique, du théâtre et de la littérature; tout d'abord une œuvre de censure : il faut extirper de la culture toute influence antiallemande, maçonnique ou juive; ensuite, un travail de renseignement concernant l'état d'esprit de la population; enfin, un rôle de propagande destiné à entraîner les Français dans la collaboration.

Il doit y avoir, de toute évidence, conflit d'attributions et de responsabilités entre l'ambassade et la Propaganda Abteilung, la première ayant tendance à prendre le pas sur la seconde en matière culturelle.

Le système n'aurait pu fonctionner avec une réelle efficacité si certains Français n'avaient servi de courroie de transmission. Et d'abord Fernand de Brinon : après les péripéties vichyssoises de la mi-décembre, le général de La Laurencie a été écarté et Fernand de Brinon devient délégué permanent à Paris de la vice-présidence du Conseil, c'est-à-dire en quelque sorte, ambassadeur de France à Paris. Il s'installe en l'hôtel Matignon. Cet homme d'une cinquantaine d'années a été journaliste à *L'Information,* le quotidien de la banque Lazard. Spécialiste des questions allemandes, il fut le premier journaliste français à obtenir une interview de Hitler en 1933. Vice-président et animateur du Comité France-Allemagne qu'il a contribué à fonder en 1935, c'est lui qui met Laval en rapport avec Abetz. Il est donc tout désigné pour devenir un des intermédiaires entre Vichy et l'occupant allemand même si, détail rédhibitoire en ces temps, il a épousé une juive. Qu'importe! on la proclame « aryenne d'honneur ».

C'est cependant par le biais de l'information, par la presse écrite et la radio, que les Allemands vont exercer toute leur influence avec l'aide de journalistes largement stipendiés.

Dès le 11 juin, la plupart des journaux ont cessé de paraître à Paris. Le 12, une édition commune du *Journal,* du *Matin* et du *Petit Journal* est en vente sur deux pages.

L'Aube, L'Époque, L'Intransigeant, L'Ordre et *Le Populaire* ont préféré se saborder, mais les Parisiens ne vont pas rester longtemps sans nouvelles. Dès le lundi 17 juin reparaît *Le Matin* : 270 000 exemplaires sont distribués dans les rues par des vendeurs improvisés, tout cela sous la direction de Guy Bunau-Varilla, fils du patron, trop heureux d'échapper pour un temps à la tutelle de son père, qui cependant approuve.

Sous quel régime les journaux vont-ils pouvoir reparaître? Si le gouvernement de Vichy a autorité de principe sur les zones occupée et libre, en réalité – dans le domaine de la presse en particulier –, les différences sont profondes : dès juillet 40, un secrétariat général à l'Information est soumis à la tutelle de la vice-présidence du Conseil, c'est-à-dire de Laval. La censure s'exerce constamment : les textes doivent être présentés d'abord à ses services, mais aussi, des consignes permanentes ou temporaires sont établies. Ainsi, pour parler du chef de l'État, le mot « vieillard » est-il à éviter, même précédé d' « illustre » ou de « valeureux ». Sa lucidité, sa vigueur physique et sa bonhomie doivent être soulignées. Enfin, des notes d'orientation imposent la publication de certains textes.

Par la loi du 27 septembre 1940, le capital de l'Agence Havas est réparti entre l'État pour 20 %, les anciens actionnaires pour 32 % et un groupe allemand pour près de 48 %. Fin novembre, la branche information est cédée au gouvernement qui crée l'Office français d'Information désormais pourvoyeur des nouvelles officielles pour la zone non occupée. Et, après une longue période de flottement, c'est avec Paul Marion, secrétaire général à la vice-présidence chargé de l'Information, que se précisent les objectifs de l'État français : dans une presse « aryanisée », ce qui a permis d'évincer les dirigeants de *Lyon Républicain* et de *La Tribune* de Saint-Étienne, il s'agit de fustiger les fauteurs de guerre et les responsables de la défaite ; pêle-mêle, hommes politiques de la IIIe République comme Daladier, Herriot, Raynaud, Mandel, Blum, Zay, juifs et francs-maçons sont attaqués dans les feuilles qui exaltent les vertus de la Révolution nationale. Malgré tout, les journaux repliés de Paris dans la zone Sud vont mener une existence difficile, entre la perte de leurs lecteurs habituels, la censure et les fréquentes suspensions de parution. Seules, les subventions du gouvernement, de 100 000 à 200 000 francs par mois, permettent de survivre, mais à quel prix !

L'un des piliers du régime, *L'Action française*, publiée d'abord à Limoges avant de se transporter définitivement à Lyon, regroupe les maurrassiens germanophobes. Les maurrassiens tenants de la collaboration, ont décidé, eux, de remonter à Paris servir une presse totalement livrée, comme dans toute la zone Nord, au contrôle des Allemands. Les journaux de la zone Sud y sont interdits à la vente, de même que le *Journal officiel* qui ne peut passer la ligne de démarcation.

A l'Office français d'Information répond en zone Nord l'Agence française d'Information de Presse (A.F.I.P.), émanation du Deutsches Nachtrichtenbüro, principale agence allemande d'informations internationales. En janvier 41, elle est rattachée au Pressegruppe de la Propaganda Abteilung, et dirigée par un journaliste, allemand bien sûr : le lieutenant Hermes. Jean Fontenoy, ami de Laval et d'Abetz à la fois, y représente les journaux de la zone Nord. Pour compléter l'organisation de cette presse asservie, se développe l'Agence Inter-France de Dominique Sordet, ancien chroniqueur musical de *L'Action Française*, qui s'installe au palais Berlitz pour y préparer des articles prérédigés fournis aux journaux de province des deux zones. Quant à la Corporation nationale de la Presse française, elle regroupe, sous l'autorité de Jean Luchaire, que Galtier-Boissière surnomme « Louche Herr », tous les journaux de la zone occupée. Elle défend les intérêts corporatifs de la profession auprès des autorités, mais l'inféodation aux occupants est évidente. C'est dans ces conditions que « renaît » la presse parisienne : après *Le Matin*, reparu le premier, c'est *Paris-Soir* qui refait surface. Les autorités légitimes, dont Jean Prouvost, ayant gagné la zone Sud où paraît une autre version de *Paris-Soir*, c'est un ex-garçon d'ascenseur, Schliessle, qui en devient le directeur temporaire. C'est dire la hâte avec laquelle les Allemands, qui accordent les autorisations de paraître, veulent un retour d'une presse périodique identique à la presse d'« avant » en ce qui concerne le titre, le format, les caractères et la présentation. Ainsi *L'Œuvre*, qui revoit le jour le 24 septembre avec Marcel Déat pour directeur, reconstitue-t-elle l'ancienne équipe formée de La Fouchardière, René Château, Georges Albertini. Voilà qui est rassurant pour le lecteur! Voilà qui permet de faire passer insensiblement un ton et des idées nouvelles et ce, avec, comme cri d'appel : « Tous ceux qui n'ont pas voulu mourir pour Dantzig liront *L'Œuvre*. » De même le populaire *Petit Parisien* qui reparaît le 8 octobre 1940 et opte, après une période d'attentisme, pour la collaboration dès le changement d'équipe en février 1941. *La France socialiste* va encore plus loin dans l'alibi pluraliste puisque le journal, où écrivent d'anciens hommes politiques de gauche, se veut attaché au syndicalisme et à la laïcité. Pendant deux mois, du 10 septembre au 22 novembre 1940, Roger Capgras, copropriétaire du théâtre des Ambassadeurs, attire comme rédacteur en chef de son journal, *Aujourd'hui*, Henri Jeanson, transfuge du *Canard enchaîné* dont le dernier numéro date du 5 juin 1940. On y relève les signatures de Marcel Aymé, Marcel Carné, Georges Auric, Léon-Paul Fargue, Jean Anouilh, Henri Troyat. Mais le franc-écrire de Jeanson, dénoncé comme antifasciste, le conduira à la démission et, provisoirement, en prison... Autre tricherie : *Les Nouveaux Temps*, fondé par Jean Luchaire, qui cherche à récupérer la clientèle du *Temps* replié à Lyon. Des hommes d'affaires, qui vont faire fortune dans les bureaux d'achats allemands, mais aussi le trust de l'Allemand Hibbelen soutiennent le journal.

Les Parisiens ont doucement repris la lecture de leur quotidien habituel : en novembre, *Paris-Soir* (zone Nord) tire à 970 000 exemplaires, *Le Petit Parisien* à 680 000, *Le Matin* à 532 000, *L'Œuvre* à 196 000. *Les Nouveaux Temps*, eux, ne dépasseront que rarement 60 000 exemplaires. A titre indicatif, à la veille de la débâcle, *Paris-Soir* tirait à 1 150 000 et *Le Petit Parisien* à 1 million d'exemplaires.

C'est surtout dans les hebdomadaires que vont se distinguer ceux que l'on appelle « les Nouveaux Messieurs », tenants de la Révolution nationale vite étouffés par les zélateurs du collaborationnisme.

Les journaux reçoivent à marbre ouvert tout ce que la France compte d'écrivains, chroniqueurs, poètes illustres. Les signatures qui se côtoient dans ces feuilles surprennent parfois. Peut-on se fourvoyer ainsi aux côtés de ceux qui, chaque jour, calomnient, dénoncent, pourchassent ?

Les méchantes mais justes petites phrases de Jean Guéhenno, écrites le 30 novembre 1940, reviennent à l'esprit : « L'espèce de l'homme de lettres n'est pas une des plus grandes espèces humaines. Incapable de vivre longtemps caché, il vendrait son âme pour que son nom paraisse (...). Il va sans dire qu'il est tout plein de bonnes raisons. " Il faut, dit-il, que la littérature française continue. " Il croit être la littérature, la pensée françaises, et qu'elles mourraient sans lui [72]. »

Une jeune femme, Violette Leduc, alors rédactrice débutante pour des magazines féminins, analyse différemment la situation. Pour elle, le départ de nombreux écrivains a laissé bien des places vacantes à Paris : « Il m'arrivait de n'être pas mécontente que d'autres grands bourgeois dussent en temps de guerre se réfugier en zone libre. C'est dans un Paris dépeuplé de ses valeurs que moi, médiocrité de bureau, j'écrivais des éditoriaux pour des dames et des demoiselles ayant besoin de se libérer de leurs travaux en lisant dans le métro. La nuit je rêvais que la guerre était finie, que les valeurs rentraient, que moi, chien galeux, je m'enfuyais vers un bureau de chômage [97]. »

Dès le 11 juillet 1940, paraît *La Gerbe* d'Alphonse de Chateaubriant, à la fois politique et littéraire, aux tendances collaborationnistes affirmées. On y retrouve Bernard Faÿ, Jean-Pierre Maxence, Serpeille de Gobineau, Ramon Fernandez, tenants d'une droite musclée ; mais on y lit aussi des articles de Marcel L'Herbier, Jean Rostand, Jean Cocteau et du jeune André Castelot. Le ton mesuré de ce périodique contraste avec la hargne vengeresse du *Pilori*, « hebdomadaire de combat contre le judéo-marxisme » et où l'on trouve parmi les collaborateurs, ô ironie, les administrateurs des éditions Calmann-Lévy, bien sûr « aryanisées ».

L'Illustration qui s'était repliée à Bordeaux et Clermont-Ferrand avant de revenir à Paris, reste aux mains des frères Baschet et reparaît, après de délicates négociations auprès d'Abetz, dans les deux zones à la fois, ce qui est exceptionnel. Mais au cocorico nationaliste qui préside aux destinées du journal jusqu'à la débâcle, succèdent les articles collaborationnistes de Robert de Beauplan et surtout, les éditoriaux d'inspiration nationale-socialiste de Jacques de Lesdain, qui accède aux fonctions de rédacteur politique.

Ici encore, dans les hebdomadaires, l'alibi pluraliste subsiste avec *Le Rouge et le bleu*, « organe de la pensée socialiste française » et dont le siège se trouve 16 rue du Croissant... Ô mânes de Jaurès, d'ailleurs revendiqué par certains comme précurseur de la collaboration par ses appels à la paix et à un rapprochement franco-allemand !

Le journal n'est pas le seul moyen d'information important. Pétain s'en est rendu compte qui diffuse ses premiers messages par la voie des ondes à partir d'une chambre de l'*Hôtel du Parc*, appuyé sur une coiffeuse de bois blanc, comme le rappelle Rebatet. Le nouveau régime va d'ailleurs rapidement installer des studios bien aménagés dans le casino de Vichy.

L'invasion n'a pas gravement endommagé le réseau d'émetteurs, mais le principal d'entre eux, Allouis, se situe en zone occupée. En contradiction avec l'article 14 des conventions d'armistice, Vichy a obtenu en juillet la reprise des émissions et estime qu'un contrôle de sa part est nécessaire : aussi les radios privées se voient-elles supprimer toute manne publicitaire, ce qui les contraint à l'acceptation de l'allocation mensuelle du gouvernement, à laquelle s'ajoutent un cahier des charges très précis et une censure tatillonne. Adieu autonomie financière, adieu indépendance politique! Le seul à ne pas s'en plaindre, momentanément, est Pierre Laval, propriétaire de Radio-Lyon. Les tentatives de renouveau radiophonique par l'État français, comme Radio-Jeunesse fondée en août 40, sous l'égide du Commissariat à la Jeunesse, et dont les animateurs se nomment Pierre Schaeffer, Albert Ollivier, Claude Roy, Roger Leenhardt, sont un échec. Vite déçue, l'équipe va se disperser. La Radiodiffusion nationale n'est pas très attractive et son rôle informatif souffre de la succession des responsables à la tête de l'Information, jusqu'à la fin février 1941, et de l'étendue limitée de son contrôle légal.

En zone occupée, les Allemands ont bien sûr la mainmise totale sur la radio. Au premier plan, Radio-Paris qui a son siège 116 *bis* avenue des Champs-Élysées, et est dirigée par le Dr Bofinger qui s'occupait auparavant de Radio-Stuttgart. Le nouvel émetteur attire beaucoup de monde : « Les couloirs de Radio-Paris ressemblent à une termitière, ou à un hôtel meublé, ou à un ministère. Çà et là des portes repeintes de frais, des inscriptions allemandes, marquent que la maison est sous le contrôle de " Ces Messieurs " [137]... », se souvient André Thérive.

LA N.R.F. : *UN GROS ENJEU POLITIQUE*

Abetz aurait affirmé : « Il y a trois forces en France : le communisme, la haute banque et la *N.R.F.* » De fait, la *Nouvelle Revue Française,* plus qu'une revue littéraire, est un symbole : fondée en 1909 par Jacques Copeau, Jean Schlumberger, Gaston Gallimard et André Gide, les plus grands noms des lettres y ont figuré. *Les Caves du Vatican* de Gide, *Le Grand Meaulnes,* d'Alain-Fournier, des fragments d'*A la recherche du temps perdu* de Proust, y ont été publiés. Jean Paulhan (directeur de la revue depuis 1925) préface encore en juin 40 le numéro de cette sombre époque. Que va-t-il advenir de cette institution? Gaston Gallimard, qui en est l'éditeur, rentre à Paris le 22 octobre malgré les attaques des ultracollaborationnistes et les réticences des autorités d'occupation qui considèrent la maison comme anti-allemande et « judéo-bolcheviste », et vont jusqu'à poser les scellés sur l'immeuble de la rue Sébastien-Bottin le 9 novembre 1940. Il faut agir vite pour reprendre le contrôle de la société : un accord était pourtant conclu sur la *N.R.F.* qui doit reparaître sous la direction de Drieu La Rochelle, garantie pour les Allemands du « bon esprit » de la revue. C'est l'aboutissement de l'itinéraire politique de Drieu : du pacifisme à la collaboration.

Prendre la direction de la *N.R.F.* dont il dénonçait naguère le caractère « enjuivé et belliciste », ne peut que le séduire. C'est pourquoi, dès l'été 40, il a rencontré Abetz pour en discuter, et en septembre à Vichy, il contacte les écrivains et les anciens rédacteurs. A dire vrai, les avis sont plutôt favorables : faire renaître la revue, c'est bien sûr affirmer que, malgré le désastre, les lettres françaises sont encore vivantes ; Mauriac pensait ainsi à l'époque, il le confirmera en 1949 : « C'était attester devant l'Europe une permanence de l'esprit français [67]. » On peut évidemment objecter que c'était cautionner le nouveau régime. D'ailleurs, Paulhan refuse la codirection avec Drieu, tout en gardant la tête du comité de lecture. Si, le 16 décembre 1940, il écrit à Jouhandeau : « Je crois que tu as bien fait de collaborer à la nouvelle *N.R.F.* Drieu est parfaitement loyal [85]... », il déconseille en même temps à certains auteurs d'y donner des textes et va jusqu'à montrer son hostilité dans un article de journal clandestin. Contradiction ? Non, plutôt couverture à son activité de résistance.

Le premier numéro date de décembre 1940 : à un avant-propos lénifiant de Drieu, succèdent des pages de Fabre-Luce, *Lettre à un ami américain.* Jacques Chardonne, dans *L'Été à la Maurie*, montre un paysan charentais offrant un cognac à un officier allemand et disant : « J'aimerais mieux vous avoir invité, mais... je vous l'offre de bon cœur. » « Abject ! » commente Paulhan, et Guéhenno écrit que Chardonne touche au sublime de la flagornerie. Gide [66], l'un des piliers de la revue avant la guerre, offre à nouveau des pages de son *Journal*. Recevant un exemplaire de la nouvelle parution, il est tout excité par la lecture : « On y sent une résistance sourde, de l'élan, vraiment, c'est pour moi très inattendu, et pas du tout ce que nous attendions ! », mais il note aussi que la lecture de ses propres *Feuillets* lui a donné du déplaisir. Ses réflexions sur les « défaillances et intermittences du sentiment patriotique » lui paraissent moins fondées, et il lui semble que « la France se révèle moins tombée que je ne le craignais d'abord ». Le but des Allemands est-il atteint ? L'illusion d'une renaissance sous la botte, au grand jour, va-t-elle être confirmée ?

Dès avant la reparution de la *N.R.F.*, le monde de l'édition avait déjà été mis au pas. Le 28 septembre 1940, une convention avait été signée entre le chef de l'administration militaire allemande et le président du syndicat des éditeurs, René Philippon, de la maison Armand Colin. Afin d'établir des relations normales entre Allemands et Français, « les Éditeurs Français prennent la responsabilité d'une organisation de la production intellectuelle ». C'est en fait un système total d'autocensure puisque le Syndicat peut donner l'autorisation de publication après examen et, en cas de doute, doit soumettre les passages critiquables à la Propaganda Staffel. Tous les éditeurs y souscrivent, à une exception près, les frères Émile-Paul, qui finiront par s'y résoudre.

A cette autocensure affirmée, s'ajoute la liste Otto. Le préambule affirme : « Désireux de contribuer à la création d'une atmosphère plus saine et dans le souci d'établir les conditions nécessaires à une appréciation plus juste et objective des problèmes européens, les éditeurs français ont décidé de retirer des librairies et de la vente, les œuvres qui figurent sur la liste suivante... » De quoi s'agit-il ?

Tout simplement de mettre au pilon les ouvrages de « réfugiés politiques ou d'écrivains juifs » accusés d'avoir « empoisonné l'opinion publique française » mais aussi tout livre à l'esprit mensonger ou tendancieux. Au total, un millier d'ouvrages de nombreuses maisons d'éditions. Pêle-mêle on y trouve : Carco, Benda, Dorgelès, de Gaulle, Heine, Loti, Aragon, Henri Béraud, Kessel, Thomas Mann,

Malraux, Maurois, Einstein, Freud, Marx, Claudel, Blum, Stefan Zweig, Vicki Baum, Duhamel et... Hitler soi-même pour son *Mein Kampf* dans lequel il révèle un peu trop quelle place réelle il compte donner à la France dans l'Europe nouvelle, ce qui peut aller à l'encontre d'une harmonieuse collaboration! Ces livres, stockés dans un vaste garage de l'avenue de la Grande-Armée, sont mis au pilon, soit 2 242 tonnes, représentant l'éclat de la culture pour les uns, les dangers de l'intelligence pour les autres.

Le monde de l'édition est bien mis au pas, d'autant que le contingentement de papier permet là encore de surveiller, contrôler, empêcher telle ou telle publication.

N'y a-t-il donc personne pour s'indigner, protester, manifester, lutter? Si : des membres de l'Université par exemple! L'enseignement a été désorganisé par l'invasion. Les épreuves du baccalauréat devaient avoir lieu les 10 et 11 juin..., inutile d'y songer. Elles sont reportées à la fin juillet, et puisque les résultats sont connus à la mi-septembre, il n'y a pas d'oral. La deuxième session a lieu en octobre; même chose pour les examens de licence.

L'Université de Strasbourg a trouvé refuge à Clermont-Ferrand; l'École Polytechnique est cantonnée à Toulouse où elle attend pour l'oral les candidats qui ont passé l'écrit dans toute la France. L'École Centrale fait sa rentrée le 7 octobre, Normale Sup le 19, les Arts Déco, le 24. Quant à la Sorbonne, elle a rouvert ses portes dès le mois de juillet, afin d'éviter les réquisitions allemandes et l'occupation des locaux. L'été se passe en conférences publiques organisées par les professeurs présents. *L'Illustration* de février 41 peut écrire : «... Les étudiants de Paris, dont la vie avait été quelque peu troublée il y a trois mois par de malheureux incidents, heureusement sans lendemain, se sont remis au travail dans le silence et l'ordre.» Malheureux incidents? Les autorités allemandes avaient enjoint le recteur de l'Université de Paris, Gustave Roussy, d'adresser aux inspecteurs d'académie et aux chefs d'établissements, une circulaire interdisant de célébrer le 11 novembre 1940. Aussitôt, les organisations étudiantes se mobilisent. Un tract est diffusé : « Étudiant de France (...). Le 11 novembre est resté pour toi jour de Fête nationale (...). Le 11 novembre 1918 fut le jour d'une grande victoire (...). Le 11 novembre 1940 sera le signal d'une plus grande encore », et il recommande de n'assister à aucun cours et d'honorer le tombeau du Soldat Inconnu à 17 h 30. Le mot d'ordre de manifestation est massivement suivi, des incidents éclatent, la police française et les Allemands interviennent; aujourd'hui encore on ignore s'il y eut des morts, mais le recteur Roussy est relevé de ses fonctions, remplacé par l'historien Jérôme Carcopino, et l'Université reste fermée jusqu'au 20 décembre.

Le geste des étudiants est, certes, plus symbolique et patriotique que politique, rassemblant d'ailleurs des éléments de divers courants, mais il est révélateur du refus de certains milieux de participer au confort collaborationniste. Lors de l'arrestation du professeur Langevin le 30 octobre, qui, comme le dit *Le Cri du Peuple* du 4 novembre est « l'une des gloires les plus fameuses du Front Populaire, qui dut les trois quarts de sa réputation à son sectarisme, à ses attaches avec ... la maçonnerie et son annexe la Ligue des Droits de l'Homme », avant d'ajouter « il n'y a plus de place pour de tels individus qu'à l'ombre », les inscriptions « Libérez Langevin » avaient fleuri sur les murs du Quartier latin, des tracts avaient été distribués et une première manifestation avait eu lieu le 8 novembre.

Plus discrètement, certains s'apprêtent à combattre. « Pour nous occuper à survivre [30] » comme le dit Jean Cassou qui, avec Claude Aveline et Marcel Abraham d'abord, rejoints par l'égyptologue Christiane Desroches-Noblecourt et Jean Paulhan entre autres, tient des réunions chez Simone Martin-Chauffier ou dans les bureaux des frères Émile-Paul, rue de l'Abbaye. Comme ces derniers sont les éditeurs du *Grand Meaulnes,* le groupe a pris un nom de société littéraire : Les Amis d'Alain-Fournier. Des tracts d'abord, puis un journal artisanal, *Résistance,* dont le premier numéro date du 15 décembre 1940, dans lequel on peut lire : « Résister (...) c'est le cri de vous tous qui ne vous résignez pas (...) c'est déjà garder son cœur et son cerveau, mais c'est surtout agir. » Agir, c'est aussi la devise et la motivation du groupe bientôt réseau du Musée de l'Homme, dirigé par l'ethnologue Boris Vildé, formé notamment de ses collègues, d'Anatole Lewitzky, Germaine Tillion, Agnès Humbert, et appuyé par le professeur Paul Rivet qui sera bientôt relevé de ses fonctions en même temps que Paul Langevin. Le réseau se charge de faire passer au Sud des prisonniers évadés et des renseignements, mais aussi de fédérer les petits groupes isolés qui tentent de se constituer. Quant à Jean Texcier, il ironise dans sa brochure clandestine *Conseils à l'occupé* (de juillet 40) devant ces cars qui déversent des hommes armés d'appareils photographiques : « Ne te fais aucune illusion : *ce ne sont pas des touristes!* » D'ailleurs, ils sont là pour quatre ans...

CHAPITRE III

CHOIX ET DESTINS

APRÈS leur victoire foudroyante du printemps 40, les Allemands ont improvisé le regroupement, puis le recensement, de deux millions de prisonniers. L'ampleur de cette formidable « rafle » les a pris de court et l'acheminement vers les Stalags du Reich se révèle plus lent que prévu; pour cette raison, de nombreux Français demeurent détenus sur leur propre sol, dans des camps provisoires où ils s'entassent dans des conditions précaires. La nourriture leur est chichement distribuée alors que tout autour d'eux blés et fruits mûrissent en abondance sans que personne ne s'en occupe : les hommes libres manquent dans les campagnes françaises, et faute de bras pour l'engranger, la récolte de l'année menace de pourrir sur pied!

Quelques prisonniers (et certains de leurs gardiens) prennent conscience de ce gâchis : « Ils regardent les champs de blé avec tristesse. Être prisonnier quand il y a tant de blé à faucher! Cette pensée ils ne la profèrent pas, mais je la lis sur tous les visages », écrit Jacques Benoist-Méchin, un des plus sensibles à cette situation absurde. Détenu à Voves en pleine Beauce, il organise des équipes de volontaires puis, fort de sa parfaite connaissance de la langue allemande, il obtient des autorités du camp de pouvoir aider à rentrer les blés avant qu'il ne soit trop tard. Heureux d'échapper à l'inaction et de renouer temporairement avec la vie civile, plus de deux mille prisonniers acceptent la tâche sans trop rechigner.

Cette moisson insolite, qui se déroule sous le regard distrait de sentinelles allemandes, séduit Benoist-Méchin car elle va dans le sens d'une réconciliation franco-allemande et d'un retour aux valeurs traditionnelles de « la terre ». Libéré le 15 août en raison des services rendus et sur l'intervention du gouvernement de Vichy, où il compte de nombreux amis, l'historien publiera l'année suivante un livre sur ce thème intitulé *La Moisson de quarante*.

Un autre écrivain vit une expérience similaire, mais sans en tirer les mêmes conclusions : André Malraux. Bouclé à Sens, sa légère blessure oubliée, lui aussi se morfond en captivité, et son premier souci est de rétablir le contact avec ses proches. Cela s'effectue assez rapidement avec un de ses frères, Roland. André Malraux s'est lui aussi porté volontaire pour travailler aux récoltes dans une ferme, mais il s'est assuré de la complicité de Roland pour se procurer des effets civils et un peu d'argent. Un jour de septembre, profitant de travaux peu surveillés, il s'évade en compagnie d'un prêtre, l'abbé Magnet, futur maquisard. Les deux hommes gagneront clandestinement la Drôme où ils se cacheront quelque temps. Il semble que les Allemands, dans un but de propagande, aient eu l'intention de libérer quelques intellectuels – dont André Malraux. Pris de vitesse, ils n'en auront pas eu le loisir.

Le philosophe Jean Cavaillès est également détenu, mais dans un camp provisoire bien inconfortable du Nord : « Au début quinze à dix-sept mille hommes – deux baraques en planches pour les officiers (...) les hommes grouillent partout – de petites huttes fabriquées avec des planches et des toiles de tentes – d'autres dans tous les coins des bâtiments – de la cave au grenier (...) allure de kermesse – vermine [167] », a-t-il noté sur un carnet. Peu à peu la vie s'organise, ce Frontstalag se vide, et Cavaillès profite d'un transfert en Belgique pour s'évader (non loin d'Anvers) et regagner la France à la fin de l'été 40.

Les évasions, encore faciles à tenter à cette époque, sont pourtant peu nombreuses : la majorité des captifs persistent à croire à leur libération imminente. Certains ont d'ailleurs raison de le penser car les Allemands laisseront repartir quelques hommes au cours de l'été. Parmi ces heureux élus Henri Jeanson qui, sorti de sa prison militaire, se trouvait encore dans un camp d'entraînement au moment de la débâcle, ou Robert Desnos, relâché en raison d'une prétendue « épidémie » de choléra dans le camp; ou encore deux intellectuels à la santé fragile : Emmanuel Mounier et Jean Anouilh. Dans ces trois derniers cas le réexamen (bienveillant) des livrets militaires par les Allemands permet de les déclarer « réformés », et donc « civils »!

Pour les autres, moins chanceux, il faut bien suivre les longues colonnes en marche vers l'Allemagne. Le jeune conservateur de la Cinémathèque française, Henri Langlois, décide cependant de « faire la belle » pour aller sauver « ses » films avant qu'il ne soit trop tard. Capturé en juin près de Tours (il servait dans la D.C.A.), il est incorporé dans une interminable file d'hommes en marche quand « il se souvient d'une farce d'écolier qui lui permettait d'entrer au cinéma sans payer : pour se faufiler dans la salle en se mêlant à la foule des spectateurs qui sortaient, il suffisait (...) de marcher à reculons! [175] ». Son frère Georges Langlois écrit qu'il a suffi à Henri « de se laisser dépasser par ceux qui se hâtaient vers la captivité ». En marchant ainsi à reculons, il se retrouve bientôt entre deux groupes de traînards. Il ne lui reste plus qu'à attendre la traversée d'un petit bois, et hop! le tour est joué! Langlois se réfugie ensuite chez un paysan, puis regagne Paris.

Pour tous ceux qui n'ont pas pu (ou voulu) s'évader, le transfert en Allemagne est assorti d'une grande désillusion : la captivité s'annonce longue. L'espoir d'un retour rapide à la vie civile s'éloigne; pour supporter au mieux cette vie nouvelle, il devient indispensable de s'organiser. De s'organiser matériellement, mais plus encore de s'occuper l'esprit. Les intellectuels ne sont pas les derniers à le faire comme en témoignent Robert Brasillach et Jean-Paul Sartre.

Au début, la lecture constitue la principale occupation. Des livres récupérés au hasard de la route, et ceux que des captifs avaient eu le courage de porter dans leur paquetage, permettent d'ébaucher des systèmes de prêts et d'échanges dans les camps. Transféré dans un Oflag de Westphalie,

Brasillach avait conservé (dans un sac de toile acheté à Moscou et que lui avait offert le caricaturiste Jean Effel) un Shakespeare, une méthode d'espagnol... et une Bible! Il échange « du Hugo, du Zola, et des romans dans des collections à quarante sous ». Puis des livres arrivent dans tous les camps, par les colis de la Croix-Rouge, ou par le canal d'organisations d'entraide patronnées par Vichy. De sommaires « bibliothèques » se constituent alors, hétéroclites et peu fournies, mais rarement livres auront été aussi lus, relus, prêtés, au point d'en avoir les pages en lambeaux. Pour mieux s'évader par l'esprit, on dévore : les romans populaires du XIXe siècle, des classiques dépareillés, du théâtre, de la poésie, des almanachs... tout y passe, y compris des livres qu'en d'autres lieux, bien peu de prisonniers auraient eu l'idée d'ouvrir. Pour les ouvrages les plus demandés, un système de réservation – comportant parfois des tours d'attente! – doit être mis au point. Parmi les auteurs ainsi plébiscités on trouve au premier rang Maxence Van der Meersch avec *Pêcheurs d'hommes*.

La lecture ne nuit cependant pas à la discussion car le temps n'est compté à personne. Dans les camps, certains orateurs s'imposent rapidement comme des vedettes locales par la chaleur de leur discours ou la qualité de leur raisonnement. Au Stalag XIID, on recherche volontiers la compagnie de Jean-Paul Sartre qui est invité à plusieurs reprises à des conférences improvisées par un abbé, Marius Perrin, dans le bâtiment de l'infirmerie (le mieux chauffé!). Malgré le haut niveau des exposés (à thèmes philosophiques), on refuse du monde. Au cours de ces débats, affinant ses concepts, Sartre songe déjà à un nouveau livre : *L'Être et le Néant* – fortement influencé par les théories du philosophe allemand Heidegger –, prend lentement forme derrière les barbelés du camp de Trèves.

Plusieurs prêtres, dont le père Boisselot, un dominicain animateur de revues littéraires et religieuses, composent une bonne partie de l'auditoire. Certains ne désespèrent pas de ramener le philosophe athée « dans le droit chemin », Sartre se prête volontiers au jeu car il aime passionnément débattre, parler, convaincre. Il a trouvé là un bon public et ces

hommes qui, en d'autres circonstances, se seraient certainement ignorés, s'apprécient peu à peu. Avec la complicité
d'un responsable du camp, Marius Perrin se procure un livre
de Heidegger alors professeur à l'universté de Fribourg
après en avoir été le recteur pro-nazi pendant deux ans. Le
livre étant entièrement rédigé en allemand, Sartre qui lit
couramment cette langue (il a obtenu une bourse d'études
en 1935 à Berlin) lui commente quotidiennement quelques
pages de cette œuvre difficile. Devenu un familier des
« prêtres-infirmiers », il peut alors être affecté à leur bâtiment. Sartre ne posera pas un seul pansement, mais pourra
écrire, réfléchir et discuter à loisir! Pourtant, les Allemands
finissent par découvrir la supercherie et « Sartre a été vidé de
l'infirmerie où, n'étant ni malade, ni sanitaire, il n'avait
aucun droit de rester. Vu sa qualité d'écrivain, il a pu se
joindre aux artistes », raconte Perrin [118] qui ajoute que les
« artistes » constituent un groupe hétéroclite de musiciens,
chanteurs ou boxeurs et un « embryon de troupe théâtrale
que dirige un M. Chomis. Il relèvera dorénavant de cet
imprésario qui l'a, à vrai dire, accueilli à bras ouvert,
flatté ».

Au cours de l'hiver, dans les camps, les militants
chrétiens se montrent particulièrement actifs. Forts du
soutien lointain mais efficace de Vichy et de l'indifférence
des Allemands, ils organisent des cercles de réflexion, des
débats, et même des « universités » – terme grandiloquent
pour désigner des séries de conférences et des cours donnés
par des enseignants ou des techniciens. De nombreux laïcs y
participent, tel Pierre Boileau, auteur de romans policiers,
grand prix du « Masque », détenu à Trèves lui aussi. Les
écrivains contribuent ainsi à sortir les camps de leur léthar-
gie. A Warburg puis à Soest (en Westphalie), Robert
Brasillach [20] parle régulièrement de littérature ou de l'Espagne contemporaine à ses camarades. Avant chaque conférence, se déroule une curieuse « procession des tabourets »,
chacun portant le sien « sur les épaules ou sur la tête » pour
aller y assister. Les plus assidus s'installaient « dès l'aube, au
cours de comptabilité et ne démarraient qu'après la dernière
demi-heure liturgique, après avoir avalé les conférences

d'histoire, de littérature, d'économie politique, de voyage, de langue... ».

QUAND SARTRE CHANTAIT LA MESSE

Noël 40 fournit l'occasion d'émouvantes cérémonies : partout des messes de Minuit sont organisées. Partout elles connaissent le succès et une exceptionnelle affluence. Même les plus sceptiques, les plus récalcitrants, s'y pressent, s'y serrent, pour lutter contre le découragement; par instinct grégaire aussi. Pris par l'ambiance, Sartre l'athée, comme tous ses compagnons, entonne à pleine voix des chants religieux à minuit; au beau milieu d'un camp glacial, des centaines d'hommes qui, trois mois plus tôt ne se connaissaient pas, chantent ensemble. Dans une baraque trop petite pour les contenir tous, transformée en église pour la circonstance, ils tentent d'oublier leur condition. L'espace d'un soir.

Au Stalag XIID, pour tromper l'attente avant minuit, Sartre a organisé un spectacle dans les heures qui ont précédé. Pressenti par Marius Petit et par la troupe de M. Chomis, il a écrit une pièce de théâtre, *Bariona*, spécialement pour cette soirée de Noël. Son histoire met en scène une cinquantaine de personnages masqués et costumés. L'action se déroule quelques heures avant la naissance du Christ, en Terre sainte, où des villageois sont persécutés par les Romains qui occupent les lieux. Certaines allusions à la situation du moment sont claires, et applaudies comme telles, sans beaucoup émouvoir les Allemands présents dans l'assistance. Cependant la tonalité d'ensemble de la pièce n'a rien de militant. C'est avant tout un spectacle et une réflexion sur la liberté dont la réalisation, dans des conditions difficiles, est une réussite. Cette expérience imprévue fera naître chez Sartre un goût durable pour le théâtre, genre auquel il ne s'était jamais essayé jusque-là. Il y reviendra dès sa libération.

Les fêtes de Noël ont été l'occasion, dans bien des camps, de monter des spectacles plus élaborés qu'à l'habitude, mais dès les premières semaines de captivité des gens dynamiques ont décidé de lutter contre l'ennui. Brasillach [20] raconte comment un théâtre de camp a fonctionné dès le mois de juillet à Neuf-Brisach : « Roland Dorsay a rassemblé un orchestre je ne sais trop comment, a proposé des " crochets ", des tours de chants, des saynètes diverses avec un superbe brio. » Au début, tout le monde improvise, dans la bonne humeur et devant un public complice : « De vagues étoffes laissées par les habitants, des toques de juges ou des voiles de mariée, des blouses de pharmacien, deux pots de peinture oubliés, quelques cartonnages, et il surgit devant nous un music-hall, parfois un peu gros, mais plein d'invention. » Puis le temps passant, on perfectionne, on peaufine : « Roland Dorsay dessine des costumes, barbouille des toiles, met en scène, fait jouer des profanes, rapetasse des chansons. Il a façonné un petit opéra-bouffe de sept minutes, avec conspirateur à grosse moustache échappé d'un dessin de Dubout, castel moyenâgeux et duel de seigneurs vêtus de papier, qui est une sorte de chef-d'œuvre de simplicité et de rapidité. » Bien sûr il faut faire la part de l'ambiance particulière des camps et de la bonne volonté du public, mais des expériences théâtrales plus sérieuses vont se dérouler. En 1940-1941, au Stalag IXA, Daniel Lecourtois, Jean Davy, Echourin et Yves Brainville donnent une série de représentations dont *Serpent d'étoile* d'après Giono, *Œdipe-Roi* d'après Cocteau, le *Barbier de Séville*, *Le Médecin malgré lui*, *Électre*... Au Stalag IVB, Léon Chancerel écrit une pièce intitulée *Picrochole ou les coquecigrues* (d'après Rabelais) représentée avec des costumes et des masques. Dans un autre camp, Jean-Roger Caussimon, vingt-trois ans, interprète le rôle d'un vieillard aveugle et cardiaque dans *La Marguerite* de Salacrou. Le théâtre présente sur la lecture l'avantage d'être une activité collective, de favoriser les rencontres et les discussions, aussi presque tous les camps constitueront-ils leur troupe. La qualité des spectacles et leur fréquence varieront cependant d'un endroit à l'autre.

En France, même si la vie a repris son cours, on n'oublie pas les prisonniers, et en novembre 40 le jury Goncourt (incomplètement) réuni chez Drouant comme de coutume, décide de ne pas décerner de prix pour cette année exceptionnelle. Le titre sera « réservé » à un écrivain prisonnier dont nul ne connaît encore le nom ou l'œuvre. Intention louable que résume bien un des académiciens, René Benjamin : « Si dans ce long et grave exil auquel nous songeons tous, un écrivain est en train de méditer une œuvre qui puisse être à l'honneur de notre pays, l'Académie Goncourt sera heureuse de l'avoir attendu [232]. » A Paris on renonce donc, mais pas dans l'Oflag IVD où, en décembre 40, on décerne un « prix Goncourt ». Le jury présidé par l'écrivain Pierre Frédérix, est composé du poète Patrice de la Tour du Pin, du chansonnier Paul Colline... En tout, ils sont bien dix, qui déjeunent d'un hors-d'œuvre, d'un poulet cocotte et d'une pièce montée; comme chez Drouant (ou presque!) ils récompensent deux lauréats.

Installée dans son appartement du Palais-Royal, Colette partage le même sentiment que René Benjamin lorsqu'elle écrit : « Si une époque enfante l'art qu'elle mérite, quel art couve au sein d'une rêverie sombre, qui attend encore son aurore? Parmi deux millions d'hommes prisonniers, des artistes d'aujourd'hui et de demain, tourmentés de conceptions captives, détiennent les secrets de ce qui sera l'art de la paix [40]. »

Effectivement, derrière les barbelés des auteurs travaillent et réfléchissent dans des conditions difficiles. Ils manquent parfois du strict nécessaire : le papier et l'encre sont bien rares! Cela n'empêche pas Francis Ambrière, le futur prix Goncourt de l'après-guerre, d'écrire peu à peu *Les Grandes Vacances*, roman directement inspiré par les circonstances. Pendant ce temps, Robert Merle rédige *Week-end à Zuydcoote* et Jacques Perret *Le Caporal épinglé*.

LA VOIX DES POÈTES FRANCHIT LES BARBELÉS

Pendant l'occupation, des revues comme *Poésie,* lancée par Pierre Seghers à Villeneuve-lès-Avignon, ou comme *Les Cahiers du Sud* publiés à Marseille, maintiennent un lien concret entre des hommes de même sensibilité : les poètes « parqués » et leurs confrères « libres ».

Dans *Poésie (41)* (issue de *P.C.*), Seghers évoque ses amis, Luc Decaunes et Patrice de la Tour du Pin, tous deux prisonniers; en 1943 il publiera un cahier spécial de sa revue intitulé *Poètes prisonniers,* et composé à partir de quarante-trois textes reçus des camps : « Seghers présente ainsi 43 de nos camarades dont la voix franchit les barbelés », peut-on lire dans *Les Cahiers du Sud,* une vaillante revue marseillaise animée depuis des années par Jean Ballard, Gabriel Bertin et Joe Bousquet; elle aussi consacre des rubriques aux P.G. (prisonniers de guerre).

Dans les camps l'arrivée des revues littéraires, façonnées sur un mauvais papier mais avec goût, est toujours saluée comme un événement par les amateurs. Comme un réconfort...

Écrire des poèmes, en lire, en écouter la lecture permet de rompre la monotonie des jours, de lutter contre la démoralisation et le cafard qui guettent même les plus solides.

La musique permet elle aussi d'échapper à l'univers des camps : Maurice Thiriet écrit au Stalag IXA une exotique *Rhapsodie sur des thèmes incas*; au Stalag VIIIA de Görlitz, Olivier Messiaen compose son *Quatuor pour la fin des temps.* Parmi ses compagnons d'infortune, il a trouvé un violoniste, un clarinettiste et un violoncelliste (qui n'est autre qu'Étienne Pasquier, du trio du même nom). Cela permet la création de l'œuvre, le 15 janvier 1941, devant un public de cinq mille prisonniers.

Par souci de propagande ou d'efficacité, les Allemands relâcheront une partie de leurs prisonniers entre 1940 et

1944; au compte-gouttes d'abord, puis par groupes constitués ensuite. A la demande de Vichy (et pour se débarrasser d'un fardeau alimentaire), les grands malades et les grands blessés, puis les anciens de 14-18 sont libérés les premiers. Il en ira de même ensuite pour les cheminots (indispensables à tous), les pères de familles nombreuses, quelques autonomistes bretons, des ecclésiastiques... Au total plusieurs dizaines de milliers d'hommes pourront retrouver la liberté, dans la légalité. Certains n'entrent dans aucune des catégories prévues, et pourtant ils sortent des camps, bénéficiant de mesures de clémence individuelle. Quotidiennement, le gouvernement de Vichy œuvre en faveur des prisonniers; il a même désigné Scapini, un invalide de la Grande Guerre, comme une sorte d'ambassadeur des prisonniers. Toutes ces influences conjuguées portent leurs fruits. Après Jacques Benoist-Méchin qui a pu gagner Vichy dès la fin du mois d'août, Robert Brasillach est relâché au printemps 41. Officiellement, il est rapatrié pour participer au Commissariat au cinéma, mais il préférera reprendre la direction de *Je Suis Partout*. L'hebdomadaire du vendredi paraissait à nouveau depuis février 41 (avec la même équipe qu'avant la guerre) mais il lui manquait son rédacteur en chef.

A la même époque, Jean-Paul Sartre a quitté son Stalag de Trèves pour regagner Paris. Dans *La Force de l'âge*, Simone de Beauvoir parle de « l'évasion » de son compagnon [10]. C'est peut-être exagéré car il s'agit au mieux d'une astuce d'écriture. Après la guerre, plusieurs auteurs – dont Lucien Rebatet – prétendront (sans en apporter vraiment la preuve) que Sartre aurait bénéficié, comme Brasillach, de mesures de clémence envers les écrivains, en particulier à la demande de Drieu. Il est vrai qu'à l'automne 40, Drieu avait noté dans son carnet une liste d'écrivains prisonniers – où figurait Sartre – suivie de la mention : « Demander la libération des auteurs – contrepartie de mon action *N.R.F.* [171]. »

Ces deux thèses s'opposent donc et il est difficile d'y voir clair. L'abbé Marius Perrin s'insurge contre la version de la clémence allemande, et, dans un ouvrage publié en 1980, il affirme que c'est lui, responsable de l'infirmerie du

Stalag, qui aurait falsifié le livret militaire de Sartre. Il aurait « réformé » l'écrivain en raison de sa mauvaise vue, en antidatant l'acte avant le jour de la capture par les Allemands : « Le soldat Jean-Paul Sartre est réformé – par moi – à l'encre rouge. Je ne crois pas que l'on puisse faire plus authentique (...). Le motif invoqué crève les yeux : strabisme entraînant des troubles dans la direction [118] ». Sartre serait ainsi devenu une sorte de prisonnier par erreur puisque « civil » et non plus militaire au moment de sa capture. Un peu compliqué et astucieux, mais les Allemands ont-ils été dupes ? Le stratagème sincère de Marius Perrin exclut-il pour autant des influences venues de Paris ? Ce n'est pas certain, mais Perrin réfute ainsi la thèse de la libération officielle comme celle de l'évasion, à moins de donner à cette dernière un sens très large! Toujours est-il que Sartre est revenu à Paris par le train, pourvu des papiers nécessaires, et avec l'accord des Allemands.

Cela n'a rien d'extraordinaire et il en a été de même pour plusieurs écrivains ou artistes. Peu après son retour, Sartre retrouve son poste de professeur au lycée Pasteur (Pâques 41) et, quelques mois plus tard, bien qu'il soit en contact avec un petit groupe de résistants intitulé Socialisme et Liberté, il accepte d'écrire des articles pour la revue *Comœdia* dirigée par son ami Delange. Ainsi commence la nouvelle vie de Sartre sous l'occupation.

Bien après la guerre, Lucien Rebatet, qui ne ménage personne dans *Mémoires d'un fasciste*, reviendra sur l'activité de Sartre en tenant les propos suivants : « Jean-Paul Sartre dont le nom commençait à circuler, ne s'estimait pas déshonoré de publier à la *N.R.F.* collaboratrice son premier ouvrage important, *L'Être et le Néant*, où les initiés découvraient un disciple des existentialistes allemands qui professaient dans les universités du IIIe Reich [121]... » L'attaque est perfide. Rebatet laisse entendre que la philosophie de Sartre (influencée par celle de Heidegger) ne semblait pas beaucoup gêner les Allemands...

LES PRISONNIERS DE LA RÉPUBLIQUE...
ET DE L'ÉTAT FRANÇAIS

En 1940, on dénombrait aussi quelques milliers de prisonniers détenus en France... par des Français! Pendant la drôle de guerre, des pacifistes, des élus communistes, des républicains espagnols ou des anarchistes avaient été arrêtés puis transférés dans le Sud du pays au moment de la débâcle. A l'initiative du ministre de l'Intérieur Georges Mandel, on avait aussi arrêté un certain nombre de gens qui risquaient d'aider l'envahisseur : fascistes supposés ou réels, membres de la Cinquième Colonne, espions vrais ou faux, saboteurs divers... Dans l'urgence du moment, on n'avait pas vraiment pris le temps de trier. Tous ces prisonniers constituaient un ensemble hétéroclite, allant de l'extrême gauche anarchisante aux rédacteurs de *Je suis Partout*.

Après l'armistice, les dossiers vont être réexaminés d'un autre œil par les nouvelles autorités. Vichy opère un tri rapide parmi les détenus et relâche de nombreuses personnes qui peuvent lui être favorables : Charles Lesca, Fabre-Luce, Alain Laubreaux... « Un jour, à Clermont-Ferrand, dans la cour du *Moniteur du Puy-de-Dôme,* on vit arriver Alain Laubreaux (...). Il avait été emprisonné par ordre de Mandel, au mois de mai, avec cet affolant Fabre-Luce, Devaux et Thierry de Ludre, qu'un gendarme exécuta dans un moment d'humeur, le long d'une route, d'un coup de revolver en pleine tête [130] », écrit G. Saint-Bonnet dans *Vichy Capitale*.

De fait, le diplomate Thierry de Ludre a été abattu par ses gardiens au cours du transfert des détenus politiques de Paris vers les Pyrénées, dans des conditions mal élucidées. Thierry de Ludre, reconnu innocent, bénéficiera d'une ordonnance de non-lieu le 12 août 1940 à Périgueux alors que l'on ignore encore sa mort. Quant à Alain Laubreaux, il fait un retour spectaculaire à Clermont-Ferrand parmi les siens, les journalistes, qui se sont prudemment « repliés » en mai-juin. Ce retour un peu trop soigné amuse le très conservateur Saint-Bonnet qui écrit non sans humour que le journaliste avait des airs de revenant : « Un spectre, un évadé de l'abîme (...). Son masque était celui d'un mort après trois jours d'inhumation (...). Une ficelle maintenait une besace à son épaule. Son grand corps flottait dans des vêtements de rafle et il avançait en tirant la jambe, à la façon des forçats qui remorquent un boulet (...). C'était presque trop bien. Malgré soi, on pensait à des films. » Et à Jean Valjean. Au camp de Gurs, Laubreaux n'avait certes pas pris des vacances, mais, relâché depuis quelques jours, il aurait pu prendre le temps de se changer avant de rejoindre ses confrères. Familier du monde du théâtre, il en avait conservé le sens. Un retour réussi.

Vichy relâche aussi d'autres détenus, arrêtés avant ou après l'armistice, dont des militants communistes, mais cela demande plus de temps que pour les alliés politiques du Maréchal.

Plusieurs personnalités (dont Vincent Auriol) sont libérées, mais le cas de Louis Lecoin traîne pendant des mois. Transféré de prison en prison, il échoue en Algérie dans un état de santé préoccupant. En 1941, une vigoureuse campagne est engagée en sa faveur, menée par d'anciens anarcho-syndicalistes comme Belin, ou d'autres, ralliés à Pétain, mais surtout par Charles Lesca qui fut son codétenu en 1940; Lesca, journaliste-écrivain, violemment antisémite et antiré-publicain, n'oublie ni la prison « de la République », ni son compagnon de cellule et publie une lettre ouverte au Maréchal dans les colonnes de *Je Suis Partout*. Il y insiste sur des différences de traitement entre Lecoin, et d'autres détenus comme Grumbach (il rappelle perfidement que ce dernier est juif) ou Vincent Auriol : ces deux élus de gauche viennent d'être relâchés, alors que l'internement très dur de Lecoin se poursuit, sans même un jugement : « Il y a des rêveurs qui peuvent être dangereux pour une société. Faut-il sans jugement les condamner ? », écrit-il. L'argument porte-ra : Lecoin retrouvera sa liberté peu après.

Un anarchiste défendu par *Je Suis Partout*, et bénéfi-ciant de la clémence de Vichy, c'est un des paradoxes de cette époque où s'opèrent bien des reclassements surpre-nants.

Déjà célèbre comme romancier avant la guerre, Paul Morand n'en était pas moins diplomate de son métier. En poste à Londres en 1939, il dirigeait une mission qui devait harmoniser les efforts des Alliés en vue d'un blocus économique de l'Allemagne. Cette tâche lui paraissait bien ingrate; et plus encore inutile. D'ailleurs au printemps 40, l'armée allemande ne semblera pas très gênée par ce « blocus »... Et en juin, quand le général de Gaulle s'établit à Londres, tout semble perdu pour la France. Alors, Paul Morand aurait facilement pu prendre contact avec le chef de la France libre, car Élisabeth de Miribel, membre de sa mission commerciale, s'y est ralliée dès le premier jour : c'est elle qui a dactylographié le célèbre appel du 18 juin! Pourtant Paul Morand garde ses distances et, à l'inverse de bien des intellectuels qui cherchent à gagner l'étranger, il entame des démarches pour obtenir son rapatriement en France. Il réussit à embarquer pour Lisbonne le 20 juillet; mais il lui faudra ensuite plusieurs semaines pour traverser l'Espagne en un voyage pittoresque dont les épisodes seront relatés peu après dans *L'Illustration*.

Contre toute attente, Morand reçoit à Vichy un accueil glacial. On lui reproche d'avoir quitté Londres trop vite; et sans ordre! A un moment où sa connaissance des milieux dirigeants britanniques aurait pu être très précieuse à Pétain pour maintenir des liens, même officieux, avec la Grande-Bretagne. Pour tout remerciement il est mis à la retraite! Ce purgatoire durera plus d'un an; la diplomatie y perdra peut-être, mais la littérature y gagnera un roman : *L'Homme pressé*.

Paul Morand est, avec le scientifique Alexis Carrel et l'académicien Paul Hazard, une des très rares personnalités à avoir choisi de rentrer en France occupée plutôt que de demeurer en exil. A cette époque, Lisbonne est plutôt encombrée de candidats au départ. Artistes et intellectuels s'y pressent par dizaines, perdus dans une foule de réfugiés plus ou moins fortunés.

LISBONNE : DERNIÈRE ISSUE
VERS LE NOUVEAU MONDE

Dans une Europe où la guerre s'est provisoirement assoupie mais pourrait se généraliser rapidement, la France du Sud semble un refuge bien précaire à certaines personnalités du monde littéraire et artistique. En raison des théories raciales avancées par les hitlériens, les intellectuels juifs se sentent les plus menacés et il leur paraît plus prudent de quitter l'Europe tant que c'est encore possible.

Ainsi Darius Milhaud décide-t-il de s'éloigner d'Aix-en-Provence où sa famille est installée depuis plus d'un siècle. En juin 40 le compositeur, accompagné de sa femme et de son fils Daniel, entasse hâtivement ses affaires dans une Fiat et gagne la frontière espagnole. A Cerbère, bien qu'ils aient des passeports en règle, il leur faut patienter devant « de jeunes phalangistes méprisants et triomphants », mais le passage s'effectue sans problèmes et ils poursuivent (en train) jusqu'à Madrid. De là, ils louent des couchettes pour se rendre à Lisbonne, dernière porte ouverte sur le Nouveau Monde. En l'attente d'un embarquement, Darius Milhaud s'installe à l'hôtel et il apprend que le gouvernement portugais payera leur séjour. Il y a bien d'autres candidats au départ dans cette ville. Milhaud en connaît plusieurs, dont la baronne de Goldschmidt-Rothschild « qui avait réussi à quitter la France avec ses enfants dans une petite voiture dans laquelle elle avait empilé quelques tableaux de son étonnante collection, des Van Gogh, des Manet, des Cézanne, des Cranach [110]... », écrira le musicien dans ses Mémoires.

En juillet 40, Milhaud embarque à bord de L'Excambion où il côtoie de prestigieux compagnons de route : « Les Jules Romains, Robert de Saint-Jean, Lévi-Strauss, les Duvivier et l'écrivain américain, si français de cœur, Julien Green, éprouvaient comme nous une insurmontable peine [110]... », affirmera-t-il plus tard. S'il est exact qu'il s'est trouvé en compagnie de l'écrivain Jules Romains, il semble bien que Darius Milhaud soit trahi par sa mémoire en ce qui concerne Claude Lévi-Strauss car ce dernier, encore peu connu du grand public, a été démobilisé seulement en septembre 40; à cette date, il sera affecté au lycée de Montpellier pour y enseigner la philosophie pendant une partie de l'année scolaire. Lévi-Strauss ne s'embarquera qu'en février 41 à Marseille sur le *Capitaine-Paul-Lemerle,* un cargo à destination des Antilles. Avant lui, d'autres intellectuels juifs auront fait le même choix, comme l'auteur de théâtre Henri Bernstein, ou André Maurois (Émile Herzog de son vrai nom); tous pouvaient craindre l'application de nouvelles lois antisémites et ont donc préféré se réfugier au Nouveau Monde.

Peu avant l'armistice, Saint-Exupéry (encore militaire) a quitté Perpignan à bord d'un Farman F. 222. Le 23 juin 1940, il s'est posé à Alger Maison-Blanche, avec les survivants du II/33, le moral au plus bas. Rendu à la vie civile, il embarque au début du mois d'août sur le *Lamoricière* à destination de Marseille, puis gagne aussitôt Agay où, dans une belle bâtisse dominant la mer, il retrouve enfin sa famille. Là, pendant quelques semaines, il se remet de ses émotions, écrit des pages de ce qui deviendra *Citadelle,* et réfléchit à la conduite à suivre. Il hésite beaucoup et sa décision ne mûrit que lentement. Il ne tient pas en place, se rend à Lyon (un journaliste du *Progrès* publie un article sur lui), puis à Vichy où le maréchal Pétain lui accorde une entrevue. Ensuite, pour récupérer des affaires personnelles, il monte à Paris, effectuant le voyage vers la capitale en compagnie de Drieu La Rochelle, dans la même voiture. Pour finir, il revient en zone Sud où il a confirmation d'une invitation de ses éditeurs américains. En décembre 40, après un crochet par l'Afrique du Nord, il embarque enfin à Lisbonne sur le *Siboney,* muni des visas nécessaires. Au cours de la traversée, longue mais sans incident majeur, il fait la connaissance du cinéaste Jean Renoir. Ce dernier, de retour de la Rome fasciste via Paris, les routes de l'exode, la Creuse et Nice, écrit : « J'eus l'heureuse surprise de découvrir que mon compagnon de cabine n'était autre que Saint-Exupéry. Nous commençâmes une série de discussions passionnées sur mon vieux dada, la puissance de l'environnement. Saint-Exupéry y croyait et faisait tout pour y échapper. Il allait jusqu'à refuser d'apprendre l'anglais [122]. » Les deux hommes sympathisent et, même si leurs analyses divergent parfois, leur amitié se consolidera aux États-Unis où ils débarquent le 31 décembre.

A New York, des amis français ou américains les accueillent chaleureusement : « Robert Flaherty nous attendait sur le quai. Dido se précipita dans ses bras. Puis, il m'étreignit à mon tour de toute la force de son amitié. C'est quelque chose, une étreinte de Bob Flaherty [122] ! » Photos, questions, autographes, ensuite Renoir et sa compagne Dido sont emmenés au luxueux *Ritz-Carlton* où des chambres leur sont réservées.

Le journaliste Pierre Lazareff est venu lui aussi accueillir son ami Saint-Ex qu'il a connu dans la presse. Il n'est pas le seul journaliste français exilé aux États-Unis. Henri de Kerillis ex-député et fougueux polémiste, Émile Buré ancien éditorialiste de *L'Œuvre* ou Geneviève Tabouis ont fait de même. Ils y publient divers journaux en français. Plus ou moins confidentiels...

Jean Gabin et Louis Jouvet traverseront aussi l'Atlantique. Démobilisé à l'automne 40, Gabin a hésité – comme beaucoup de Français – sur la conduite à suivre. A Nice, il a refusé une offre de la compagnie allemande *Continental* : travailler sous le contrôle des nazis lui déplaît ; il songe déjà à un départ. Il se rend alors à Vichy pour demander un visa sous le prétexte d'aller tourner pour la *Fox* un film intitulé *La Péniche de l'amour*. Il obtient sans peine de Jean-Louis Tixier-Vignancour un visa assorti d'un délai de huit mois pour rentrer au pays.

Gabin s'embarque donc à Lisbonne en 1941. Il ne reviendra en France qu'en 1944... à bord d'un char de la 2e D.B.!

Louis Jouvet obéit à des motivations différentes mais, comme Gabin, il a décidé de prendre le large. Après l'armistice, il a regroupé de jeunes comédiens à Aix-en-Provence pour constituer une petite troupe qui assure quelques émissions pour la radio. Puis de retour à Paris, il se lance à nouveau dans le théâtre, reprenant *L'École des femmes* à l'Athénée. Les nouvelles autorités lui confient alors, avec Charles Dullin et d'autres personnalités, le contrôle des grands théâtres nationaux. Jouvet occupe la fonction pendant quelques mois, mais en juin 41, il décide brusquement de partir en tournée pour l'Amérique latine. Muni des autorisations nécessaires du gouvernement de Vichy, il embarque à Lisbonne avec 34 tonnes de costumes, décors, archives et bagages divers! Peu désireux de revenir en Europe occupée, il prolongera sa tournée... au-delà de la libération!

Aux premiers temps de l'occupation, les intellectuels n'ont pas tous conscience d'un danger aigu, surtout s'ils séjournent en zone libre. Cependant, un voyage vers l'Amérique pose d'abord des problèmes matériels : le candidat à l'exil doit disposer d'argent et de papiers en règle, dont les visas du pays d'accueil. Dans ce cas, même si le titulaire du passeport est juif ou marxiste, les autorités espagnoles ou portugaises ne s'opposent pas au transit. Quant aux fonctionnaires de Vichy, ils ne cherchent pas à retenir des opposants... surtout s'ils sont célèbres! En 1942 il deviendra plus problématique de quitter le pays, mais ce n'est pas encore le cas à l'automne 40.

Après la forte vague de départs qui a suivi la défaite, tout semble se calmer. Les plus anxieux (ou les plus menacés) sont loin et ceux qui séjournent en zone libre y prennent leurs habitudes dans une région surpeuplée, mais écrivains et artistes ne sont pas les plus à plaindre. Plusieurs possèdent leur propre logement, d'autres se font héberger par des amis ou des relations. Marx Ernst qui fut un moment interné avec d'autres Allemands près d'Aix-en-Provence pendant la drôle de guerre a été libéré; il vit dans une vieille demeure de Saint-Martin-d'Ardèche aux murs couverts d'étranges motifs sculptés. André Malraux, d'abord sommairement installé à Hyères avec Josette Clotis et son tout jeune fils Pierre-Gautier, trouve ensuite une agréable maison à Roquebrune, non loin de la baie de Monte-Carlo, *La Souco*, cette superbe villa lui est prêtée par le peintre Simon Bussy, un ami d'André Gide. Chagall s'est réfugié dans le joli village de Gordes (en Luberon) où, loin du fracas des armes et de l'agitation politique, il peint. L'heure n'est plus à l'affolement et le doux automne méditerranéen semble donner tort aux pessimistes.

Est-ce une raison pour ne plus chercher à partir? Certains intellectuels américains ne le pensent pas.

LE COMITÉ AMÉRICAIN DE MARSEILLE

A l'initiative de Varian Fry (responsable d'associations humanitaires), a été constitué à Marseille un Centre américain de secours destiné à venir en aide à tous les intellectuels et militants politiques qui pourraient être menacés par la clause 19 de l'armistice franco-allemand; clause qui stipule que le gouvernement français devra livrer tous les ressortissants allemands antinazis qui se trouvent sur son territoire. En quelques mois, le Comité réussira à évacuer plusieurs centaines de personnes vers les États-Unis dont les écrivains Thomas Mann, Arthur Koestler et Lion Feuchtwanger. Ce dernier, de confession juive, était l'auteur d'un livre qui, adapté par les services de Goebbels, fournira le scénario d'un film violemment antisémite : *Le Juif Süss.* Feuchtwanger avait été libéré d'un camp allemand sur l'intervention insistante des autorités américaines et contre une assez forte somme d'argent.

En marge de cette activité tournée vers les réfugiés du IIIᵉ Reich, Fry et ses amis proposeront aussi d'aider des Français qu'ils pensent directement menacés par le nouveau régime ou par l'occupant. Des listes de personnalités ont donc été établies *a priori* par les Américains, mais sans l'avis des intéressés, ce qui va réserver quelques suprises!

Daniel Bénédite qui fut le collaborateur direct de Varian Fry (et ensuite son successeur à Marseille) raconte comment Fry et lui-même furent désorientés par l'attitude de plusieurs personnalités françaises; en toute logique, les membres du Comité pensaient que des intellectuels engagés à gauche avant-guerre pouvaient se trouver menacés. C'est pourquoi Varian Fry propose à André Gide, puis à André

Malraux des visas et toutes les facilités nécessaires pour gagner les États-Unis.

Gide, qui vit tranquillement à Cabris dans les Alpes-Maritimes, aux côtés de sa fille Catherine, reçoit très cordialement Fry. Il l'assure de son soutien dans la tâche qu'il a entreprise, mais affirme ne pas être en danger. Varian Fry repart étonné de cette réaction puis se rend à Roquebrune chez André Malraux qui le reçoit à *La Souco*, dans un cadre magnifique. L'écrivain confirme son hostilité au nazisme et au régime de Vichy, mais refuse lui aussi de s'exiler. Cependant Malraux accepte une aide financière dont il a besoin; Fry lui fera donc parvenir des droits d'auteurs de la part de l'éditeur américain Random House.

Surpris par l'attitude des écrivains, les Américains se tournent vers les grands peintres.

Lors de l'occupation allemande, Picasso a été l'un des premiers à réagir; mais d'une manière surprenante de la part de l'auteur de *Guernica*. Cette célèbre toile, commandée en 1937 par la République espagnole, avait été inspirée par le bombardement impitoyable d'un village basque par l'aviation allemande lors de la guerre civile. Aux yeux de beaucoup, elle était chargée d'un message antifasciste. De plus, depuis une loi allemande de 1938, l'art de Picasso était jugé « décadent » par les nazis soucieux de réalisme et de peinture figurative. Des toiles de Picasso, Chagall, Matisse, Braque, Van Gogh... ont disparu des musées d'outre-Rhin, vendues à des étrangers... ou détruites! On s'attendait donc à voir Picasso fuir dès que possible. Or il n'en fut rien. Dès l'été 40, le Maître se réinstalle à Paris. Persuadé que sa célébrité le protège, il décline plusieurs offres de gagner l'Amérique et décide de demeurer dans la capitale.

Salvador Dalí est l'un des rares grands peintres qui ait promptement choisi l'exil. Bien que peu menacé, il a quitté Arcachon pour l'Espagne avant que les Allemands n'y arrivent. Après un bref séjour en Catalogne, il gagnera Lisbonne où il trouvera place à bord de *L'Exemption* à destination des États-Unis. Son compatriote et confrère Juan Miró a choisi, lui, de regagner l'Espagne franquiste, et y demeurera pendant les années de guerre, fécondes pour sa peinture. Quant à Foujita, il est reparti pour le Japon, sa patrie, mettre ses connaissances et sa personne au service de l'empereur Hiro-Hito. Il sera mobilisé et officiellement chargé d'une mission culturelle de plusieurs années en Chine.

Alors que la tourmente balaie la France, Chagall peint à Gordes, en toute quiétude. C'est probablement cette paix miraculeusement préservée qui lui donne trop confiance, et quand, en juillet, Varian Fry lui fait part d'une invitation officielle du musée d'Art Moderne de New York, Chagall décline l'offre; tout comme Henri Matisse qui « trônait sur son immense atelier de Cimiez comme un dieu grec sur l'Olympe et s'y trouvait parfaitement bien [11] ». Fry ne réussit pas à convaincre les peintres que les nazis pouvaient combattre leur art. Vivant dans un cadre magnifique, loin de la réalité, Chagall comme Matisse sont persuadés que leur renommée les protège. Varian Fry renonce. Pourtant, au printemps 41, Chagall commencera à s'inquiéter quand le gouvernement de Vichy révisera les naturalisations récentes; juif d'origine russe, il n'est français que depuis peu. Il pense alors à s'éloigner, se rend à Marseille, et reprend contact avec les Américains; mais il n'est pas encore vraiment décidé : il pose des conditions et veut absolument emporter ses peintures et ses objets personnels..., soit plus d'une tonne et demie de bagages! Cette affaire constitue un vrai casse-tête pour le Comité américain qui réussit cependant à le résoudre : le 7 mai 1941 Chagall franchit légalement la frontière espagnole avec des passeports en règle... et tous ses bagages!

LA COMMUNAUTÉ D' « AIR-BEL »

A Marseille, aux côtés de Varian Fry, Daniel Bénédite joue un rôle croissant au sein du Comité américain. En octobre 40, se sentant à l'étroit dans une inconfortable chambre d'hôtel, il s'est mis en quête d'un logement plus grand, pour lui, sa femme et leur fils. Cette décision toute personnelle va avoir des conséquences inattendues. Après avoir longuement prospecté la ville surpeuplée, il découvre par hasard une spacieuse villa située dans le quartier de la Blancarde. Elle appartient à un vieux médecin en retraite, le Dr Thumin, qui accepte de la louer. La maison, joliment appelée *Air-Bel*, manque un peu de confort mais pas d'allure : « Une allée montante bordée de platanes tourne pour se prolonger sous de gigantesques cèdres, et nous voici sur le terre-plein en terrasse où s'élève une grande bâtisse rectangulaire, comportant un rez-de-chaussée et deux étages [11]... » Au cours de la visite, Bénédite a dénombré... dix-huit pièces! Il propose donc d'héberger André Breton et sa famille, les Fry, le Soviétique Victor Serge réfugié politique en France et quelques autres. Tous acceptent volontiers et emménagent dans une atmosphère de kermesse. La villa, somptueusement meublée et décorée, comporte même une riche bibliothèque : « André s'extasie sur le papier peint de la bibliothèque; Victor sur le contenu des rayonnages vitrés... » Les chambres sont réparties par famille, et une curieuse communauté se constitue, fruit des circonstances plus que d'une volonté délibérée de vivre ensemble. *Air-Bel* reçoit aussi des hôtes de passage tels le peintre Max Ernst, le poète Benjamin Péret, ou encore Consuelo de Saint-Exupéry l'épouse de l'écrivain.

En attente du départ vers les Amériques, la vie s'écoule plutôt agréablement. Des discussions interminables meublent les soirées et « tous les dimanches après-midi, c'est la fête à *Air-Bel*. André y a reconstitué un cercle surréaliste et on voit arriver, en bande, les peintres qui depuis la débâcle, ont transporté leur quartier général des *Deux Magots* au *Brûleur de loups*, un café du Vieux Port dont l'enseigne les a séduits [11] ». Breton et ses amis créent en s'amusant un jeu de cartes surréaliste et, un dimanche, avec l'aide de Consuelo de Saint-Exupéry, ils organisent même une exposition Max Ernst dans le jardin, accrochant des toiles jusque dans les arbres!

Cette vie bruyante ne peut évidemment rien avoir de clandestin, ni même de discret. Contrairement à ce qu'on laissera parfois entendre après-guerre, les gens d'*Air-Bel* ne se cachent pas; Aube Breton, la fille d'André Breton fréquente même l'école voisine.

Bien qu'elle n'ignore rien de l'identité des occupants de la villa, la police marseillaise ferme les yeux. Cependant, en décembre 40, le maréchal Pétain décide d'un voyage officiel à Marseille. Les services de sécurité reçoivent alors consigne d'arrêter préventivement les gens susceptibles de manifester leur hostilité au chef de l'État. La police se présente donc à la villa où elle procède à des perquisitions. Tout se déroule dans le calme; il n'y a aucune inculpation, mais on embarque les occupants pour les conduire à bord d'un navire, le *Sinaïa*, qui demeure à quai sous haute surveillance. Il ne s'agit certes pas d'effectuer une croisière sur ce bateau surpeuplé mais, la surprise passée, la petite communauté ne prend pas la chose au tragique : ils réussissent à se faire attribuer des cabines puis, par l'intermédiaire du consulat des États-Unis, Fry fait parvenir de la nourriture à bord, sous l'œil étonné des gardiens. La bonne humeur règne et, pour eux, l'affaire prend une tournure presque joyeuse. Trois jours plus tard, ils sont tous libres; cependant, même pour ce petit groupe privilégié, les menaces grandissent. Alors Max Ernst, Benjamin Péret, Consuelo de Saint-Exupéry et Fry lui-même quittent la France un à un. Grâce au Comité, Victor Serge et André Breton vont trouver place à bord du *Capitaine-Paul-Lemerle* à destination des Antilles. Sommairement aménagé ce navire est bondé d'autres candidats à l'exil parmi lesquels Claude Lévi-Strauss qui est un des très rares passagers à disposer d'une cabine. Dans l'introduction à *Tristes Tropiques*, l'ethnologue dresse un portrait sans complaisance de ses compagnons de voyage, en particulier de Victor Serge : « Son passé de compagnon de Lénine m'intimidait en même temps que j'éprouvais la plus grande difficulté à l'intégrer à son personnage, qui évoquait plutôt une vieille demoiselle à principes [99]. »

Tous abordent en Martinique quelques semaines plus tard. L'île est demeurée sous le contrôle lointain mais tâtillon de Vichy, et les passagers sont donc provisoirement assignés à résidence; Lévi-Strauss obtiendra cependant le droit de poursuivre son voyage vers les États-Unis, via Porto

Rico. Pendant ce temps, André Breton fera la connaissance du poète antillais Aimé Césaire, animateur de la revue *Tropiques*; ensuite il parviendra lui aussi à New York. Par d'autres voies.

Breton, Dalí, Chagall, Renoir, Lazareff ou le diplomate-poète Saint-John Perse viennent grossir l'importante communauté des exilés d'Amérique. Ils ont rejoint ceux qui, à la veille de la guerre, vivaient déjà loin de la France comme Jacques Maritain ou Georges Bernanos. Ce dernier est installé au Brésil avec sa famille depuis 1938, après avoir vécu deux ans aux Baléares. Bien intégré à la société latino-américaine, il vit cependant très mal la défaite de la France, tout comme le poète Jules Supervielle, Français, mais né à Montevideo et qui a épousé une Uruguayenne.

En France, nul n'ignore la présence, le lieu de résidence de toutes ces personnalités et, en avril 41, une caricature publiée en première page de *Gringoire* représente le banquier Rothschild, l'écrivain Jules Romains, le peintre Fernand Léger, la scientifique Ève Curie, le dramaturge Bernstein, l'ancien ministre Pierre Cot, la journaliste Geneviève Tabouis, et bien d'autres réunis pour la circonstance par le dessinateur. Un dessin cependant très incomplet car la liste est fort longue (et prestigieuse!) de tous ceux qui ont choisi de se tenir à l'écart de la mêlée, de mettre un océan entre eux et la guerre.

FALLAIT-IL QUITTER LA FRANCE?

En France, ces départs massifs ne font pas l'unanimité et, dès l'été 40, la nouvelle presse parisienne attaque durement les exilés : « Et quelle foi pourrait-on garder en ces hommes qui se dressaient, il y a un mois, comme des juges, des censeurs, et qui pour sauver une pauvre peau ont eu un de ces flanchements d'âme que rien ne peut plus réparer, hélas! Qu'ils restent où ils ont porté leur panique et qu'ils y meurent de honte. Ils ne sont pas la France », peut-on lire dans *Les Dernières Nouvelles*. Certes, ce journal est aux ordres des Allemands, mais à l'époque il est lu, même s'il est

parfois mal écrit; André Thérive en témoigne : « Le seul
canard qui se vende le matin est une feuille intitulée *Les
Dernières Nouvelles*; d'ailleurs illisible, car les articles sont
visiblement rédigés en français d'importation, par des capo-
raux d'intendance [137]... » Peut-être; mais Paul Léautaud a
découpé soigneusement l'article (qui visait plus spécialement Jules Romains) pour l'insérer dans son *Journal* avec ce
commentaire rageur : « Pas volé. Ce sot prétentieux, ce
démagogue littéraire. En Amérique rien que cela! Voilà qui
s'appelle une fuite [94]. » Pas tendre Léautaud!

Bien sûr, Pierre Laval désapprouve lui aussi; de Vichy,
il déclare à qui veut l'entendre que « ce n'est pas en quittant
la France qu'on peut la sauver! ». L'argument a un certain
poids, mais Laval dénigre ses adversaires en procédant par
amalgame : il regroupe sous un vocable unique, « les émigrés », tous ceux qui se sont expatriés. Parmi ces derniers, il
y a pourtant des proscrits ou des gens qui ont décidé de
continuer la lutte; on ne peut les assimiler à ceux qui ont
simplement décidé de protéger leur fortune, de trouver plus
de confort au-delà des mers, ou d'y faire carrière. La presse
prend le relais de Laval et *Je Suis Partout* mène la charge :
un article haineux vise Jacques Maritain et « les mauvais
Français émigrés en Anglo-Saxonnie »; en 1941, une page
entière de croquis du dessinateur Charlet présente les exilés
comme un antipathique rassemblement d'affairistes et
insiste sur le fait qu'ils sont en majorité juifs. Ce journal
colporte l'idée que l'on vit bien mieux aux États-Unis qu'en
France occupée : « Aux dernières nouvelles les fuyards de
New York ne sont pas trop à plaindre. Bon gîte, bonne
table! » Il est évident que les émigrés ne vivent pas dans la
misère, mais l'aisance dont bénéficient les plus connus
d'entre eux fournit des arguments à leurs adversaires. Au
sein même de l'émigration, les plus déterminés à se battre
déplorent d'ailleurs le peu d'empressement des Français
d'Amérique à le faire. Dès son arrivée à Lisbonne, Saint-
Exupéry avait ressenti un malaise; il écrira à ce sujet dans
Lettre à un otage des passages amers où il condamne « ceux
qui s'expatriaient loin de la misère pour mettre à l'abri leur
argent »; et comme l'écrivain logeait non loin du casino, il a

pu assister à un spectacle navrant : « Chaque soir le casino d'Estoril se peuplait de revenants; des Cadillac silencieuses (...) les déposaient sur le sable fin du porche d'entrée. Ils s'étaient habillés pour le dîner, comme autrefois. Ils montraient leur plastron ou leurs perles [292]. » Ces mêmes gens franchiront l'Atlantique sans encombres et s'intégreront très naturellement à la vie mondaine d'outre-Atlantique.

Fallait-il quitter la France ? Fallait-il y demeurer malgré les risques encourus ? Difficile de répondre même des décennies plus tard.

CHAPITRE IV

PARIS
N'EST PLUS LA FRANCE

PARIS affichait avant la guerre une suprématie culturelle arrogante sur « la province ». Saint-Germain-des-Prés et Montparnasse imposaient leur loi à l'ensemble du pays en dépit des succès provençaux de Giono, Pagnol ou Matisse. Certes « la province » n'était pas un désert culturel; La Varende recevait beaucoup dans son château de Normandie, l'opéra de Lyon rivalisait avec celui de Paris, de brillantes universités innovaient loin de la capitale et la presse toulousaine ou lyonnaise occupaient solidement le terrain; mais c'était chacun pour soi car depuis des siècles « la province » n'existe que dans l'esprit des Parisiens. En réalité, il n'y a pas « une » mais « des » provinces, cultivant leurs particularismes, employant parfois une langue qui leur est propre. Aussi, dans la France des années 30, le point de référence commun aux provinciaux était-il le plus souvent Paris, et la capitale drainait les élites de toutes les régions; mais dans ce domaine comme en bien d'autres, la défaite de 40 a entraîné une nouvelle donne.

VICHY CAPITALE CULTURELLE?

Au cours de l'été 40, Paris est encore bien désert mais, peu à peu, un mouvement de retour s'amorce et à l'automne on peut penser que l'exode ne sera qu'un phénomène passager. Il n'en est rien. La débâcle, la ligne de démarcation, la présence des troupes allemandes ont profondément modifié la vie culturelle française. Les personnalités parisiennes qui ont essaimé vers les buildings de New York, ou les villas de la Côte d'Azur n'envisagent pas toutes de rentrer au bercail. Ou pas de sitôt. Paris n'est plus la France...

Le rôle de la capitale est brusquement remis en cause, de manière saugrenue, par une petite ville d'eaux ordinairement peuplée de curistes : Vichy! Oh personne n'est vraiment dupe, et Otto Abetz ne s'y est pas trompé en installant ses services à Paris. Cependant en élisant domicile à Vichy avec toute sa suite et ses ministres, un maréchal de France en a fait une capitale. Modeste, mais une capitale quand même : « Vichy-État! » plaisantent quelques malins.

Bien sûr il est de bon ton de snober la ville, de la trouver petite et « provinciale »; elle n'en est pas moins bondée d'ambassadeurs, d'ex-députés, d'hommes d'affaires, de femmes du monde, d'artistes en quête de contrats... Des dizaines de journalistes français ou étrangers y travaillent quotidiennement. Ils se sont installés dans le triangle Vichy-Clermont-Royat et ils apportent à la seule grande imprimerie de la région, celle du *Moniteur*, une animation inhabituelle : « Un grouillement de ruche dont le bistrot de la mère Hussenet, de l'autre côté de la rue Blatin, était l'indispensable complément. Quelque chose comme un résumé et comme un comprimé du Croissant *, où l'on retrouvait même les linotypistes et les metteurs en pages habituels, évacués de Paris eux-aussi [130] », écrit Saint-Bonnet. En effet la région est devenue un important pôle journalistique. L'équipe de *Paris-Soir*, dont fait encore partie Albert Camus, y a suivi son patron, Jean Prouvost, membre du gouvernement. *Le Petit Parisien, Le Petit Journal, L'Écho de Paris* ont aussi échoué en Auvergne, tout comme le *Journal officiel* et *Les Documents français*, publications austères. *La Revue des Deux Mondes*, à laquelle participe l'écrivain auvergnat Henri Pourrat, s'est fixée à Royat. Une nouvelle série de *La Revue universelle* dirigée par le monarchiste

---

* *Le Croissant*, célèbre café des grands boulevards, où se retrouvait le personnel des entreprises de la presse et où avait été assassiné Jaurès le 31 juillet 1914.

Henri Massis paraît à Vichy; Henry Bordeaux (très laudatif envers le maréchal), Pierre Boutang, Thierry Maulnier, Léo Larguier y participent régulièrement. L'équipe de *L'Illustration* et les remuants rédacteurs de *Candide* contribuent aussi à animer la région. Cette presse « de l'exode » adopte un ton plus traditionaliste que celle de Paris. Le *Paris-Soir* de Vichy rivalise d'ailleurs avec son homonyme de la capitale contrôlé par les Allemands et très orienté vers l' « Ordre nouveau ». D'une manière générale, les invectives pleuvent entre les journaux « du Nord » et ceux « du Sud ». Les Parisiens reprochent aux Vichystes un côté calotin, terrien et moraliste; les Vichystes apprécient peu le langage populiste et « Europe nazie » de certaines feuilles parisiennes. Cependant la coupure n'est pas aussi nette qu'il y paraît et presque tous se retrouvent d'accord contre les juifs, « la dissidence gaulliste », « la perfide Albion » ou le bolchevisme!

Pourtant vivre à Vichy ne signifie pas tourner le dos à Paris. Chaque matin un autorail, bondé de personnalités diverses disposant des passe-droits nécessaires, franchit sans encombres la ligne de démarcation vers la capitale. Le voyage est direct, assez rapide, mondain... et bientôt l'astuce est connue de quelques initiés! Ainsi le décorateur Jean Hugo (arrière-petit-fils de Victor) voyage-t-il en compagnie de Paul Morand : « Nous prîmes ensemble ce qu'on appelait la micheline des ministres. Il me montra sur le quai de la gare, Bichelonne qui achetait un journal (...). A Moulins, au passage de la ligne, il demanda au sous-officier allemand s'il avait été prévenu que je passerais sans papiers [81]. » Réponse affirmative, et Jean Hugo passe sans autres formalités! Jean Luchaire, parfois accompagné de sa fille Corinne, est un habitué de ces voyages. Il bénéficie d'une situation privilégiée car il connaît de longue date Abetz et Laval entre lesquels il sert efficacement d'intermédiaire.

En Auvergne, où le général Weygand réorganise ce qu'il lui reste d'armée, travaillent et vivent nombre d'intellectuels dont les historiens Jacques Benoist-Méchin et Marc Bloch. Ce dernier démobilisé retrouve un poste à l'université de Strasbourg (réinstallée à Clermont-Ferrand depuis septembre 39). René Benjamin, académicien Goncourt, écrit les louanges du maréchal Pétain, et en observateur attentif, Maurice Martin du Gard fait la « chronique » de cette nouvelle société; il rencontre parfois Valery Larbaud, déjà bien âgé, qui préfère vivre à Vichy plutôt qu'à Paris. Dans une villa des environs, Paul Morand est parfois l'hôte de la famille de Jean Jardin, conseiller et ami de Pierre Laval : « Un matin de soleil, vers neuf heures, je vois un cycliste grimper le chemin menant à la maison. Les jambes tricotent comme celles d'un personnage de film muet. Parvenu devant le perron, l'homme, qui a une tête de tartare, jette sa bicyclette par terre et entre dans le salon en enjambant la fenêtre ouverte [284] », écrira plus tard Pascal Jardin, dans *La Guerre à neuf ans.*

En ville on peut voir beaucoup de monde. Dans *Les Décombres*, Rebatet écrit : « Vichy bourdonnait comme un Deauville des plus heureux jours. De la gare à l'Allier, c'était un flot de robes pimpantes, de négligés savamment balnéaires, de vestons, de grands tailleurs, Hollywood, Juan-les-Pins, les Champs-Élysées, Tout-Auteuil, Tout-Passy, toutes les " grandes premières " de Bernstein et de Jean Cocteau, la haute couture, la banque, la Comédie-Française, le cinéma, avec les grues les plus huppées du boulevard de la Madeleine [302]... » La chanteuse Mireille prend des leçons de vélo, aux côtés de son mari, Emmanuel Berl, qui a contribué (murmure-t-on dans la ville) à la rédaction des premiers discours du maréchal. Louis Jouvet, Madeleine Ozeray et Max Ophüls tiennent leurs quartiers à *la Restauration*, Claude Dauphin, Jean-Pierre Aumont, Charles Vanel discutent d'art dramatique aux terrasses des cafés; Yvonne Printemps chante devant ses amis. Joseph Kessel lui-même est revenu de Lisbonne à Vichy : « Vichy dont on m'avait fait un tableau terrifiant – personne ne te serrera la main, etc. Au contraire, accueil chaleureux de tous les gens que j'ai rencontrés et Dieu sait s'il y a du monde. Peyrouton m'a invité à déjeuner. André Chaumeix me demande d'écrire pour La *Revue des Deux Mondes* (...). Prouvost me fait proposer de l'argent (...). Tout ça ne me soûle pas du tout. Je sais que ça s'adresse personnellement à moi, que l'antisémi-

tisme couve », écrit-il à son frère en septembre 40 *. D'origine russe les Kessel sont juifs, mais Joseph Kessel, qui est
déjà un écrivain célèbre, a combattu dans l'armée française
lors de la Grande Guerre. Il disposera donc pendant deux
ans d'un certain nombre de dispenses par rapport aux lois
antisémites.

Jean Giraudoux qui réside non loin de là, à Cusset, est
reçu à plusieurs reprises par Pétain. C'est un des piliers de la
vie locale : « Il ressemble à son Siegfried, grand, châtain,
souriant. Il porte d'épaisses lunettes d'écaille. Il est éternel-
lement accompagné de Puck, un caniche beige clair. Ses
conversations avec ma mère sont douces, mélodieuses,
infinies. Les idées, les sentiments, des opinions qui ne sont
que des doutes successifs, s'enchaînent et jouent autour
d'eux, comme des ronds de fumée, comme des chats
familiers [284] », se souvient Pascal Jardin.

Pour meubler les soirées, sont organisés des cycles de
conférences, « Les Mercredis de la Table ronde », et le
gouvernement encourage les vernissages ou les concerts de
musique classique. En 1941, une spectaculaire représentation de *La Damnation de Faust* sur une musique de Berlioz
est organisée au casino avec décors et ballets. La même
année Serge Lifar, le nouveau maître de l'Opéra de Paris,
vient danser à Vichy sur l'invitation du chef de l'État
français : le 27 septembre, il se produit aux côtés de Solange
Schwartz et d'Yvette Chauviré sous la direction de Roger
Désormière. A la fin de la représentation, Colette Marchand,
la plus jeune danseuse de la troupe, remet à Pétain une
gerbe de fleurs.

En 1942, Drieu vient en personne présenter sa pièce
Charlotte Corday; l'actrice Danielle Darrieux se marie non
loin du casino avec un riche et séduisant diplomate sud-
américain, Porfirio Rubirosa. La ville est lancée; un « club
de jazz » ouvre ses portes à deux pas de l'*Hôtel du Parc*, siège
du nouveau gouvernement; il devient de bon ton d'y
organiser la première d'une pièce ou d'un film parisien.

* La plupart des lettres de Kessel citées dans cet ouvrage ont été rapportées
par Yves Courrière dans l'excellente biographie, *Joseph Kessel* [160], publiée
chez Plon.

Même le très Parisien Guitry (qui ne s'y rend que deux fois en quatre ans) accepte d'y jouer *Vive l'empereur!* devant un public choisi. Au cours de l'été 43, une splendide soirée de gala sera donnée en présence de l'ambassadeur du Japon pour *L'Éternel Retour*, excellent film de Jean Cocteau. Ce dernier est présent, accompagné de Jean Marais et de Madeleine Sologne, les deux vedettes du film. A la même époque se constitue un jury qui se propose de récompenser les meilleures pièces de théâtre écrites par des jeunes; Henry de Montherlant, Madeleine Renaud... y siègent.

De simple sous-préfecture, la ville, dont la population a décuplé, est devenu un lieu mondain concurrent de Paris. Cependant, à Vichy les infrastructures sont insuffisantes, les hôtels bondés et les loyers élevés; aussi, au fil des mois, beaucoup de réfugiés repartent-ils vers d'autres cieux.

LYON RELÈVE LE DÉFI

Lassés par l'ambiance de Vichy, plusieurs journalistes ont choisi de « remonter à Paris » dès l'été 40, comme René Baschet et Jacques de Lesdain animateurs de *L'Illustration*, comme Marcel Déat qui fait reparaître *L'Œuvre,* ou comme Lucien Rebatet qui, après avoir animé quelques mois la radio régionale, s'en va assurer la rubrique cinématographique du *Petit Parisien*; mais la majorité se refuse à travailler sous le contrôle direct des Allemands et décide donc de gagner une grande ville offrant d'importantes capacités techniques : Lyon.

A l'automne, Charles Maurras installe toute son équipe au bord du Rhône pour y publier *L'Action française*; ironie du sort pour ce chantre de la monarchie, ses nouveaux locaux sont situés... boulevard de la République! Maurras qui multiplie écrits et conférences, dénonce avec la même virulence « la gauche cosmopolite » et les Parisiens du « clan des Ya ». Il vit dans un appartement cossu de la rue Franklin (que lui prête une admiratrice), où il amoncelle articles, papiers divers, livres et journaux en un prodigieux désordre dans lequel lui seul se retrouve. Toute sa vie est organisée par et pour *L'Action française* à qui de jeunes auteurs tels Thierry Maulnier, Kléber Haedens ou Michel Déon fournissent régulièrement des chroniques : « Été comme hiver, il se promenait dans un vaste pardessus mastic aux poches bourrées de livres et de journaux et se coiffait d'un feutre noir à larges bords tout cabossé [45] », se souvient Michel Déon.

De son côté Prouvost décide de déménager *Paris-Soir*, qui trouve place au 65 cours de la Liberté, dans un vaste entrepôt, où il créera également *Sept Jours*, un hebdomadaire illustré conçu sur le modèle de *Match*.

Comme à Vichy, Albert Camus a suivi son employeur. Le jeune journaliste a emporté ce qu'il possédait de plus précieux : ses manuscrits. Il a presque terminé *L'Étranger* et il travaille déjà au *Mythe de Sisyphe*; mais son divorce vient d'être prononcé et, loin de son Algérie natale, il n'a pas bon moral. Il loge avec quelques autres rédacteurs dans un petit hôtel de la place Bellecour, où il grelotte tout l'hiver. Il se fait peu d'amis dans cette grande ville; il se remarie le 3 décembre avec Francine Faure qui est venue le retrouver. Tous deux portent une alliance de cuivre au doigt car, comme beaucoup de couples à cette époque, ils n'ont pas les moyens de s'en offrir une en or.

Pourtant Lyon est une ville fascinante, riche en hommes comme en monuments, où se développe une vie intellectuelle intense; mais traumatisés par la défaite et coupés de leurs habitudes, certains « réfugiés » s'intègrent mal à cette grande cité jalouse de ses particularismes : « Cette ville pesante était restée hostile aux exilés de la presse parisienne [45] », affirme Michel Déon; c'est pourquoi quelques journalistes du *Figaro* (hébergé par son confrère lyonnais *Le Nouvelliste*, rue de la Charité) et de *L'Exelsior*, ont l'idée de créer une Maison de la presse où pourraient se retrouver tous les membres de la profession. Avec l'aide de la municipalité et du gouvernement de Vichy, le projet prend corps : en 1941 ouvrent, au 3 rue de la Fromagerie, en plein cœur de la vieille ville, un bar, des salles de réunions et un restaurant coopératif. Les horaires y sont souples, les prix modiques et les tables garnies... ce qui est rare à l'époque!

Inaugurée officiellement par Paul Marion, cette Maison devient rapidement le lieu de ralliement de tous ceux qui écrivent. On peut y rencontrer des habitués comme Henri Béraud éditorialiste de *Gringoire*, Louis-Gabriel Robinet et Georges Ravon du *Figaro*, Kléber Haedens, Wladimir d'Ormesson ou André François-Poncet. Kléber Haedens y rédige la plupart de ses critiques littéraires (pour la revue *Présent*) qui comptent parmi les meilleures du moment, et y reçoit de nombreux amis, Lyonnais ou pas. Des invités de passage, comme Francis Carco venu voir son frère rédacteur à *Paris-Soir*, animent les soirées. La Maison de la presse est donc un lieu vivant, d'où la polémique n'est pas absente. En 1943, Béraud se fait même agresser par des adversaires; sans gravité : « L'obèse est sauf! », ironise la presse de la Résistance, faisant ainsi allusion à la silhouette « enveloppée » de l'écrivain et à l'un de ses succès de librairie : *Le Martyre de l'obèse!*

Malgré les efforts de la municipalité, tous les « repliés » ne s'adaptent pas à leur ville d'accueil. Michel Déon en dresse un portrait pessimiste, non exempt d'un solide parti pris : « Le Lyon de l'occupation était à peine plus sinistre que le Lyon libre. On y respirait un air saumâtre et empoisonné l'hiver et l'automne. On marchait à tâtons dans des rues sans lumière envahies par le brouillard [45]. » Lucien Rebatet, en reportage pour *Je Suis Partout*, va dans le même sens (septembre 41) : « Les Parisiens repliés n'ont pas été adoptés par la ville. Ils vivent les uns sur les autres, les humeurs s'aigrissent dans cette intimité obligée et cet ennui. Les brouilles surgissent à chaque instant. La nostalgie du Luxembourg, du *Café de Flore*, du pont des Arts et des Champs-Élysées devient intolérable. » Sombre constat qui comporte une part de vérité (sur un mur du bar de la Maison figure en effet un grand plan... de Paris!), mais aussi une part de rancœur envers une ville dont les activités résistantes sont déjà connues.

« Je ne suis pas comme Lucien Rebatet : j'aime Lyon. Cette ville aux fenêtres sans volets, comme sans paupières, ces rues noyées de brume toujours un peu flottante, les deux fleuves unis sous les ponts de pierre et de fer, est l'une des plus émouvantes et des plus énigmatiques de France [20] », affirme Brasillach à son retour de captivité, mais il fait aussitôt une réserve : « Il y a les " Parisiens " émigrés. La ville est occupée par eux, les maisons les plus luxueuses sont louées à n'importe quel prix, les hôtels quasiment réquisitionnés. » De passage à la Maison de la presse, il brosse un rude portrait de ses confrères : « Lorsqu'on entre dans ce lieu sacré, on éprouve un choc. L'atmosphère qui y règne est religieuse et funèbre à la fois. Des garçons qu'on avait pu rencontrer chez *Lipp*, et qui y menaient joyeux bruit, ici poussent leurs pièces sur le damier avec une gravité ecclésiastique. De vieux fantômes passent, que l'on aurait cru morts depuis cent ans. Ils voguent entre les murs, lents et globuleux, comme des poissons dans un aquarium [20]. »

Le nuit venue, les journalistes munis d'un *Ausweis* pouvaient aussi se retrouver rue de la Belle-Cordière, dans un des rares cafés qui demeuraient ouverts : « Nous l'appelions chez Fol, du nom de l'ancien propriétaire. Y fréquentaient les typographes, les clicheurs, les rotativistes des imprimeries voisines, les employés d'Hachette et les journalistes. Terrain neutre où les discussions finissaient par un nouveau pot de beaujolais. Les disputes éclataient rarement, ou alors pour des motifs futiles. En fait le bistrot était la vraie bourse aux nouvelles [45] », se souviendra Michel Déon.

Lyon affirme sa vocation de carrefour : le Collège de France y est replié et de nombreux intellectuels passent entre Saône et Rhône, soit avant leur départ en exil, soit de retour de l'étranger. Paul Morand aime cette ville et la retrouve avec plaisir en 1940 : « Aujourd'hui, remontant la vie à contre-courant, je demande à Lyon d'être un refuge, un Hôtel-Dieu où se faire panser, un bivouac dans le siècle en désordre [210]... »

De retour des États-Unis en 1941, l'académicien Paul Hazard séjourne place Bellecour dans un bel appartement mis à sa disposition par un ami avocat. Il découvre une ville où les difficultés de ravitaillement sont réelles mais peuvent parfois se contourner avec l'aide de quelques initiés qui connaissent bien les lieux ; grâce à des amis lyonnais, il réussit à déjeuner dans un restaurant clandestin dont le nom même est tout un programme : *Le Moulin de beurre*. « Le restaurant est situé à l'étage dans un immeuble bourgeois, cossu, respectable. Après avoir donné le mot de passe à travers le judas, nous pénétrons dans une petite salle à manger très 1880 où nous trouvons Louis Jouvet, Madeleine Ozeray et quelques artistes de leur compagnie. Festin intellectuel autant que gastronomique. Beau visage de Jouvet, fragilité et poésie de Madeleine Ozeray, aussi Ondine à la ville que dans la pièce de Giraudoux », écrit Pierre Massenet gendre de Paul Hazard, avant de préciser que le repas comportait : « Un brochet nageant dans un beurre blanc, un gigot reposant au milieu de haricots verts frais, des tartes aux fraises, un vrai café [109]. » Un bon repas!

Dans des conditions difficiles, Lyon voit aussi naître (ou renaître) des revues d' « idées » parfois bien pauvres en moyens. *Esprit* par exemple dont la rédaction avait été dispersée par la guerre reparaît légalement dès novembre 40, à l'initiative d'Emmanuel Mounier. Cette décision n'a pas réuni tous les suffrages et l'un des rédacteurs, Paul Vignaux, opposé au principe d'une parution approuvée par la censure de Vichy, a préféré gagner les États-Unis tandis que d'autres, en zone Nord, désapprouvent Mounier. Fallait-il demeurer silencieux dans la France de 1940? Fallait-il utiliser la part de liberté que laissait subsister le régime de Pétain? Le débat, qui n'est pas encore clos, dépasse (de beaucoup!) le simple cas de la revue *Esprit*. Toujours est-il que, pendant un an, cette dernière se développe au grand jour, avec pour lieu de réunion une simple chambre rue Pizay : « Chambre envahie par le haut-parleur d'un cinéma voisin, qui sert en même temps de salle à manger, de lieu de réunion et de bureau provisoire [225] », précise Jacques Duquesne. Rapidement les conditions matérielles s'améliorent mais les lecteurs, perplexes, découvrent que les premiers numéros de cette nouvelle version d'*Esprit* ne sont pas bien méchants envers Vichy. A moins de lire très attentivement entre les lignes... Mounier travaille avec Jean Lacroix (professeur de philosophie), Hubert Beuve-Méry (ex-journaliste du *Temps*) et l'écrivain chrétien Gabriel Marcel; ils nouent progressivement des contacts avec d'autres intellectuels comme

Stanislas Fumet, animateur du journal catholique *Temps nouveaux* – légalement publié avec l'accord du cardinal Gerlier.

A l'initiative de l'éditeur René Tavernier une revue de poésie, *Confluences*, obtient en 41 l'autorisation de paraître à Lyon. Kléber Haedens remarque aussitôt cette naissance : « Nous ne pouvons encore définir son orientation poétique qui hésite assez curieusement entre Maurras et Aragon. » Tavernier penchera finalement vers Aragon qu'il hébergera même à compter de décembre 42 dans sa grande maison de Montchat : « Les trois pièces de Louis Aragon et d'Elsa se prolongeaient d'une terrasse d'où, tous ensemble, ils regardaient, spectacle irréel – trop irréel, les bombardements alliés sur Lyon[166] », écrira plus tard Dominique Desanti dans *Les Clés d'Elsa*. Et là, ils recevront beaucoup : Albert Camus, Jean Prévost, le R.P. Bruckberger, Claude Roy, Pierre Seghers... et bien d'autres. Tous discutent longuement, de poésie bien sûr, mais aussi de politique. De ces réunions informelles naîtra un Comité national des écrivains de zone Sud (rattaché par la suite au Front national des écrivains) puis une petite revue de poésie intitulée *Étoiles*. « Les réunions du Front national ont lieu parfois au premier étage d'un petit bistrot au cœur de la ville, parfois dans l'immédiate banlieue[266] », écrit Pierre Seghers qui depuis 1940 fréquente régulièrement Lyon où il fait imprimer *Poésie*.

Cependant, malgré la présence allemande, Aragon et sa compagne ne mènent pas encore une vie totalement clandestine, loin de là. Leur présence à Lyon est connue. Aragon reçoit beaucoup de monde chez lui, intervient parfois à la radio et publie encore au grand jour dans *Le Mot d'ordre* et dans *Confluences* par exemple. Un de ses poèmes (*Les Nymphées*) précipite cependant l'interdiction provisoire de cette dernière revue. En décembre 43, soit plus d'un an après l'invasion de la zone libre par les Allemands, Aragon et Elsa Triolet quitteront finalement Lyon pour se cacher dans la Drôme.

EFFERVESCENCE MARSEILLAISE

« Il y eut à Marseille cette exagération dans la joie d'une vie retrouvée. Ville libre, zone libre... Tout ce qui restait tragique dans le reste de la France semblait presque oublié ou du moins ne plus concerner ceux que le sort gratifiait de ce ciel bleu et de cette apparente liberté. La vie reprit – furieusement [127] », écrit André Roussin à son retour de mobilisation.

Si la ville n'est pas aussi insouciante qu'il y paraît, elle n'en est pas moins gaie et animée. Au fil des mois, l'activité théâtrale, ou artistique reprend de plus belle, stimulée par la présence de milliers de réfugiés avides de distractions : devant des centaines de marins, Mireille chante à Cannes une opérette qu'elle a écrite; Louis Ducreux et André Roussin relancent une compagnie théâtrale promise à un bel avenir : « Le Rideau gris. » Renforcée d'une brillante interprète féminine, Micheline Presle, la troupe connaît un important succès en 1941 grâce à une création d'André Roussin intitulée *Am Stram Gram*. La même année, le célèbre marionnettiste Pantoum est obligé d'agrandir ses locaux en raison de l'affluence : « On est en droit de se demander si la présence du Tout-Paris replié à cette Première n'a pas tourné la tête de Pantoum », peut-on lire dans *Les Cahiers du Sud* où l'on précise que « c'est Jean Nohain-Jaboune qui avant d'aller souhaiter bonsoir à la France est venu présenter le spectacle ».

Cette ville chaleureuse influence parfois ceux qui y vivent : réfugié, près du Vieux Port, le peintre Fernand Léger se remet au travail avant son départ pour l'Amérique, en novembre 40; le spectacle des dockers se baignant dans le port lui inspire plusieurs toiles : « Ces plongeurs ont déclenché tout le reste, les acrobates, les cyclistes, les musiciens. Je suis devenu plus souple, moins raide », reconnaîtra-t-il plus tard.

Marseille est aussi le siège d'une importante activité journalistique; plusieurs hebdomadaires dont le virulent

Gringoire et l'*Émancipation nationale* de Jacques Doriot sont venus s'ajouter aux journaux régionaux.

Fermement dirigé par le Corse Horace de Carbuccia, *Gringoire* appuie les thèses vichystes et dénonce parfois dans ses colonnes la présence des juifs en zone libre ainsi que leur emprise sur la vie du pays. Pourtant le secrétaire de rédaction n'est autre que Bruno Weiss et un autre journaliste Géo London... tous deux juifs! Les deux hommes s'accommodent tant bien que mal de cette situation paradoxale à laquelle Horace de Carbuccia ne semble pas attacher d'importance. Il travaille aussi avec Roland Dorgelès et Henri Béraud qui lui fournissent régulièrement des chroniques; jusqu'en 1943 du moins, car ensuite Carbuccia se passera des services d'Henri Béraud, ce redoutable polémiste.

Des intellectuels juifs ont provisoirement trouvé refuge à Marseille comme la philosophe Simone Weil (qui mourra de maladie à Londres en 1943) et un petit groupe de comédiens réduits au chômage qui créent *Croquefruits*; cette éphémère coopérative fabrique des friandises sous la direction de Léo Sauvage (qui gagnera ensuite les États-Unis) et de Sylvain Itkine, un des acteurs dans *La Grande Illusion*, qui sera exécuté par la Gestapo en 1944 : « Jean Rougeul et Sylvain Itkine avaient fondé une petite fabrique de friandises dont la matière première était, si ma mémoire est bonne, exclusivement basée sur l'utilisation des écorces de noix et d'amandes. La fabrique tournait avec quelques autres repliés du *Flore* en attente d'hypothétiques visas pour le Portugal ou le Mexique [132] », se souviendra Simone Signoret. Jacques Schiffrin, ex-directeur de la prestigieuse collection « La Pléiade » et parent du producteur Simon Schiffrin, a lui aussi été contraint par les Allemands de quitter Paris pour la cité phocéenne où Ludovic Frossard, un ex-parlementaire socialiste rallié à Vichy, participe à la création du *Mot d'ordre* dès août 40. Maurice Druon, démobilisé dans la région après avoir servi dans la cavalerie pendant la campagne de France, fournit à l'occasion quelques nouvelles au *Mot d'ordre* dont la rédaction est en contact fréquent avec celle des *Cahiers du Sud*. Cette revue animée par Léon-Gabriel Gros et Gabriel Bertin prospère depuis près de trente ans à Marseille ; elle correspond régulièrement avec le poète Joë Bousquet qui vit à Carcassonne, définitivement couché dans sa « chambre aux volets clos », depuis qu'en 1917 une balle lui a traversé la moelle épinière. Bousquet écrit souvent à ses amis marseillais qui publieront un de ses recueils (*Traduit du silence*) en 1941. *Les Cahiers du Sud*, qui ont la présentation classique et un peu austère des revues littéraires du moment, comportent des rubriques denses et riches dont une chronique (« Un homme, un livre ») tenue par Henry de Montherlant. D'abondantes notes de lecture conservent une grande liberté de ton ; elles permettent de savoir ce qui est publié en France (occupée ou non), en Afrique française ou même aux États-Unis. La revue organise des réunions régulières intitulées « Les Poètes du jeudi » auxquelles participent parfois Gide ou Valéry et souvent Lanza del Vasto très présent dans la ville où il anime une autre revue intitulée *Fusées*.

Fusées sortait des presses du *Petit Marseillais* avec le concours d'un tout jeune éditeur, Robert Laffont, qui se lance dans ce métier en mai 41.

La guerre gêne l'activité artistique mais ne l'interrompt pas. A Marseille *La Revue de l'écran*, dirigée par André de Masini, propose à ses lecteurs une information abondante sur le cinéma « de zone Sud ». On y apprend que « les studios Marcel Pagnol » fonctionnent toujours. Pagnol et sa compagne – l'actrice Josette Day – habitent sur place. Tout le monde travaille dur, mais si Pagnol accepte de développer dans ses « labos » les premières bandes d'actualité du gouvernement de Vichy, il refuse fermement les avances financières des Allemands de la firme *Continental*. Le travail n'exclut pas la décontraction. « On tourne de très bonne heure dans les studios mais à onze heures précises, le travail s'interrompt. C'est l'heure à laquelle Marcel et Josette vont s'affronter au noble art du jeu de boules... », lit-on dans *La Semaine* en septembre 41. Fernandel et Charles Vanel fréquentent souvent les studios. Après avoir participé à quelques émissions de la radio locale en 1940 (dont une évocation historique du « retour des cendres de l'empereur »), Vanel a renoué avec le cinéma pour *La Nuit merveilleuse*, film de commande réalisé en Provence pour le gouvernement de Vichy et dont les bénéfices sont reversés au Secours national. Pour la circonstance, Pagnol s'est retiré dans son mas provençal et a prêté ses studios à Jean-Paul Paulin, Vanel et Fernandel pour tourner cette histoire simple d'une jeune réfugiée qui, repoussée de partout, finit par mettre au monde son enfant... dans une étable!

A Saint-Laurent-du-Var, avant la destruction des studios par un bombardement allié, Vanel tourne aussi *Le Soleil a toujours raison*, sur des dialogues de Jacques Prévert, avec Tino Rossi.

BRILLANTE CÔTE D'AZUR

Bien avant la guerre, la Côte d'Azur où le maréchal Pétain possède une résidence privée (à Villeneuve-Loubet), avait déjà une solide réputation mondaine et artistique, mais l'exode a provoqué un afflux plus grand qu'à l'habitude. Maurice Chevalier, également propriétaire d'une villa sur la Côte, note le changement : « Nice connaît une période de "boom" extraordinaire. Surpeuplée de réfugiés (...) toutes sortes d'affaires importantes et mystérieuses s'y traitent à chaque heure. Trafic d'or, de bijoux. Trafic de tout ce qu'on peut imaginer (...). Les bars restaurants, cabarets, regorgent de personnages ne regardant pas à la dépense [33]. » Cette description de la ville est confirmée par d'autres témoins; la défaite n'a pas broyé tout le monde. Loin de là...

Cependant la région n'est pas seulement bondée d'affairistes douteux. Des personnalités en vue y ont élu domicile comme Aragon et Elsa Triolet qui ont trouvé Nice plus confortable qu'une banlieue ouvrière pour fêter le premier Noël de l'occupation. De là, en décembre 40, ils pouvaient encore communiquer avec une bonne partie de leurs amis, au besoin jusqu'en U.R.S.S. où demeure la sœur d'Elsa; sœur providentielle qui réussit à leur faire parvenir un colis contenant du caviar et autres douceurs pour mieux fêter le réveillon. Il est vrai qu'à l'époque, Hitler et Staline s'entendent plutôt bien; les liaisons avec l'U.R.S.S. restent donc possibles...

D'autres écrivains ont fait le même choix géographique qu'Aragon et Elsa. Emmanuel Berl, lassé par Vichy, a élu domicile dans un bon hôtel de Cannes où, pendant un an, il utilise ses loisirs à la rédaction d'une *Histoire de l'Europe*. Éloignés de la capitale, deux membres du jury Goncourt, Francis Carco et Jean Ajalbert, n'hésitent pas à contester publiquement les décisions prises par leurs confrères parisiens ; ils font même sécession et, mécontents de la décision des académiciens « du Nord », ils refusent d'accepter l'attribution du prix à Henri Pourrat pour *Vent de mars*. Forts de l'appui du très parisien Sacha Guitry, ils décident de créer un « prix Goncourt de la zone libre » dont l'heureux bénéficiaire est (comme prévu par le règlement du « Goncourt ») un jeune auteur, Guy des Cars, pour son premier roman *L'Officier sans nom*. Ce roman a pour thème la récente campagne de France et la débâcle. Guy des Cars vit dans cette agréable région où Henri de Lescoët (directeur des Éditions des îles de Lérins) a créé une revue intitulée *Profil littéraire de la France*. Par comparaison avec la zone occupée, la zone Sud constitue un espace privilégié où subsistent quelques parcelles de liberté pour les intellectuels qui savent les saisir. La contraignante liste Otto n'y est pas appliquée par le gouvernement de Vichy : il est encore possible d'acheter librement (sous réserve de stocks disponibles) des livres interdits en zone Nord. En 1941, Simone de Beauvoir, de passage en zone libre, constate avec surprise qu'à Marseille les cinémas de la Canebière projettent encore des films américains (invisibles à Paris) ; ravie, elle en profite pour en voir jusqu'à trois par jour en compagnie de Jean-Paul Sartre. Au cours du même été 41, Claude Vernier (un antifasciste allemand réfugié à Cannes) remarque que dans cette ville « il y avait un kiosque où l'on trouvait encore des magazines suisses comme la *Weltwoche* ou *Le Journal de Zurich*. On pouvait y lire la vérité sur le développement de la guerre [144] ».

Vernier, qui cherche une embauche comme acteur, note aussi qu'au théâtre municipal « on peut voir les plus beaux spectacles de l'époque. Sur les affiches, les noms les plus prestigieux voisinent : Françoise Rosay, Madeleine

Robinson, Michel Simon, Jean-Pierre Aumont [135]... ». En effet de nombreuses troupes, dont celle de Claude Dauphin, effectuent des tournées sur la Côte. A la même époque le fils de monsieur Philip, un hôtelier de Cannes, cherche à devenir comédien; il s'appelle Gérard Philip et, pour donner un coup de pouce au destin, il ajoute un E à son nom de manière à porter un pseudonyme de 13 lettres : Gérard Philipe! Le jeune homme saisira sa chance lors du passage de Claude Dauphin à Grasse où Jean Wahl dirige un cours d'art dramatique. Ce jour-là, Claude Dauphin cherche à pourvoir le rôle d'un adolescent pour jouer dans *Une Grande Fille toute simple* d'André Roussin. Cet adolescent, ce sera Gérard Philipe...

Non loin de là (à Monaco), le jeune André Pieyre de Mandiargues rédige en toute quiétude d'étonnants contes qui connaîtront un succès foudroyant après la guerre. La Principauté offre aussi refuge à de nombreux israélites parmi lesquels le talentueux musicien Reynaldo Hahn.

Encouragé par Joseph Kessel, Maurice Druon s'essaie au théâtre; en février 1942 sa première pièce, *Mégarée* * peut être jouée à Monte-Carlo avec l'appui du frère de l'actrice Germaine Sablon qui exerce les fonctions de directeur artistique du Palais de la Méditerranée. Cette tragédie inspirée de la mythologie grecque est bien accueillie par la critique : « On commence à parler de lui jusqu'à Paris. Et encore, ça n'a pas grande importance. Ce qui importe c'est qu'il se sent plus sûr de lui (...). Il écrit un roman sur la défense de Saumur [160] », note Joseph Kessel dans une longue lettre adressée à son frère **.

Depuis l'armistice, Joseph Kessel a vécu successivement à Anthéor, à Agay (en compagnie de Germaine Sablon), puis dans un petit hôtel des Alpes du Sud où, loin de tout, il a mis au point des manuscrits avec Maurice Druon, à Vichy, et il

* Maurice Druon aujourd'hui secrétaire perpétuel de l'Académie française nous a récemment déclaré que cette pièce aurait été mise en lecture à la Comédie-Française où Marie Bell et Marie Marquet voulaient y tenir un rôle; rivalité sans lendemain car, en décembre 42, l'auteur gagnera Londres!
** Lettre citée par Yves Courrière.

s'est même rendu à Paris pour voir sa mère qui s'obstine à demeurer en zone occupée, sans parvenir à se résoudre à un exil qui pour lui serait facile car Vichy lui fournirait si nécessaire les autorisations utiles; mais sincèrement il s'interroge, hésite : « Je ne sais plus où est le vrai devoir. Quand je peux écrire tout s'ordonne. Mais il est des moment où la pression extérieure est plus forte que la citadelle mentale. Alors ça ne va plus très bien. Il faut avouer aussi que les grandes traditions ne sont pas tout à fait oubliées. Il y a Nice, Cannes, l'alcool, les filles. Je cède parfois, mais quel paiement * [160]! » écrit-il à son frère qui s'est installé aux États-Unis.

Après son retour d'Allemagne, Jean-Paul Sartre [10] effectue – à bicyclette! – en compagnie de Simone de Beauvoir, un vaste circuit en zone libre au cours duquel tous deux rencontrent André Malraux dans sa villa : « Ils déjeunèrent d'un poulet grillé à l'américaine, fastueusement servi. Malraux écouta Sartre avec politesse mais pour l'instant, aucune action ne lui paraissait efficace : il comptait sur les tanks russes, sur les avions américains pour gagner la guerre [10]. » La veille, Sartre a discuté avec André Gide, sans qu'il en sorte d'accord précis. André Gide vit encore à Cabris. Trois mois plut tôt, il a organisé une conférence à Nice, sur un auteur très controversé : Henri Michaux. Conférence remarquée et copieusement chahutée par les partisans de la Révolution nationale et par la Légion des combattants. Gide hésitera un moment sur la conduite à suivre puis décidera d'aller chercher le calme en Tunisie (mai 42).

LE SUD-OUEST ATTEND SON HEURE

A Toulouse, Léon Chancerel a regroupé et développé une dynamique troupe théâtrale (les « Comédiens routiers ») qui rayonne sur toute la région. La ville est traditionnellement « distante » par rapport à Paris, la puissante *Dépêche* – qui continue de paraître sous la direction de Maurice

* *Ibid.*

Sarrault – conserve en manchette le sous-titre « journal de la démocratie ». Maurice Sarrault, radical de tradition oscille entre la collaboration avec Vichy et un désir sincère de voir renaître le parlementarisme. Cette attitude lui vaudra de solides ennemis tant du côté de la Résistance que du côté de la Milice. Le quotidien s'assure les services de nouveaux auteurs tels que Julien Benda (temporairement) ou Maurice Martin du Gard (plus régulièrement). Ce dernier cherchera vainement à rencontrer Jean Cassou qui, après avoir été révoqué de son emploi de conservateur-adjoint du musée du Luxembourg, s'est réfugié à Toulouse; mais les deux hommes se sont idéologiquement éloignés l'un de l'autre et, comme Martin du Gard vit volontiers à Vichy, Cassou refuse de le recevoir : il se tourne déjà vers la Résistance où, sous le pseudonyme de Jean Noir, il publie des écrits clandestins. Il sera temporairement arrêté en raison de son activité et composera *Trente-trois sonnets* en prison.

Clara Malraux s'est, elle aussi, réfugiée un moment à Toulouse où, pour subsister, elle donne des cours... d'allemand!

Juif d'origine roumaine, Tristan Tzara vit discrètement à Souillac (dans le Lot), mais il s'abstient de publier pendant toute la durée de la guerre; il ne fera qu'une entorse à la règle qu'il s'est fixée : en 1944, à Toulouse puis à Cahors, il fera paraître deux petits opuscules intitulés *Ça va* et *Une Route Seul Soleil* (dont les initiales donnent... U.R.S.S.!).

André Chamson vit à Montauban où il veille sur une partie des trésors du musée du Louvre déposés là depuis 1940. En 41, il reçoit la visite d'Abel Bonnard, puis du maréchal Pétain en personne, venus examiner des toiles réclamées par Madrid ou par des dignitaires nazis. L'année suivante Chamson dispersera de nombreux tableaux dans les châteaux de la région pour mieux les mettre à l'abri des destructions et des convoitises.

Dans le Limousin, à Argentat, un joyeux groupe d'amis s'est réuni à compter de l'automne 42; leur présence ne passe pas vraiment inaperçue dans cette petite ville : « Argentat était devenu assez bruyant parce qu'on avait fait venir Effel. Il y avait Bertrand de Jouvenel, et aussi Malraux, qui était venu des Alpes-Maritimes. Il avait écrit à Mireille. Elle lui a cherché un logement et on l'a attendu à la gare. Ma belle-mère a pris son fils aîné pendant deux mois chez elle, c'est-à-dire chez le maçon, à côté du facteur [111]... », expliquera plus tard Emmanuel Berl à Patrick Modiano.

Plus au sud, à Banyuls, l'atelier de Maillol ne désemplit pas : amis et admirateurs s'y succèdent en rangs serrés ; parmi eux de nombreux Allemands car, depuis vingt ans, le vieux maître était plus connu outre-Rhin qu'en France : « Mes plus belles sculptures se trouvent dans les musées allemands. Les soldats qui viennent me voir sont des poètes, des musiciens, des artistes qui admirent mon œuvre. Devrais-je refuser de les recevoir parce que, enrôlés dans l'armée allemande, ils portent l'uniforme [22] ? », explique-t-il à son ami le peintre Raoul Dufy qui le mettait en garde contre une mauvaise image de « collaborateur » que lui donnaient ses relations. Dufy, installé près de Perpignan pour tenter de soigner de graves rhumatismes articulaires, avait vu juste ; en 1944, Maillol aura bien des ennuis !

La zone libre connaît donc un afflux inhabituel d'artistes, même dans de petites villes. Aix-les-Bains, où séjourne parfois Francis Carco, accueille aussi la célèbre Mistinguett qui (à 66 ans !) danse encore au casino de la ville, accompagnée du corps de ballet de Bentyber et Arambol. Au cours de l'été 41, Tino Rossi viendra lui rendre une visite amicale : « Le rideau tombé, Mistinguett était venue s'asseoir à ma table avec quelques amis. C'était la guerre, mais on trouvait encore du champagne. La Miss en fit apporter deux bouteilles [125] » ; à l'occasion de cette soirée, Tino rencontrera une jeune et ravissante danseuse : Lilia Vetti sa future troisième femme !

Pour les personnalités les plus en vue, les loisirs sont donc toujours possibles hors de Paris ; ainsi la mode des sports d'hiver a-t-elle survécu à la guerre ; des stations comme Serre-Chevalier, Morzine et surtout Megève ne désemplissent pas. En dépit des difficultés de transports et de la ligne de démarcation, Megève est toujours le rendez-vous de brillants sportifs, mais aussi d'une foule de snobs et de mondains, skiant fort peu mais aimant paraître. Pourtant, en janvier 43, cet étalage de luxe, d'insouciance et d'argent choquera l'entourage du Maréchal; et les gendarmes, applaudis par *Je Suis Partout,* feront expulser sans préavis ces vacanciers un peu trop voyants. Parmi les vedettes obligées de boucler hâtivement leurs valises, les journalistes reconnaîtront l'acteur Fernand Gravey, Corinne Luchaire, Danielle Darrieux et quelques autres... Ces incidents ne font pas renoncer Simone de Beauvoir à son loisir préféré : l'année suivante (en janvier 44) elle – qui avait déjà passé le premier Noël de la guerre à Megève pendant que Sartre était sous l'uniforme – choisit cette fois d'aller à Morzine. Au moment même où maquisards et miliciens s'affrontent durement dans la région, Simone de Beauvoir a bien des soucis : « J'eus des déboires, la méthode française avait changé, les moniteurs interdisaient catégoriquement l'usage du Stem; il fallait tout apprendre à neuf et je peinai dur : " Je donnerais le prix Renaudot pour savoir le christiana aval ", écrivis-je à Sartre. Je m'amusais tout de même beaucoup et je mangeais [10]. » Il est probable qu'à cette époque, bien des Français avaient d'autres soucis que ceux de la toute nouvelle vedette du Paris littéraire. Mais enfin...

SOUS LE SOLEIL D'AFRIQUE

Jusqu'en novembre 42, l'Afrique du Nord dépendra de l'autorité de Vichy. Max-Pol Fouchet et son ami Jean Denoël y ont constitué une dynamique équipe qui anime la revue de poésie *Fontaine.* Ce groupe d'intellectuels travaillent dans un cadre agréable, loin des bombardements et des rafles, dans une petite maison dominant la baie d'Alger : par la fenêtre, au loin, entre les toits des maisons voisines, ils peuvent apercevoir la mer... Jean Denoël a aussi organisé une importante exposition littéraire itinérante qui circule légalement dans tout le Maroc; les visiteurs peuvent y découvrir des textes de Baudelaire, de Rimbaud, des maquettes de décors pour théâtre, des manuscrits de Gide,

Giono, Valéry, Montherlant, Claudel et Suarès; les revues *Fontaine, Cahiers du Sud, Patrie, Confluences* et *Poésies (42)* y sont représentées.

Malgré les difficultés de transport, Max-Pol Fouchet ne vit pas complètement en marge de la métropole et, en septembre 41, il n'hésite pas à franchir la Méditerranée par bateau pour participer aux « Rencontres de Lourmarin » en Provence. Au cours de ces journées culturelles, qui n'ont rien de clandestines puisqu'elles sont officiellement patronnées par l'organisation vichyste Jeune France, il retrouve les écrivains Pierre Seghers, Loys Masson, Georges-Emmanuel Clancier, Lanza del Vasto...

Pendant ce temps, Camus hésite entre l'Algérie et la métropole. Accompagné de sa femme, il a finalement quitté Lyon pour Oran. De janvier 41 à août 42, il y mène une vie calme (trop calme peut-être), climatiquement plus agréable qu'à Lyon, mais matériellement précaire. Au cours de cet intermède il écrit beaucoup, mais quand, en novembre 42, les Alliés débarquent en Afrique du Nord et que les Allemands occupent le sud de la France, Camus est déjà retourné au Chambon (non loin de Lyon) pour raisons médicales.

A Alger, le libraire-éditeur Charlot, ami de Camus et éditeur de son premier ouvrage (*L'Envers et l'endroit*) ne sera pas celui des autres, car l'auteur de *L'Étranger* préfère Gallimard et Paris, susceptibles d'offrir un meilleur « lancement » en dépit de la présence allemande. Pourtant, au fil des ans, le catalogue de Charlot s'étoffe : en 1943, il crée une collection de grands romans étrangers intitulée « Les Cinq Continents » qu'il confie à Philippe Soupault; puis il conclut un accord avec Joseph Kessel de passage à Alger pour être un des premiers à éditer *L'Armées des ombres,* roman sur la Résistance française.

Au cours de l'hiver 42-43, André Gide, qui supporte assez mal la fraîcheur des nuits en raison de son âge, est hébergé à Tunis par la famille de son ami Téo Reymond de Gentile; il n'écrit plus pour *Le Figaro* (qui a cessé de paraître en novembre 42), mais il poursuit la rédaction de son journal et rédige diverses critiques culturelles. Il travaille aussi à une traduction de *Hamlet,* flâne, cultive ses états d'âme : « J'apprends à connaître ce que l'on appelle la nostalgie », et, à l'occasion, apprécie encore la compagnie d'un jeune indigène : « J'ai connu à Tunis, en juin dernier, deux nuits de plaisir comme je ne pensais plus en pouvoir connaître de telles à mon âge [66] »... Somme toute, la vie continue!

L'année suivante, par avion, il gagne Alger où s'est constitué un gouvernement provisoire après le débarquement des Alliés. Il a alors la joie de retrouver son ami Saint-Exupéry de retour des États-Unis. Un Saint-Ex amer, déçu par les violentes querelles qui divisent plus que jamais les Français, et profondément blessé de constater que *Pilote de guerre* demeure interdit en Afrique du Nord par le gouvernement gaulliste, tout comme il l'était par celui de Vichy!

André Gide prend contact avec les rédacteurs de *Fontaine* et avec Jean Amrouche qui crée une nouvelle revue littéraire : *L'Arche.* Gide publie aussi plusieurs titres aux éditions Charlot, et, comme tous ses confrères vivant en Afrique du Nord, il suit de près ce qui se fait en France occupée. Charlot lui prête donc des numéros récents de la *N.R.F.* dans laquelle il affirme trouver « un fort intéressant *Bilan* de Drieu; un remarquable *Lamennais* de Fernandez (...). Certes je me félicite de m'en être retiré, mais je reconnais le bien-fondé de nombre des arguments de Drieu [66] ». Bien qu'il ne fasse pas mystère de ses sympathies pour Drieu, Gide est tout de même invité, le 26 juin 43, à la table du général de Gaulle dont la forte personnalité le séduit, mais auquel il ne se rallie pas vraiment.

En fait l'unanimité est loin de régner parmi les Français d'Afrique du Nord; et la politique divise aussi les écrivains. Joseph Kessel discute fermement avec son ami Saint-Exupéry : dialogue de sourds! Kessel est devenu gaulliste et ne veut pas en démordre; Saint-Exupéry veut combattre, mais, déçu par trop de combines de ses confrères exilés, il refuse absolument de choisir entre les clans.

La zizanie fait des ravages et André Gide doit revenir à Alger d'où il s'était absenté pour arbitrer un conflit : « Ce qui me rappelle ici, c'est un différend qui s'élève, au sujet de *L'Arche,* entre Amrouche et Robert Aron. On compte sur moi pour le résoudre; le trancher au besoin. Je dois d'abord me renseigner, écouter les contestants, lire le double de leurs lettres échangées, consulter des tiers (...). Cela n'en finit plus [66]. » *L'Arche* avait pourtant été fondée pour réunir des auteurs de différentes tendances...

DANS LES PROVINCES OCCUPÉES...

Si en Afrique du Nord et dans le Midi persiste une importante vie culturelle, il n'en est pas de même en zone occupée. Là, les difficultés matérielles permanentes, l'obsédante présence allemande, les rafles, les alertes et les bombardements plus fréquents qu'au Sud, ont rapidement resserré les artistes et les intellectuels dans un étroit périmètre parisien. Hors de la capitale, la zone Nord somnole ou survit; c'est selon. L'Alsace et la Lorraine, leurs universités en exil, sont sous étroite surveillance et victimes d'une tentative de « germanisation » accélérée. Dans les métropoles du Nord ou de l'Ouest, quelques petits éditeurs publient des ouvrages d'histoire locale; rien de plus.

Dans le Bordelais où vit François Mauriac et où se forment quelques troupes de théâtre, s'est constitué un petit pôle d'édition catholique : contrôlé par la hiérarchie épiscopale, l'hebdomadaire *Voix françaises* et son supplément *Voix ouvrières* sont dirigés par Paul Lesourd, un ex-professeur de l'Institut Catholique, ami du cardinal Baudrillart, qui écrivait au *Figaro* et à *La Croix* avant-guerre. Cette revue réunit quelques signatures connues dont celles des académiciens Abel Hermant et André Bellessort, de Paul Morand ou d'André Thérive; la rubrique « Jeunes » y est tenue jusqu'en 1943 par un militant catholique encore peu connu : Michel de Saint-Pierre.

Pourtant, comme le reste de la France occupée, Bordeaux subit la présence allemande. Sauf à Paris qui constitue une exception de belle taille, les provinces du Nord sont plus tournées vers l'action économique, politique ou militaire que vers l'abstraction artistique. De Dunkerque à Strasbourg, des régions entières sont culturellement anesthésiées, étouffées par la présence massive de l'occupant. On y imprime plus de tracts que de poèmes...

PARIS TOUJOURS

En novembre 1942, l'invasion de la zone libre provoque de nouveaux reclassements et une nouvelle vague d'émigration : certains intellectuels, qui jusque-là vivaient presque normalement, évolueront progressivement vers une vie plus « engagée » comme André Chamson, René Char, André Malraux ou Aragon ; d'autres, sentant grandir les persécutions antisémites, s'adaptent à une vie semi-clandestine comme Emmanuel Berl ou Julien Benda. Alors que des intellectuels s'éloignent de la vie publique, l'occupation totale du territoire par les Allemands accélère un mouvement de retour vers la capitale déjà amorcé depuis plusieurs mois ; ce phénomène est surtout sensible dans le petit monde du spectacle.

Après une tournée triomphale à Toulouse, Marseille, Nice..., Charles Trenet a repris ses spectacles au théâtre de l'Avenue à Paris en février 41 ; mais auparavant, violemment attaqué dans *Le Réveil du peuple*, il a dû faire la preuve qu'il n'était pas juif. La même année, Maurice Chevalier est « remonté » à Paris où il ne séjourne que par intermittence, revenant dès que possible dans le Midi pour ne pas subir trop de pressions de la part des occupants. Sollicité par la Comédie-Française, Raimu accepte de quitter Marseille pour incarner à Paris un *Bourgeois gentilhomme* beaucoup moins convaincant que son *César* du Vieux Port. Bien qu'il conserve un point d'attache à Grasse, Henry de Montherlant se réinstalle dans la capitale, hôtel *Taranne*, pour travailler à la mise au point de *La Reine morte* à la demande de Jean-François Vaudoyer. En 1943, André Roussin abandonne lui aussi le Midi pour placer ses pièces à Paris.

Pendant ce temps, Albert Camus s'intègre rapidement au petit monde de Saint-Germain-des-Prés.

Malgré le couvre-feu, les alertes et les difficultés de ravitaillement, l'ex-Ville Lumière fascine toujours les jeunes artistes. Au cours d'une tournée théâtrale à Lyon, Gérard Philipe a fait connaissance d'André Douking qui a remarqué son talent. En septembre 43, il lui propose ainsi (à Paris) le rôle de « l'ange » dans *Sodome et Gomorrhe,* une pièce de Jean Giraudoux dans laquelle il a pour partenaire Edwige Feuillère. C'est une réussite; néanmoins Gérard Philipe s'inscrit au Conservatoire pour améliorer son art. A la même époque, un autre jeune, promis à un bel avenir, est « monté » de Marseille; ce fantaisiste qui a débuté peu avant à *L'Alcazar* s'appelle Yves Montand de son nom d'acteur. Au fil des ans, Paris regagne donc une partie du terrain perdu...

CHAPITRE V

LA VIE ARTISTIQUE
LA VIE MONDAINE

ENTRE la rue du Dragon, la rue Jacob, la rue de Buci, s'étendent quelques hectares d'un Paris bientôt abusivement dénommé rive gauche, pour distinguer le monde des esprits du monde des affaires. Si jamais géographie d'une ville a été mieux définie, mieux localisée, c'est à la magie du verbe de quelques-uns qu'elle le doit. Si le moindre lieu a son histoire, du moins celle-ci n'est-elle pas toujours relatée avec force détails par de talentueux chroniqueurs.

Saint-Germain-des-Prés est de ces lieux privilégiés. Une vieille église au clocher rugueux, quelques petites rues animées de marchands de quatre-saisons ou au contraire rendues secrètes par la présence d'échoppes de livres, et le boulevard Saint-Germain qui relie le « noble faubourg » de jadis au Quartier latin à la turbulence encore vivante. Vont y éclore, au cours de l'occupation, les œuvres, s'aviver les discussions; en sortiront les théories dont se nourrira une partie de la jeunesse d'après-guerre jusque-là tiraillée entre l'Action française et la « Grande Lueur à l'Est ».

Robert Desnos habite rue Mazarine, Jean-Louis Barrault rue des Grands-Augustins, Jacques Prévert, rue Dauphine, Gérard Philipe et Alain Resnais, rue du Dragon..., et bien d'autres. Ils pouvaient se dire Germanopratains et fréquenter en voisins les cafés du lieu.

Sartre écrit : « Il est certain que le café, avec ses consommateurs, ses tables, ses banquettes, ses glaces, sa lumière, son atmosphère enfumée et les bruits de voix, de soucoupes heurtées, de pas qui le remplissent, est un plein d'être [131]. » En ces années de guerre, il est également plein d'êtres qui, l'hiver, viennent y chercher une chaleur inexistante à domicile. Dans le quartier, trois points dominent : *Flore, Deux Magots, Lipp,* ce dernier faisant brasserie.

A tout seigneur tout honneur : le plus ancien est le *Flore,* ouvert sous le Second Empire et racheté juste avant-guerre par Paul Boubal, qui a l'ingénieuse idée, en cet âge glaciaire de l'occupation, de faire installer un énorme poêle à charbon dans la salle. Guillaume Hanoteau décrit la soirée dans ce havre de tiédeur relative qui « ressemblait moins à un café littéraire... qu'à une étude du *Petit Chose.* Dans la pauvre lumière de l'acétylène (...) la plupart des consommateurs écrivaient, recroquevillés, engoncés, couverts de cache-nez (...) Sur cet univers studieux planait une odeur aigre d'encre et de buvard, de fibre mouillée, de produits synthétiques et de nourriture à bon marché, senteur de chou tourné que l'on retrouvait partout, qui parfuma tous les recoins de l'occupation [235]. » Simone de Beauvoir peut dire : « Nous nous sentions chez nous, à l'abri [10]... », en arrivant très tôt, l'hiver, au moment de l'ouverture, pour avoir une place près du poêle. En avril 1944, Alfred Fabre-Luce fait une description acide de l'activité intellectuelle du lieu : « Entre le téléphone et les lavabos, dans les courants d'air et les odeurs douteuses, quelques pélicans fouillent leurs entrailles. Chacun a devant lui sa petite table de marbre, où l'on voit en place de consommation, un encrier. La romancière Simone de Beauvoir au visage sec de jolie institutrice, est au centre. A ses côtés, comme si la droite et la gauche des lettres s'ordonnaient autour d'elle, se tiennent Thierry Maulnier, long et pâle, et Jean-Paul Sartre, ramassé comme un taureau derrière sa chevelure rousse et ses yeux en bataille [56]. » Mais ils ne sont pas les seuls et Simone de Beauvoir de citer : « Dominique Aury, Audiberti qui habitait en face à l'hôtel *Taranne,* Adamov, les pieds nus et bleus dans ses sandales [10]. » A l'heure de l'apéritif, il y avait aussi Picasso et sa compagne Dora Maar, « Léon-Paul Fargue se taisait, Jacques Prévert discourait ». Il faut dire que les membres de la « bande à Prévert » s'étaient fait éjecter des *Deux Magots,* le café concurrent, pour cause de bruit. Boubal, en bon commerçant, les avait acceptés. Après tout, ils étaient peut-être meilleurs consommateurs que Sartre qui, lui, ne renouvelait pas sa consommation et « gribouillait du papier (...) du matin jusqu'au soir » comme le rappelle le patron du café. Odette Joyeux « sirote son thé en croquant des toasts à la confiture de coings », comme la décrit le magazine de Jean Luchaire, *Toute la vie.* Daniel Gélin, encore frais émoulu de la classe de Béatrix Dussane et qui vit avec Simone Signoret, y rencontre Roger Blin, « le plus authentique de tous, totalement désintéressé », Mouloudji, l'un des plus assidus, qui « logeait chez Jean-Louis Barrault, rue des Grands-Augustins, et plus tard chez Marcel Duhamel, issu de l'École Hôtelière », et Reggiani qui « dans le cabaret d'Agnès Capri dit des poèmes de Baudelaire ». Et puis voilà qu'apparaissent Giacometti, Raymond Queneau, Jean Vilar, Robert Desnos... Bref, ce n'est plus un café, c'est une anthologie de la vie intellectuelle et artistique de l'époque.

Sur le même trottoir du boulevard et faisant le coin de la place : *Les Deux Magots,* ouvert plus récemment, vers 1885. Ses habitués ont nom, Derain, Dunoyer de Segonzac et Despiau, Le Corbusier, Léo Larguier, Giraudoux. Il est cependant évident qu'il ne bénéficie pas, comme le *Flore,* de la présence des jeunes lions de la génération montante. Sur le trottoir opposé : *Lipp,* ancienne brasserie alsacienne rachetée en 1920 par un Aveyronnais, Marcelin Cazes. Sa réputation et ceux qui le fréquentent situent l'établissement plus à droite, politiquement parlant. S'y sont cotoyés Henri Béraud et Saint-Exupéry, maintenant on y voit Ramon Fernandez ou Jacques Chardonne, critique à *Je Suis Partout,* Alain Laubreaux « énorme pardessus beige surmonté d'un chapeau à bord alsacien ». Tout cela pourrait faire croire à un lieu de rencontre des lettres collaborationnistes. Y viennent aussi Léon-Paul Fargue dont le tryptique parodique du slogan du régime « Tracas, Famine, Patrouillle » a beaucoup fait rire, et Marcel Arland, et les poètes Jean Follain et Maurice Fombeure. Quant à André Salmon le samedi, il y préside une réunion de poètes.

Un peu à l'écart, au 166, boulevard Saint-Germain, jouant sans doute son rôle dans l'inspiration de sa clientèle, et très spécialisée dans son type de consommation, *La Rhumerie* a été inaugurée au moment de l'Exposition Coloniale. S'y rencontrent les tenants du souvenir d'un exotisme d'absorption : Man Ray, Michel Leiris, Georges Bataille ou Roger Vaillant... De là à imaginer que sans ces lieux de convivialité intense, la vie intellectuelle française eût été tout autre, il n'y a qu'un pas !

RENCONTRES... « À LA MODE »

Le 5 octobre 1940, *L'Illustration* titre : « L'Élégance sous toutes ses coutures » et, de façon optimiste peut dire : « C'est à Paris que naît la mode, de Paris qu'elle s'envole avec tout son cortège d'élégances à la conquête du monde. Le " chic " ne se transplante pas. » Apparemment non, et les Allemands sont même venus se faire habiller à Paris.

Le tout est de s'adapter aux circonstances : « La bicyclette, reine d'un jour, a inspiré aux créateurs des thèmes différents et également ingénieux : la jupe-culotte voisine avec le pantalon de dessous, qui assortit son coloris à la robe de dessus. Le vent peut désormais souffler en tempête : la pudeur sera sauve. » Et puis, il faut résister aux frimas et « la rareté des bas de soie sera compensée par la création habile de guêtres en tricot, heureuse réplique aux gants de laine ».

Malgré tout, les femmes restent coquettes. Comme le remarque le Suisse Edmond Dubois dans *Paris sans lumière* : « En dépit de l'heure matinale, elles ont forcé la touche de maquillage sans laquelle la Parisienne ne serait plus la Parisienne [52]. » Coquettes de façon trop voyante pour certains. Après l'été 42 où elles ont abusé des tissus imprimés et des chapeaux de couleurs vives, un grand couturier dit : « Les femmes sont folles, pour les ramener à un peu de décence, cet hiver, je vais les foutre en noir, cela leur fera les pieds... » Et, à propos de pieds, c'est en 1943 qu'apparaît la semelle de bois, « piédestal de la parisienne » selon *Comoedia* qui ajoute : « Ce que l'œil tenait hier pour fin, léger, délicat, lui apparaît maintenant comme suranné et rococo. Le pied doit être posé sur un socle, que ce socle soit de liège ou de bois. »

Le 25 juin 1941, *Le Petit Parisien* décrit, dans le cadre de l'exposition de *La France européenne,* l'inauguration du salon des industries de création de mode où se pressent autour de « buffets somptueusement fleuris » les mannequins, les Allemands dont Friedrich Sieburg et les couturiers, Lucien Lelong en tête : « C'était Paris qui célébrait les incomparables créations parisiennes, vraiment Paris et tout son charme! »

Toutes les maisons de couture sont reparties de bon cœur à l'assaut d'une clientèle qui, si elle est bientôt plus rare – où sont les riches Américaines? – n'en est pas moins fortunée. Pour la collection automne-hiver 42, soixante-cinq maisons de couture présentent leurs collections : Jeanne Lanvin, la première, chaque jour à 15 heures à partir du 31 août, Lucien Lelong dès le 1er septembre. Ils sont suivis de Balenciaga, Molyneux, Patou, Worth, Heim, Maggy Rouff, Schiaparelli... En 1943, *Comœdia* parle de Jacques Fath « le couturier aux innovations heureuses, aux hardiesses toujours renouvelées », de Nina Ricci « résolument fidèle aux épaules rembourrées », d'Anny Blatt « utilisant toutes les ressources du tricot et du crochet ». Quant à Marcel Rochas, il a eu l'ingénieuse idée de monter un département cinéma, ce qui lui permet de créer des costumes de films, comme ceux de *L'Éternel Retour* de Jean Delannoy où il habille Jean Marais et Madeleine Sologne.

Tous les noms de la haute couture sont donc présents à l'appel, tous sauf... Coco Chanel, qui cesse son activité pendant toute la durée de la guerre.

La femme chic peut donc le rester en toutes circonstances, c'est même un devoir maintenant que la saison des courses a recommencé. *Le Petit Parisien* titre en juillet 1941 : « Journée de sport et d'élégances. La Parade de la Mode : Les Drags à Auteuil » et annonce : « Couturiers et modistes ont fait un gros effort pour ne pas laisser péricliter

123

le bon renom de cette classique journée qui fut toujours la grande parade des élégances de Paris. Dès que l'autorisation de reprise des courses a été donnée par les autorités allemandes, les Parisiens se sont rués sur les pelouses de Longchamp ou d'Auteuil. Le Grand Prix de Paris de 1942 va battre tous les records d'affluence sous le regard passionné d'un flambeur méphistophélique appelé Jules Berry. Jacques-Henri Lartigue, le 24 mai 1942, fait la description de cette ruée vers les champs de courses : « J'arrive près de Longchamp (...) et tombe tout à coup devant un spectacle incroyable : un flot humain parcourant l'allée des Acacias. Procession interminable de véhicules hétéroclites passant avec un bruit de vent dans la forêt (...). Défilé comique, mélangé, comme une sorte d'Arche de Noé. Vélos, vélos-taxis, chars à bancs tirés par de lourds percherons qui mélangent leur bruit de lentes castagnettes au bruissement des vélos [92]. « Alice Cocéa se fait ainsi emmener aux courses dans le tilbury à cheval de son amie Nicole Gallimard, environnées de Parisiennes qui, « sobres de vêtements, se rattrapaient sur les chapeaux, des boîtes à camembert coloriées, jetées sur le dessus de la tête [36]... ».

Rendez-vous des élégances, les soirées de gala, les cocktails, les réceptions se multiplient comme aux plus beaux jours de l'avant-guerre.

Généralement sous l'égide du Secours national, la grande organisation de solidarité vichyssoise, les soirées au profit des associations charitables réunissent « le Tout-Paris élégant et généreux » que décrit l'hebdomadaire *Toute la vie* : galas au profit de la Croix-Rouge, des pauvres, des enfants réfugiés, des artistes nécessiteux et, surtout, des prisonniers de toute origine : le 9 mars 1942, ce sont ceux du VIIe arrondissement de Paris, le 22 mai, les prisonniers diplômés des Hautes Études Commerciales... à ce rythme, 365 jours dans une année, cela paraît court...

L'un des chefs d'orchestre de ce type de manifestation est Sacha Guitry. Il s'y dépense sans compter, présidant le spectacle mais aussi offrant des objets précieux ou des toiles de maître comme gros lots des inévitables ventes aux enchères. Pour le gala de l'Union des Artistes du 8 juillet

1942, où sont présents entre autres Gaby Morlay, Mistinguett, Charles Vanel, Alice Cocéa, il fait don d'un Utrillo qui est vendu 650 000 francs. Le 10 décembre de la même année, au *Déjeuner des artistes* qui permet de financer des repas en faveur des gens du spectacle nécessiteux, il offre un buste de Rodin qui atteint un million de francs. Il faut d'ailleurs ajouter qu'en cette période de pénurie pour la plupart, certains nouveaux riches achètent des objets rares ou luxueux à n'importe quel prix et, comme le dit *Le Petit Parisien* : « L'année 1941 aura été pour l'hôtel Drouot, bientôt centenaire et devenu trop exigu, la plus brillante de son histoire. »

Les vedettes ne rechignent pas à se produire dans ces galas, notamment au profit de leurs confrères moins chanceux. En mars 1943, à la Nuit du Cinéma, Hélène Perdrière fait un numéro de mémorisation d'annuaire téléphonique, Micheline Presle, un tour de chant, Jeanne Fusier-Gir danse le cancan, et Geneviève Guitry fait une démonstration de claquettes.

Maurice Chevalier figure aussi parmi ceux qui animent ce type de soirées. En septembre 1942, au profit de la maison de retraite des artistes de Ris-Orangis, il chante un pot-pourri de ses chansons devant un parterre choisi : les actrices Paulette Dubost « avec une grande crinoline blanche ornée de chantilly noir », Corinne Luchaire dont « le fourreau noir avive la blondeur », Blanchette Brunoy...

Si ces fêtes trouvent leur justification dans la charité, on ne compte pas les autres motifs de distraction. Des cocktails sont organisés à la moindre occasion : pour la réouverture du cabaret *Carrère*, « assemblée de vedettes et de chapeaux », où l'on voit Cécile Sorel, Albert Préjean, Jean Rigaux, André Claveau, Jeanne Lanvin, Monsieur et Madame Fath. Pour fêter son centième portrait, Suzy Solidor offre une réception dans son cabaret *la Vie parisienne*. L'actrice Mireille Balin y côtoie la chanteuse Marie Bizet, et encore André Claveau et Jean Rigaux.

Un cocktail, c'est aussi l'occasion de rapprochements franco-allemands. Ainsi le Tout-Paris est-il réuni chez *Ledoyen* en l'honneur de Zarah Leander, la grande vedette suédoise du cinéma allemand : y participent les représentants des autorités d'occupation, de l'ambassade d'Allemagne, des dirigeants des firmes cinématographiques allemandes, des membres de la presse parisienne et une pléiade de vedettes comme Ginette Leclerc, Albert Préjean, Jacques Dumesnil, Marcel Vallée, Jean Tissier... Un article des *Nouveaux Temps,* daté du 10 décembre 1940, relate le cocktail organisé pour le centième anniversaire du journal. Jean Luchaire et sa femme accueillent Pierre Laval, les personnalités allemandes de Paris, les animateurs du Rassemblement National Populaire, mais aussi, « quelques-unes des plus jolies femmes de Paris et des plus élégantes »; Corinne Luchaire y rencontrait « de célèbres et charmantes camarades telles que, Arletty, Alice Cocéa, Suzy Solidor (...) alors que Steve-Passeur, accompagné de sa délicieuse femme bavardait avec Serge Lifar [102] ».

Mais il se fait tard, il est temps de rentrer. Arrive l'heure du dernier métro devenu un lieu de rencontre privilégié : Rebatet y bavarde parfois avec le jeune acteur François Périer, le graveur et musicien Michel Ciry y voit les Gallimard et la productrice du cinéma Denise Tual. Le magazine *Toute la vie* qui publie un reportage photographique sur le sujet, montre les artistes se ruer vers les wagons salvateurs : Mistinguett qui voyage toujours en seconde, Jacqueline Delubac, Alibert, Colette Brosset, Alice Tissot, Fernand Ledoux..., tout ce beau monde se côtoie dans le dernier métro, après le spectacle. L'académicien Maurice Donnay lui consacre même un article dans *Le Petit Parisien.* Quant à Maurice Chevalier, arrivant gare de Lyon, il se fait apostropher par un titi : « Alors, tu prends un taxi Maurice ? – Non, je sais que rien ne vaut le métro [33]. » Une publicité gratuite dont n'a pas besoin ce moyen de transport où l'entassement est de règle : 2 614 239 voyageurs quotidiens en 1941.

UN SCULPTEUR « MODÈLE »

« Je vous salue Breker
« Je vous salue de la haute patrie des poètes

« Patrie où les Patries n'existent pas, sauf dans la mesure où chacun y apporte le trésor du travail national.

« Parce que dans la haute patrie où nous sommes compatriotes, vous me parlez de la France. »

Ce salut au sculpteur allemand, Arno Breker, paraît le 23 mai 1942, en lettres capitales, en première page de l'hebdomadaire *Comœdia*. L'hommage est signé Jean Cocteau qu'il connaît depuis l'avant-guerre et qui s'est lié d'amitié avec lui. Le 15 mai inaugure une gigantesque exposition des œuvres du sculpteur, dans les salles de l'Orangerie. Dans le cadre de ces échanges culturels franco-allemands si prisés par le monde de la collaboration, Jacques Benoist-Méchin a été chargé de l'organisation de la manifestation. A ses côtés, un comité d'honneur présidé par Abel Bonnard comprend tout ce que la France compte d'artistes de renom : Auguste Perret représente l'architecture, Belmondo et Despiau, la sculpture, Van Dongen, Vlaminck et Derain, la peinture. On y trouve aussi les représentants de la collaboration intellectuelle : Chardonne, dont Breker dit qu'il « fut toujours ouvert à l'esprit allemand » et qu'il eut le courage « de voir, derrière le soldat qui entrait à Paris, le partenaire de demain », Alphonse de Chateaubriant et Drieu La Rochelle – ceux-là parmi beaucoup d'autres. Quant à Aristide Maillol, il a une raison particulière d'en faire partie : Breker a été son élève, et sa femme Memina, d'origine grecque, a posé pour lui. Tous deux sont des amis intimes de Hitler. Passer par Breker pour obtenir une grâce est sans doute efficace. Quant à obtenir du bronze pour ses statues, rien de plus facile : Brassaï raconte que les statues déboulonnées de leur socle dans les pays occupés servaient, non pas de matière première pour les canons, mais aux œuvres colossales du sculpteur. En homme comblé par le régime nazi, Breker a son atelier à Jäckelsbruch, dans la campagne berlinoise – atelier construit par le gouvernement allemand. Atelier ? Plutôt usine. Une dizaine de vastes hangars pour confectionner et abriter les œuvres, une fonderie, et une cité de villas pour accueillir les artistes qui travaillent à ses côtés. Une rivière draguée, élargie, permet d'apporter bronze et pierres en quantité suffisante. Comme le dit *L'Illustration*, « en cet Olympe, naissent les héros et les géants destinés à peupler les vastes ensembles monumentaux ». Homme du régime donc, mais aussi « francophile ». Parce qu'il fait travailler dans ses ateliers des sculpteurs français, prisonniers, qui « retrouvent dans l'art une raison de vivre ». Et puis, surtout, il reçoit beaucoup : Alfred Cortot, Brasillach, Abel Bonnard, Serge Lifar. Lorsqu'il vient à Paris, il voit ses amis Suzanne Valadon, Pompon, Le Corbusier, Despiau, Derain, Vlaminck et Sacha Guitry. Une exposition dans la capitale française ne peut que le ravir. Néanmoins, il se dit réticent, au début. Au cours d'une conférence de presse qui réunit dans le sous-sol du *Lido* près de quatre-vingt-dix journalistes, il explique qu'il avait d'abord refusé l'invitation du gouvernement français, et il ajoute, « cette exposition ne doit pas être considérée comme une séquelle de l'occupation et je me porte garant pour quiconque publierait une critique sincère [23]... ». La sincérité est néanmoins difficile à mesurer en cette période. Qu'il n'ait pas de crainte ! Les critiques seront bonnes, louangeuses, laudatives, dithyrambiques...

Le jeune graveur Michel Ciry note dans son Journal : « Je relève avec tristesse la veulerie de mes compatriotes devant l'ennuyeux et colossal académisme d'Arno Breker. Ayant bien mal tourné, cet élève de Maillol trône actuellement à l'Orangerie où, d'une monumentalité qui n'est due qu'aux dimensions, d'énormes faux dieux trop musclés, peuplent l'espace de leur vide ambitieux. Et tout le monde ou presque, public comme critique, salue très bas ce mauvais art d'un régime exécrable, ainsi qu'il serait juste de faire pour le plus indéniable génie. Pitié, indignité, colère [34]. » Aux statues, « géantes, sensuelles, humaines » dont parle Jean Marais, répondent les propos pour le moins réalistes de Sacha Guitry : « Si ces statues entraient en érection, on ne pourrait plus circuler. »

L'inauguration réunit néanmoins beaucoup de monde. Breker lui-même le signale : « Abel Bonnard et Benoist-Méchin firent les discours officiels en présence d'un nombre remarquable d'invités [23] (...) » Simone de Beauvoir prétendra dans *La Force de l'âge*, qu'aucun artiste français n'avait été présent à l'ouverture de l'exposition. Rien n'est plus faux. Jacques Chardonne le souligne et les photographies qui furent prises pendant les discours officiels, l'attestent... De fait, Simone de Beauvoir affirme : « Presque toute l'intelligentsia française bouda l'exposition Arno Breker [10]... », mais les discours furent prononcés devant une assistance choisie, et notamment les principaux artistes du pays, peut-être pas toujours heureux de se trouver là. Galtier-Boissière note : « Aux Actualités, l'exposition Breker : Derain essaie de se dissimuler derrière les " joyeuses " d'un cheval géant [62]. » L'un des avantages de la monumentalité !

L'exposition entraîne des à-côtés : en l'honneur du sculpteur, Fernand de Brinon organise une réception en présence d'Otto Abetz ; Pierre Benoit donne un déjeuner chez *Ledoyen* et Abel Bonnard reçoit les artistes à l'hôtel *Ritz*. Le 20 mai, sous l'égide du *Petit Parisien* Robert Brasillach fait une conférence sur l'artiste et le 24, au cours d'une réception aux Champs-Élysées on note la présence, parmi beaucoup d'autres, de Cécile Sorel, Pierre Benoit, Jacques Hébertot, le pianiste Adolphe Borchard, l'éditeur Denoël. C'est dire que pendant la semaine qu'il passe à Paris, et au cours de laquelle il est encore accueilli par Landowski à l'École des Beaux-Arts, Hautecœur au musée Rodin, Van Dongen à Montmartre, Vlaminck à Montparnasse, et enfin Sacha Guitry entouré d'acteurs, Arno Breker n'a pas le temps de souffler. La chaleur des manifestations qui se déroulent en son honneur, le feront revenir à Paris. Le 4 décembre 1943, un article de *Comœdia* intitulé « Arno Breker vous parle », lui permet de déclarer : « Je n'ai pas encore réussi à trouver le corps féminin idéal : un nu qui serait en harmonie avec mes athlètes : je choisis toujours ceux-ci parmi des hommes splendides appartenant à une race renouvelée et pure. » Les théories nationales-socialistes peuvent donc s'épanouir librement dans le colossal des œuvres de Breker, dont l'exposition a accueilli soixante mille visiteurs qui s'ajoutent aux quarante-cinq mille militaires et membres des services administratifs allemands. Pour clore le tout, un récital est donné dans la grande salle de l'Orangerie, au milieu des statues. Symbole musical de la collaboration, Alfred Cortot et Wilhelm Kempf exécutent à deux pianos des œuvres de Mozart et de Brahms. Quant à la cantatrice Germaine Lubin, elle illustre le rapprochement culturel franco-allemand, en alternant des mélodies de Schubert, Chausson, Hugo Wolf et Fauré. La soirée a rapporté 100 000 francs. Ils seront versés au Secours national, réceptacle traditionnel des miettes collectées dans ce type de soirée, sans jamais parvenir à combler la ponction effectuée par l'occupant. Mais l'assistance peut se retirer avec le sentiment du devoir accompli.

SALONS PRIVÉS ET VIE PUBLIQUE

En 1895 est née à San Francisco, d'un père émigré basque, Maximilien Lacaze, directeur du *Journal Franco-Californien* et d'une mère champenoise, une petite fille, Florence. Survient le tremblement de terre de 1906 et la famille revient en France. Après un premier mariage raté, la jeune femme, platoniquement protégée par le directeur du *Gaulois*, Arthur Meyer, entre dans la vie parisienne. Dans ces années 20, elle y rencontre Cécile Sorel, Coco Chanel, Marcel Proust, Reynaldo Hahn et y trouve son second mari : Frank Jay Gould, le roi du chemin de fer aux États-Unis. Reine de la Côte d'Azur, Florence reste en France en 1939 lorsque la guerre éclate. Elle est même infirmière au Val-de-Grâce, vêtue d'une blouse faite sur mesure chez Lanvin, et arrive à l'hôpital en Bugatti bleue. Elle habite l'hôtel *Bristol* mais déménage en avril 1942 pour un somptueux appartement du XVIᵉ arrondissement, avenue Malakoff, où, elle décide, sur les conseils de Marie-Louise Bousquet, de recevoir tous les jeudis – jour de liberté de son voisin et ami Marcel Jouhandeau, professeur dans une institution religieuse – les gens de plume, trop heureux d'être fastueusement nourris chez la milliardaire, tout en brassant des idées élevées.

Le lieutenant Heller y a introduit Ernst Jünger, bientôt habitué des lieux : le 28 mars 1942, ce dernier rencontre Jouhandeau à l'hôtel *Bristol*, le 4 mars 1943 il déjeune avec

Jouhandeau, Marie-Louise Bousquet et le peintre et décorateur Christian Bérard. Et puis Giraudoux, Cocteau, Marie Laurencin, et encore, Jean Paulhan, Marcel Arland, Pierre Benoit, Montherlant. Léautaud fait une entrée tardive en novembre 43, peut-être attiré par les reliefs de repas qu'il pourra distribuer à ses chats. Il note d'ailleurs dans son *Journal* le silence de Marcel Arland et l'extravagance de Marie-Louise Bousquet. Quant à Céline, s'il ne fréquente pas ce salon littéraire, il parle de Florence Gould comme d'une femme « fantastique et pas bête, snob... », et qui forçait sa porte pour dîner avec lui, accompagnée de Marie Bell : « Elle voulait à toute force m'acheter mes manuscrits. Je m'y refusais, ne voulant rien devoir au milliardaire américain (...). Dans sa précipitation, la nuit et ivre, elle s'est même cassé la jambe en bas de mon escalier, rue de Girardon [169]... » Littéraires certes, ces déjeuners de Florence Gould donnent parfois l'occasion de se rencontrer à des hommes politiques.

Si l'Américaine, par son argent et son comportement, est la plus en vue des hôtesses littéraires de Paris, elle n'est pas la seule. Marie-Louise Bousquet, son initiatrice en ce domaine, reçoit dans son appartement de la place du Palais-Bourbon – décrit par Heller comme un « sanctuaire » et « une chambre aux trésors, remplie de manuscrits et de livres aux reliures précieuses – y donne des concerts. Ainsi, à la fin de 1941, Heller écoute aux côtés de Jouhandeau, « silhouette austère de moine défroqué » et de Florence Gould, parmi d'autres invités, le violoncelliste Pierre Fournier. L'hôtesse compte parfois Giraudoux parmi ses intimes.

Madame Boudot-Lamotte, mère de la secrétaire de Gaston Gallimard, tient également salon, rue de Verneuil. C'est ici que Cocteau donne lecture de sa pièce *Renaud et Armide* devant Heller, Jünger, Gallimard et Jean Marais.

D'ailleurs, la lecture des œuvres est de tradition dans ces salons. C'est chez Alfred Cortot, en petit comité, que Paul Valéry lit *Mon Faust* en juillet 1944. Il récidive en août dans une maison de Passy, raconte Maurice Toesca, dans

Cinq ans de patience, devant Georges Duhamel, Edouard Bourdet, Louis de Broglie, les professeurs Mondor et Leriche, Gaston Gallimard et Armand Salacrou. De passage à Paris en février 42, Jean Hugo se souvient d'avoir entendu Jean Cocteau, venu en voisin chez Colette au Palais-Royal lire une de ses tragédies : « Une bûche flambait dans la cheminée, sous un grand dessin du poète. Il se plaça à droite de l'âtre ; à gauche s'assirent Marie Bell et Escande ; par terre, sur des coussins, Mme Guiral, Jean Marais, Vaudable, gérant du restaurant *Maxim's* ; et, en face du poète, couchée au fond d'un fauteuil, Mme Colette. On avait jeté sur elle un manteau de loutre, qui laissait seulement dépasser, d'un côté sa belle tête couronnée du buisson de ses cheveux, et de l'autre des orteils nus [81]. »

Pour un écrivain ou un artiste, les portes de certaines maisons s'ouvrent facilement avec les avantages que cela représente « largement ouvert aux contacts intellectuels franco-allemand que soutenaient à la tête des écrivains : Marie-Laure de Noailles, Marie-Louise Bousquet, la duchesse Antoinette d'Harcourt, à la tête des musiciens, Georges Auric. Leurs coqueluches étaient Friedrich Sieburg et Herbert von Karájan [101] », note Serge Lifar à propos du salon, rue Duroc, d'Étienne de Beaumont. Le comte Étienne de Beaumont, selon Michel Ciry « très étrange spécimen du plus pur Tout-Paris (...). Grand, élégant, fort causant, bardé d'affèteries, *charlusien* en diable (...) mécène, prêt à soutenir le pire du moment qu'il est inédit [34]... » avait tenté une mainmise sur l'Opéra au moment de l'arrivée des Allemands à Paris, mais sans succès.

Marie-Laure de Noailles, protectrice des artistes pendant l'entre-deux-guerres, reçoit dans un intérieur luxueux, aux murs occupés par des toiles de Goya, Rubens ou Véronèse. Marie-Blanche de Polignac, sa rivale, en fait autant. Lors d'un dîner, au début de 1943, où se trouve Francis Poulenc, on parle bien sûr des problèmes posés par le S.T.O. et des risques encourus par les jeunes Français enrôlés, mais, au café, on se hâte de passer à des choses plus légères et de jouer de la musique. Les repas fins, en ces temps de restrictions, ne peuvent qu'être réservés aux plus riches. On déjeune encore beaucoup chez les Morand, avenue Charles-Floquet, chez Sacha Guitry. Brinon invite dans son hôtel particulier du coin de la rue Rude et de l'avenue Foch. Jünger, assis à côté d'Arletty, se souvient de l'un des ces déjeuners où Sacha Guitry raconte l'anecdote d'Octave Mirbeau lui chuchotant sur son lit de mort : « Ne collaborez jamais », parlant bien entendu de théâtre.

Quant à Alice Cocéa, elle raconte : « Au cours de l'Occupation, je n'avais pas pu refuser deux ou trois invitations à l'Ambassade d'Allemagne. J'y avais rencontré presque le Tout-Paris des spectacles soumis comme moi à quelques obligations qu'imposent les servitudes théâtrales : Edwige Feuillère, Marguerite Jamois, Marie Bell, Dullin, Jean Sarment, Gaston Baty, André Luguet, j'en passe [36]... »

La fortune, c'est ce qui permet aussi à Jean Empain, président du conseil d'administration du métro, de recevoir en son château de Bouffémont, « l'élite du monde artistique, littéraire et politique [102] » comme le dit Corinne Luchaire, habituée des lieux où elle croise nombre d'Allemands. Le premier Noël de l'occupation sera d'ailleurs l'occasion d'une grande fête costumée.

Les moins fortunés préfèrent l'heure du thé qui n'oblige pas à des acrobaties d'approvisionnement et à un recours trop intensif au marché noir. Rue de Beaujolais, Denise Tual, qui habite au-dessus de chez Colette, invite ainsi Poulenc, les Gallimard, François Périer, Arletty et Marcel Arland : belle galerie en ce 19 février 1943 !

Recevoir chez soi, c'est mettre en commun des victuailles, ou bien économiser pendant des semaines les moyens de se procurer le festin attendu, ou encore, comme Claude Roy, offrir à Elsa Triolet et Aragon deux pigeons immangeables traîtreusement assaillis sur le rebord d'une fenêtre. Mais les joies de l'esprit ne compensent-elles pas les déficiences caloriques ?

DU DÉSIR À « L'HOMME AU MOUTON »

Le 19 mars 1944, se déroule un événement théâtral de l'occupation. La première a lieu au quatrième étage d'un immeuble, quai des Grands-Augustins, dans l'appartement de Louise et Michel Leiris, dont les fenêtres donnent sur la Seine. Le titre de la pièce : *Le Désir attrapé par la queue.* Son auteur : Picasso. Il l'a écrite en quatre jours, du 14 au 17 janvier 1941, alors qu'il était à Royan, laissant courir sa plume et son esprit en une sorte d'écriture automatique chère aux surréalistes.

Desnos, qui avait assisté à la première lecture de la pièce, en privé, un an auparavant, l'avait trouvée épouvantable, ridicule, et il avait commenté : « Un texte qui se voudrait surréaliste! C'est le comble! Lui qui a toujours craché sur nous [48]. » De fait, l'histoire n'est pas racontable; les noms des personnages sont, à eux seuls, un non-programme : il y a le Gros Pied joué par Michel Leiris, et l'Oignon qui est Raymond Queneau; la femme de l'éditeur Aubier, Zanie de Campan, la seule véritable actrice de la troupe, joue le rôle de la Tarte. La Cousine c'est Simone de Beauvoir, et le Bout Rond, Jean-Paul Sartre. Il y a aussi le Silence, l'Angoisse Grasse et l'Angoisse Maigre et les Rideaux. Le metteur en scène et commentateur c'est Albert Camus, qui impressionne très fortement une jeune spectatrice : Maria Casarès.

On retrouve dans la pièce l'influence d'Alfred Jarry. Picasso a fait d'*Ubu roi* son livre de chevet et possède même le manuscrit d'*Ubu cocu.* D'ailleurs, la première phrase de la pièce par son style, évoque l'inventeur du collège de Pataphysique; s'y ajoutent des relents des *Mamelles de Tirésias* d'Apollinaire : « L'Oignon, trêve de plaisanterie! nous voici bien réveillonnés et à point de dire les quatre vérités premières à notre Cousine. »

L'œuvre écrite avant l'occupation, préfigure les soucis de la période : la faim et le froid sont constamment évoqués. Le Gros Pied : « Réflexion faite, rien ne vaut le ragoût de mouton. Mais j'aime beaucoup mieux le miroton ou bien le bourguignon bien fait; un jour de bonheur plein de neige, par les soins méticuleux et jaloux de ma cuisinière esclave slave hispano-mauresque. » Quant à la Tarte : « J'ai six cents litres de lait dans mes nichons de truie. Du jambon, du gras-double, du saucisson, des tripes, du boudin. Et mes cheveux couverts de chipolatas... » Son amoureux la décrit ainsi : « Tes fesses un plat de cassoulet et tes bras une soupe d'ailerons de requin ».

Après la faim, le froid : dans le deuxième acte de la pièce qui en comporte six et qui se passe dans un couloir du *Sordid's Hôtel,* des pieds devant les portes des chambres se tordent en hurlant : « Mes engelures, mes engelures. »

Triste reflet d'une époque dans laquelle d'ailleurs, Picasso n'est pas le plus à plaindre, loin de là!

L'assistance, choisie, est assise face aux fenêtres et aux lecteurs-acteurs assis également. On a commencé à 17 heures, on applaudit beaucoup, on congratule Picasso. Il y a là Jean-Louis Barrault, Georges Braque, Armand Salacrou, Georges Bataille, Jacques Lacan, Henri Michaux.

Si la lecture de la pièce a lieu chez les Leiris, c'est que Michel et Louise sont les meilleurs amis du peintre et ses voisins. Picasso qui vivait dans un appartement de deux étages au 23 de la rue La Boétie et avait son atelier 7, rue des Grands-Augustins dans un grand immeuble XVIIIᵉ, a trouvé fastidieux d'accomplir quotidiennement le trajet entre les deux, et a fini par habiter son atelier en 1942.

L' homme qui, pour les nazis, incarne, « l'art dégénéré et négroïde », a refusé de quitter la France, ce qui ne l'empêche pas d'être anxieux en septembre 1943 lorsque sa carte de résident étranger arrive à expiration. Un haut fonctionnaire, Maurice Toesca, prolonge illégalement son séjour de trois années. Pourtant, il entretient avec l'occupant de multiples relations et aucune menace ne pèse sur lui, même lorsqu'il répond à des Allemands qui lui demandent devant *Guernica* : « Ça, c'est vous qui l'avez fait ? – Non, ça c'est vous! » Bonne réplique, peut-être imaginaire, car Picasso, pourtant peu enclin à la modestie, ne l'a jamais confirmée... Le lieutenant Heller lui rend visite en juin 1942, puis le rencontre déjeunant avec Dora Maar, sa compagne, et Jean Cocteau. Le 22 juillet 1942, Jünger va le voir dans son atelier, dont il fait une description très précise : « Sur une étroite porte, une feuille de papier était fixée où l'on avait écrit au crayon bleu : " Ici. " Quand j'eus sonné, la porte me fut ouverte par un petit homme en simple blouse de travail,

Picasso lui-même (...). Outre un logement exigu et des pièces de débarras, la demeure comprenait deux vastes greniers; il utilisait semble-t-il celui du dessous pour ses travaux de sculpture, et celui du haut pour peindre. Les sols étaient carrelés de petites briques formant un dessin de nid d'abeilles, les murs peints en jaune étaient croisés de poutres sombres [88]. » Parlant de la guerre, Picasso lui dit : « A nous deux, tels que nous voici assis ici, nous négocierions la paix cet après-midi même. Ce soir, les hommes pourraient illuminer [88]. »

Un petit matin brumeux, Denise Tual et Robert Desnos rendent visite au peintre : « De dos à la porte, Picasso travaillait. Il ne tourna même pas la tête lorsque nous nous approchâmes de lui mais il fit signe à Robert de prendre un siège. Il poursuivait visiblement une idée qu'il ne pouvait interrompre de peur de perdre le " fil ". Le sol était jonché de dessins. Il tenait dans sa main gauche un bouquet dur et noir de fusains. Devant lui, sur un chevalet assez grand, des feuilles blanches étaient punaisées. Il dessinait avec frénésie et arrachait avec une sorte de fureur les feuilles qu'il jetait à terre les unes après les autres. Le sujet qu'il reprenait sans cesse était un cabri. D'un dessin à l'autre on voyait s'affiner la ligne du cou, l'œil s'ouvrait, se refermait ou s'allongeait, l'oreille tout d'un coup dressée, retombait dans le dessin suivant (...). A un certain moment, il sembla avoir atteint son but, et plusieurs dessins qui nous parurent presque semblables s'empilèrent à ses pieds. Il s'arrêta net, dans une position de pantin cassé, disloqué par l'effort [139]. » Parmi les œuvres de Picasso, Brassaï photographie *L'Homme au mouton* et le décrit ainsi : « Nu, planté d'aplomb sur ses longues et maigres jambes, la tête ronde et chauve − son visage bourru ressemble à celui d'Ambroise Vollard − le géant serre un agneau dans l'étau de ses puissants bras [21]. » Le photographe cassera d'ailleurs involontairement une patte du mouton, sans que Picasso, fait exceptionnel, entre dans une de ses colères habituelles. Autre thème lié à l'époque : *La Tête de mort,* non point inspiré par les événements, puisqu'il fut ébauché dès 1939 à Royan avec le squelette d'une tête de mouton.

Pour travailler, aucun problème. Picasso peut se procurer à n'importe quel prix les peintures, le bronze, les supports, les fusains : « Par chance, dit-il, j'ai pu mettre la main sur un stock de splendide papier Japon. Ça m'a coûté les yeux de la tête. Mais sans ça, je n'aurais jamais fait ces dessins [21]. »

L'argent fait bien les choses, « les toiles entrent et sortent par douzaines, les pinceaux et les tubes de couleurs par centaines, par milliers [21] », note Brassaï, un peu ulcéré que Picasso, lui dispute quelques punaises dont il a besoin. Simone de Beauvoir, pour sa part, jette un regard critique sur le peintre : « (Il) nous accueillait toujours avec une vivacité sémillante; sa conversation avait de la gaieté et du brillant, mais on ne causait pas avec lui; plutôt, il se livrait à des monologues qu'il gâtait par un excès de paradoxes défraîchis. » Quant à ses toiles, « comparées à ses œuvres passées, celles-ci étaient plus parfaites que neuves [10] ».

PETITES BOUFFES ET GRANDE RESTAURATION

En 1943, la récolte de blé ayant été abondante, la ration quotidienne de pain est augmentée de 25 g par jour. Voilà pour la bonne nouvelle. Pour le reste, les choses ne vont pas aussi bien. L'écart s'accroît entre les rations officielles de viande et de matières grasses et les distributions réelles. Pendant l'hiver 1943-1944, les Parisiens ne touchent que 200 g de matière grasse et 300 g de viande par mois..., en moyenne. Cela veut dire amaigrissement, tuberculose, accroissement de la mortalité, notamment infantile.

A la même époque, Jacques-Henri Lartigue se plaint de la rareté des jolies femmes. Dans une lettre du 11 mars 1943, il écrit : « *Chez Maxim's :* un monde fou (...). Énormément de femmes très chichiteuses et assez laides. Madame Jacques Fath y compris car elle a changé autant que Coco en un an (je crois que toutes elles mangent trop) [92]. » Quel contraste!

Pour les défavorisés – la majorité de la population parisienne – ont été créés en décembre 1942 les restaurants communautaires, avec l'aide des pouvoirs publics. Ouverts à tous ceux qui ne disposent que de petits revenus, le repas coûte entre 8 et 16 francs. A la mi-43, on compte trois cents de ces restaurants qui servent cinquante mille repas par jour. Quant aux administrations, aux entreprises, elles ont leurs cantines où l'on mange pour 15 à 25 francs.

Certaines œuvres charitables sont réservées aux intellectuels et aux artistes. Un article de *L'Illustration* de mai 1941 indique le déjeuner de l'Union des Artistes qui fonctionne avec un prélèvement de un franc sur les places de théâtre, dans le réfectoire des *Galeries Lafayette*. Le déjeuner des Lettres et de la Musique, avenue de l'Opéra, sert un repas pour 4 F aux membres de la Société des Auteurs dramatiques, des Auteurs et Compositeurs de Musique, et de la Société des gens de Lettres. A ces institutions s'ajoutent le restaurant *Ronsard* au pied du Sacré-Cœur, et le restaurant des *Intellectuels*, 49, avenue de l'Observatoire, ouverts à tous, artistes ou intellectuels. Inutile de dire que fréquentent ces établissements ceux qui n'ont pas eu de bonne fée dans leur entourage, dont les œuvres croupissent au fond d'un tiroir ou d'une mansarde. Les autres, célèbres, pourvus de titres et d'argent, sont les habitués d'établissements d'un tout autre type.

Lartigue, encore lui, jusque-là sur la Côte d'Azur, revient à Paris en mai 1942 : « On dit Paris bouleversé. Il n'a pas changé davantage qu'une femme qui aurait mis une autre robe. » Il va dîner au *Jimmy's*, cabaret de luxe : « Ici on trouve tout ce qui est défendu. Tout ce que je n'avais pas vu depuis deux ans : beefsteaks saignants, poissons au beurre, gens qui ont le toupet de danser après minuit, bouteilles de whisky [92]... »

Donc, on peut encore bien manger à Paris entre 1940 et 1944. D'ailleurs, la chose a été quasi légalisée. En mai 1941 les restaurants ont été divisés en quatre catégories. Ceux de classe exceptionnelle sont peu nombreux, mais leur célébrité est telle que la clientèle leur reste fidèle malgré l'absence de toute réglementation des prix. Une surtaxe de 10 % sur l'addition va au Secours national, selon un principe de redistribution minimale.

Maxim's vient en tête. Aux vestiaires, Arletty remarque le panama de Sacha Guitry au milieu des casquettes vert-de-gris. Même s'il est un habitué, il n'est pas tout seul à déguster huîtres, perdreaux et tarte Tatin, Raimu s'y trouve aussi, et puis tout ce que Paris compte d'artistes célèbres, d'hommes d'affaires, nouveaux et anciens, de vieux aristo-crates qui n'ont pas perdu leurs habitudes d'avant-guerre et de généraux et hauts dignitaires du régime nazi, parmi lesquels Göring. Comme en témoigne la presse de l'époque, des gens du monde et des Allemands se côtoient : le marquis de Castellane, la marquise de Polignac, Otto Abetz, Jean Luchaire, Louise de Vilmorin à l'époque comtesse Palffy, Jean Cocteau, Louis Renault. Quel amalgame! Un soir de juin 1943 où *Maxim's* est fermé, Serge Lifar, Maurice Rostand, Steve Passeur et Jean-Louis Barrault se retrouvent chez *Carrère*. Chez *Carrère*, – dîner-spectacle le plus sélect – défilent les principales têtes et fourchettes du Tout-Paris. En novembre 1942, y a-t-on remarqué ce chanteur fantaisiste? André Raimbourg devient peu à peu Bourvil pour un cachet de 350 francs.

On peut dîner aussi dans ces restaurants de luxe que sont *La Tour d'Argent, Lapérouse, Drouant* ou *Lucas-Carton*. Ernst Jünger, qui ferait un convenable inspecteur de guide gastronomique, mange une bouillabaisse chez *Drouant* le 25 juin 1941. Il y retourne une dernière fois en janvier 1944 avec Abel Bonnard, le lieutenant Heller et le colonel Alerme qui a été chef de cabinet de Clemenceau pendant la Grande Guerre. Jünger dîne chez *Lapérouse* avec Epting, est invité chez les Morand, chez *Maxim's*, se trouve le soir du 4 juillet 1942 à *La Tour d'Argent* « d'où l'on voit la Seine et ses îles comme du *dining-room* d'un grand avion (...). On a l'impres-sion que les personnes attablées là-haut, consommant les soles et les fameux canards, voient à leurs pieds, avec une satisfaction diabolique, comme des gargouilles, l'océan gris des toits sous lesquels vivotent les affamés. En de telles époques, manger, manger bien et beaucoup, donne un sentiment de puissance [88] », écrit-il dans son Journal. Gal-tier-Boissière s'est contenté de noter le prix : la portion de canard Frédéric est à 55 francs. Maurice Sachs déjeune aussi au *Fouquet's* et chez *Maxim's* avec des trafiquants de toutes nationalités et pèse encore 105 kilos malgré la guerre. Il cite dans son *Journal* les « restaurants de marché noir alors à la mode. C'étaient *Chataigné* qui préparait à la délectation la langouste au beurre blanc, *Philippe* qui servait en pleines restrictions du foie gras, de la mousse au chocolat, de la viande sans tickets, *Le Vieux Pont-Neuf* où l'on mangeait des gâteaux à la crème, *Gaffner* qui faisait l'entrecôte, *Lola Tosch* le gigot (...). Tout ce Paris de ce temps d'armistice a passé là; et, parmi, des nouveaux riches inconnus, ravis, épanouis, ne jugeant pas que ç'avait été une " drôle de guerre " mais une aubaine ».

La *Continental* invite chez *Ledoyen* en mai 1941 des vedettes de cinéma célèbres. Il y a là Zarah Leander, Eva Busch et Danielle Darrieux, Arletty, Harry Baur, Pierre Benoit, Maurice Tourneur, Henri Decoin, Christian-Jaque et Georges Simenon.

En mai 1943, pour les tractations menées au sujet d'un nouveau comité directeur de la *Nouvelle Revue Française*, Paulhan, Gaston Gallimard, Valéry, Drieu La Rochelle et Jacques Lemarchand déjeunent chez *Lapérouse*.

Quant aux petits bistrots connus, on continue, grâce au marché noir, à y manger ce que l'on veut. Picasso a ainsi rendu célèbre *Le Catalan*. C'est dans ce petit restaurant qu'un jour d'avril 43, Léon-Paul Fargue qui déjeunait en compagnie de Picasso, est brutalement frappé d'une hémiplégie à laquelle il ne survivra que quelques mois. En 1944, José Corti, le libraire-éditeur, y a déjeuné avec Picasso et Eluard : « C'était au *Catalan* qu'à cette époque ils prenaient leurs repas. Quand je payai mon écot – quatre ou cinq cents francs – (on déjeunait alors pour beaucoup, beaucoup moins de vingt francs), je fis réflexion que dépenser mille francs par jour pour la seule nourriture, supposait un assez joli train de vie [42]. » Michel Ciry qui y dîne, note les mets les plus inespérés et les plus savoureux que le marché noir permet d'obtenir et s'étonne de ce que Marie-Laure de Noailles, blasée, leur préfère « l'encaillement des filets de harengs rehaussés d'une abondance d'oignons crus [34] ». Mais en novembre 1943, alors que Picasso et quelques habitués étaient en train d'y manger des chateaubriants bien grillés un jour sans viande, une descente des inspecteurs du ravitaillement aboutit à fermer le restaurant pour un mois et à une amende pour les dîneurs.

Le patron de *La Petite Chaise*, rue de Grenelle, fermé pour un mois, fait entrer ses clients par une porte dérobée. Chez *Maïtena*, boulevard Saint-Germain, les jours sans viande, une platée de pommes de terre recouvre une tranche de bœuf.

Le 2 août 1941, Desnos invite Galtier-Boissière « chez un mastroquet du quartier de la Bastille (...). Menu : soles, gigot, escalopes. Il y a deux additions : une pour le fisc, une pour le client. 650 francs à quatre (...) j'avoue que je ne m'habitue pas aux nouveaux prix, même quand je suis invité [62] ». Le 16 avril 1943, le même Galtier-Boissière note : « A la sortie du vernissage triomphal de Dignimont à la galerie Charpentier, les Vaucaire nous emmènent dîner dans un petit restaurant à la mode qui s'intitule *La Marée,* où l'on ne sert que du poisson et des coquillages (...). Cohue indescriptible ; cinquante personnes attendent au bar que les dîneurs aient terminé pour s'emparer de leurs places (...) à cinq cents francs par tête de cochon [62]. » Il faut quinze jours à un manœuvre pour gagner cette somme.

Brassaï et Prévert, eux, déjeunent chez *Les Vieilles,* dans le passage de la rue Dauphine. Le camembert y est crémeux à souhait, et le beaujolais excellent.

Quant à certains restaurants, ils se font une spécialité du rapprochement franco-allemand. Ainsi le *Montmartre* qui ouvre pendant l'occupation, rue de Clichy, et qui, selon Serge Lifar « formait un véritable club franco-allemand. La vie que je menais, mon " rôle " dans les milieux artistiques de Paris (...). me forçaient à fréquenter ces lieux – et je dois bien reconnaître qu'en cela, je fus un privilégié [101] ». Le Cercle européen est, selon l'acteur René Lefèvre, « le super-club des Kollabos dorés sur tranche, des charognards du désastre [98]... ». Il y est invité à dîner « gueuleton à tout casser, mets les plus rares, Dom Pérignon et Chartreuse authentique... », mais il n'y rencontre aucun visage connu, seulement le directeur de Radio-Paris qu'on lui présente. Il peut encore garder quelques illusions sur ses contemporains...

A l'autre extrémité de l'échelle gastronomique, les assiettes étaient vides mais l'ambiance formidable. Guillaume Hanoteau cite Saint-Germain-des-Prés qui regorge « d'honnêtes petits restaurants prêts à affronter un contrôle économique, impitoyable envers les humbles, afin de sustenter leurs fidèles sans les ruiner [235] ». Ils s'appelaient *Augustin Cheramy, la IVᵉ République, Les Assassins, Le Petit Saint-Benoît, Les Charpentiers, Les Casques.* Allons, il y en a donc pour toutes les bourses... mais le mark pèse quand même d'un poids plus lourd.

LES PLAISIRS

Paris sera toujours Paris, et dès le 6 juillet 1940, le Casino de Paris a repris. On peut lire sur la porte de l'entrée des artistes : « Accès interdit aux chiens et aux juifs », retrouver le grand hall transformé en brasserie agrémentée d'un spectacle de qualité médiocre. Mistinguett y a fait sa réapparition. De démarche en démarche, Paul Derval parviendra à rouvrir son théâtre des Folies-Bergère, l'un des hauts lieux de la culture du Tout-Paris nocturne; pour un public essentiellement allemand, apprécier les prestations des « girls », pardon! des « Fräulein » de la Revue, ne nécessite pas vraiment une bonne connaissance de la langue française. Le 21 novembre 1940, jour de la reprise, les Folies-Bergère affichent leur fameux titre en treize lettres : « Folies d'un soir. » Il n'y a pas de petits bénéfices!

Les cabarets aussi ont rapidement retrouvé leur activité : *L'Aiglon,* rue de Berri, annonce la rentrée d'Édith Piaf dans son nouveau répertoire. Dans le même programme, son jeune protégé : Paul Meurisse. Au *Lido,* on peut bien dîner et voir « les plus beaux mannequins » comme le dit la publicité. Le *Monico,* le *Bosphore* vantent également leurs attractions. Au *Tabarin,* la revue « Un vrai Paradis » coûte 25 francs d'entrée auxquels s'ajoute une consommation, de 15 francs le bock à 150 francs la bouteille de champagne.

Tout cela pour voir des ballerines d'outre-Rhin mimer plus que danser le Paradis dans lequel Adam et Ève sont tentés par un serpent dont on ne sait très bien s'il est juif ou franc-maçon. Il reste cependant le célèbre cancan qui remporte toujours un franc succès devant une salle où les Français se font rares. Corinne Luchaire fréquente les lieux les plus à la mode : le *Bagatelle,* le *Shéhérazade,* le *Monseigneur, Le Bœuf sur le toit.* Dans ce dernier, joue, depuis 1943, l'orchestre de Jo Bouillon qui n'a pas encore rencontré Joséphine Baker : elle a rejoint Londres et les Forces françaises libres. Au *Bœuf sur le Toit* encore, un groupe de jeunes chanteurs : les Compagnons de la Musique qui feront leur chemin sous le nom de Compagnons de la Chanson.

D'ailleurs, la musique n'a pas perdu ses droits, au contraire! Ray Ventura, vulgarisateur d'un célèbre *Tout va très bien Madame la Marquise* avait enregistré, en septembre 1939, une *Sérénade sans espoir* de funeste présage, chantée par André Dassary, futur interprète de *Maréchal nous voilà* particulièrement recommandé aux enfants des écoles. En novembre 1939 le *On ira pendre notre linge sur la ligne Siegfried* avait remis du baume au cœur mais les lois antisémites de Vichy contraignent Ray Ventura à emmener son orchestre en Amérique latine dès la fin de 1941. Il part avec son musicien-arrangeur Paul Misraki, lui aussi menacé, un jeune chanteur qui révélera son talent comique, Henri Salvador, et Coco Aslan.

L'orchestre de Raymond Legrand fait la joie des auditeurs de Radio-Paris où il participe à onze émissions hebdomadaires dans lesquelles défilent les vedettes du jour : Maurice Chevalier, André Claveau, Fréhel, Suzy Solidor, Damia, Lucienne Boyer. Quant à Django Reinhardt, il est gitan et il joue du jazz. Du point de vue nazi son avenir paraît sombre. N'avait-il pas composé le célèbre « Nuages » dans les premiers jours de la guerre? Eh bien non!, dès fin 1940, les engagements affluent : *le Moulin Rouge, L'Alhambra, l'ABC, l'Olympia.* En décembre 1940, le *Hot Club de France* organise Salle Pleyel un grand festival de jazz, « musique dégénérée, juive et nègre » selon les autorités, qui remporte un succès tel que le quintette de Django est engagé dans cette même Salle Pleyel pour six autres concerts. Eddie Barclay, Hubert Rostaing, membres de la formation ne sont pas pour rien dans ce succès et *Le Bœuf sur le Toit* accueille avec chaleur l'ensemble pendant l'hiver 1943-1944.

On peut dire aussi que le jazz reçoit le soutien sans conditions de ces réfractaires à l'ambiance générale que sont les « zazous », jeunes bourgeois pour la plupart, admirateurs fervents du swing, et non-conformistes tout au moins en ce qui concerne la tenue vestimentaire. Dans la cave du *Hot Club,* rue Chaptal, le groupe Abadie-Vian sévit, sans crainte des foudres réactionnaires. Le chef Claude Abadie, étudiant de Polytechnique de vingt-deux ans, doit se trouver bien isolé au milieu de la tribu Vian : Lelio le guitariste, Alain le batteur, et enfin Boris, vingt-deux ans, ancien de Centrale, qui joue de la trompette.

L'annuaire du spectacle de 1942 recense cent deux boîtes de nuit ouvertes : L'occupation n'a pas supprimé tous les bons côtés de la vie ! Et la France ne serait plus elle-même si ses ressortissants n'œuvraient pas pour assurer la renommée de leur pays. Le patriotisme se niche où il peut... même dans les endroits les plus réservés.

Les « maisons » ont rouvert leurs portes avec leurs pensionnaires fidèles au poste. Treize d'entre elles sont réservées à la troupe mais avec une réglementation sanitaire stricte puisque le soldat doit remplir une fiche et noter la date du rapport sexuel, l'adresse de la maison et l'identité de la partenaire, afin de déterminer avec précision un foyer possible d'infection. Parmi les plus chics, cinq sont réservées aux officiers allemands; la plus célèbre, le *One-Two-Two,* 122, rue de Provence avait connu au début de l'occupation une invasion de soldatesque germanique, mais bientôt elle fut réservée aux seuls gradés. Catastrophe : la maison se vida, les affaires périclitèrent. Il fallut demander à l'administration allemande une autorisation pour pouvoir accueillir les Français. Accord conclu. Fabienne Jamet, épouse du propriétaire des lieux raconte : « Le premier soir du retour des Français, on a vu une drôle de fiesta. Grâce aux réserves, le champagne coulait à flots, nous retrouvions nos amis de toujours. C'était merveilleux ! On se serait cru avant-guerre

(...). Ces soirées! J'ai presque honte de le dire, je ne m'étais jamais autant amusée de ma vie. Pourtant c'est la vérité, ces nuits de l'occupation ont été fantastiques [84]! » Ce lieu est un « carrefour de rencontres » : on y trouve les Allemands qui travaillent aux bureaux d'achats clandestins, notamment celui du colonel Otto Brandl, disposant d'entrepôts importants autour de Paris et achetant, parallèlement aux prélèvements officiels de l'occupant, au prix fort, tous types de marchandises : de juillet 42 à août 44, il a conclu pour cinquante milliards de francs d'achats. Mais pour acheter, il faut connaître et rencontrer des intermédiaires. Les grands restaurants à la mode et le *One-Two-Two* entre autres, assurent ce rôle de lieu de rencontres : Joanovici, marchand de chiffons avant-guerre et fournisseur de ferraille, Szkolnikoff, spécialisé dans les tissus, pouvaient s'enrichir sans trop s'inquiéter de leurs ascendances juives. De hautes protections allemandes les mettaient à l'abri de tout danger. La tristement célèbre bande de Laffont, de son vrai nom Henri Chamberlain, qui torture et tue dans son repaire de la rue Lauriston, est aussi cliente du *One-Two-Two*. Elle est d'ailleurs en bonne compagnie. Tout ce que Paris compte d'artistes va au *One*, ne serait-ce que pour boire une coupe de champagne : Sacha Guitry qui dit aux filles : « Vous êtes les plus belles fleurs d'un jardin merveilleux »; Fernandel qui amuse la galerie; Mistinguett qui vient quand on l'invite, Maurice Chevalier; Josselyne Gaël qui vient de « laisser tomber » Jules Berry, Suzy Solidor. La patronne évoque aussi « Vincent Scotto, un habitué (...) ou Tino Rossi, en compagnie d'un type de la Gestapo, très mince, tiré à quatre épingles. Tino, déjà un peu rondouillard, prétentieux, désagréable, refusant de chanter la moindre chanson pour mes filles qui mouraient d'envie de l'entendre. Heureusement qu'elles avaient Édith Piaf pour se consoler [84]... » De belles nuits quoi! Et longues, car, l'heure du couvre-feu passée, il fallait attendre l'aube pour repartir. Alors seulement on reprenait l'un des vélos-taxis qui attendaient devant la porte. Même chose au célèbre *Chabanais*, dans la rue du même nom, ou au *Sphinx*, à Montparnasse, dont Galtier-Boissière cite les pensionnaires qui « font le commerce des laissez-passer en blanc pour la zone libre, qu'elles demandent à leurs clients au lieu du petit cadeau rituel. C'est d'un excellent rapport [62] ». Si l'on peut dire! Pendant que ce Paris s'amuse, un chargé de recherche en médecine ou en science gagne 40 000 francs par an. Jean Rostand, faute de moyens, a quasiment arrêté ses expériences dans son petit laboratoire en planches de Ville-d'Avray; à Villejuif, à l'Institut du Cancer, le Dr Roussy poursuit tant bien que mal ses travaux. Des mondes qui coexistent sans cohabiter...

DU CÔTÉ DES PEINTRES...

Bien avant l'occupation (mai 1938) avait été promulguée en Allemagne une loi sur le retrait des œuvres d' « art dégénéré ». Doivent disparaître des musées des toiles de Picasso, Chagall, Gauguin, Matisse, Braque, Van Gogh... Quatre mille huit cent vingt-neuf œuvres diverses seront ainsi éliminées ou vendues à des musées étrangers. En France la menace est donc réelle. Mais les tenants du nazisme sont-ils réfractaires à ce point à l'art moderne, et même à l'art tout court? Rien n'est moins sûr. Cependant, dès le mois de septembre 1939, sous la haute autorité de Jacques Jaujard, directeur des Musées de France, l'évacuation du Louvre a été effectuée : quatre mille tableaux répartis en soixante-cinq camions, les trois tonnes de la *Victoire de Samothrace,* les vingt-cinq mille objets des Antiquités grecques et romaines, et tant d'autres trésors, ont gagné par étapes les châteaux du Sud-Ouest de la France. Sage précaution, car en juillet 40, le comte Franz Wolf Metternich est nommé à la tête d'un service de « protection » artistique en France, et Otto Abetz ordonne la « saisie de la totalité des musées de Paris et de province avec toutes leurs collections », et réquisitionne le Jeu de Paume pour y entasser les œuvres confisquées.

Le 5 novembre 1940, le Reichsmarschall Göring, au goût prononcé pour l'art, promulgue une ordonnance dans laquelle il décide de transporter au Louvre, notamment : « Les objets d'art dont le Führer se réserve le droit de disposer... « Les œuvres d'art qui servent à compléter les collections du Reichsmarschall. »

Le même Göring qui fera dix visites au Jeu de Paume en 1941 et quatre en 1942, s'offre dix Renoir, dix Degas, deux Monet, trois Sisley, quatre Cézanne et cinq Van Gogh, et affirme en mai 1941 : « La lutte contre les juifs, francs-maçons, leurs alliés et autres puissances spirituelles apparentées, constitue pour le national-socialisme une tâche urgente à accomplir pendant la guerre. » D'où la création d'états-majors spéciaux dans les territoires occupés, chargés de « s'emparer de tous les matériaux d'études et biens culturels appartenant aux milieux ci-dessus nommés, et de les transporter en Allemagne ».

Le pillage est bien prémédité et, organisation oblige, un inventaire en est même établi. Quant à l'élimination des œuvres « d'art dégénéré », elle demeure sporadique.

La vie artistique n'est pas morte pour autant. En novembre 1940, comme à l'habitude le Salon d'Automne ouvre ses portes au rez-de-chaussée de l'aile droite du palais de Chaillot et présente des œuvres signées Renoir, Odilon Redon, Vuillard, Rodin, Bourdelle, entourées de celles de jeunes peintres et sculpteurs. A cette occasion, *L'Illustration* évoquant le « renouveau des vertus morales » peut affirmer : « A l'heure où les artistes se remettent au travail, il importe cependant qu'ils sachent ce qu'on attend d'eux. » Et l'auteur de l'article d'ajouter : « C'est le salon d'antan, raisonnablement expurgé (...). Nous demanderons aux artistes un peu plus l'an prochain : un véritable effort de redressement. » Faut-il entendre l'annonce d'un art quasi officiel ? L'année suivante, en 1941, ce même Salon d'Automne établit un record : 2 447 œuvres sont présentées contre 1 770 seulement en 1942. Le Salon des Indépendants poursuit sa carrière au Palais de Tokyo. Le critique du *Petit Parisien* écrit à son sujet : « Gromaire est le prisonnier d'un néo-cubisme glacé, et n'a pas comme le jeune peintre Plisson, l'excuse de la gaîté, de la fraîcheur des teintes, du bon goût (...) André Lhote utilise une curieuse formule : celle de " rechercher à se renouveler sans réellement y parvenir. " » On aime ou on n'aime pas Gromaire, c'est selon... Pour sa part Lucien Rebatet, visiteur dédaigneux et même méprisant de cette exposition, écrit au sujet du Salon des Indépendants de 1942 un article qui se veut définitif dans *Je Suis Partout* : « Je me refuse à laisser paraître dans notre journal cet article sous la rubrique habituelle des Beaux-Arts avec laquelle il n'a rien de commun. La liquidation des Indépendants doit être inscrite dans le grand nettoyage de la France! » Voilà qui est direct. Pourtant il n'en sera rien; le gouvernement de Pétain et les autorités allemandes ont visiblement d'autres chats à fouetter que des peintres plus ou moins contestataires. Ainsi en 1943, peut-on y voir 1 380 exposants et 3 292 œuvres. L'engouement pour l'art pictural ne se dément pas. La cote des tableaux le confirme. « Un tourbillon d'inflation fait virevolter les objets d'art. Les amateurs qui se jugeaient trop pauvres pour acheter des tableaux avec leurs revenus, les achètent maintenant avec leur capital. Ils rencontrent à l'Hôtel Drouot des artistes privés de musées, qui découvrent les maîtres au hasard des ruines, et des spéculateurs chassés de la Bourse par la suppression du marché à terme, qui remplacent la *Royal* par Boudin et la *Shell* par Guÿs [56]... » écrit Fabre-Luce en 1941. Et Galtier-Boissière de renchérir dans son *Journal* de décembre 1942 : « C'est la bonne vie pour les peintres, les marchands de tableaux, les antiquaires et les éditeurs de luxe (...). On me cite le nom d'un marchand de tableaux qui a fait cette année plus de cent millions de vente, soit aux nouveaux riches, soit aux collectionneurs allemands [61]. » Si Louis Carré réalise de fructueuses affaires dans sa galerie de l'avenue de Messine, on peut souligner qu'il s'affirme comme l'un des défenseurs les plus efficaces des artistes controversés : il organise deux expositions Villon en avril 1943 et décembre 1944, et une exposition de tapisseries de Lurçat en mars 1944. A cette date, pourtant, Lurçat est en contact avec des maquis du Massif central. Cette opposition aux contraintes dictées par un occupant qui reçoit l'appui moral du gouvernement de Vichy est aussi le fait de la galerie Jeanne Bucher, à Montparnasse. En 1941, elle expose Pignon, Bazaine, Lapicque; en 1942, Max Ernst (pourtant juif et en exil) et Marcoussis. Une exposition Kandinsky en juillet 42, considérée comme une provocation par les Allemands, entraîne la fermeture provisoire de la galerie, sans pour autant l'empêcher de poursuivre par la suite dans la même voie.

La galerie Drouin prend les mêmes risques en exposant Fautrier à la fin de 1943. Dans une lettre à André Suarès du 21 octobre, Jean Paulhan écrit : « Il se forme dans cette ruine, quelques œuvres splendides de sérénité, de puissance. Si les derniers Picasso déçoivent, Braque ni Rouault n'ont jamais été aussi grands. Ni parmi les jeunes, Fautrier. »

A côté de ces expositions « à risque », la galerie Charpentier avec Van Dongen, la galerie Pétridès avec Bonnard, paraissent bien timides dans la défense de l'art contemporain.

Dans ce domaine aussi l'antisémitisme est de rigueur. Camille Mauclair résume la situation en 1944 dans *La Crise de l'art moderne* : « Les galeries juives sont closes, mises sous séquestre ou confiées à des liquidateurs aryens qui ont à écouler des stocks laissés par les fuyards Wildenstein, Bernheim, Rosenberg, Hessel et autres Lévy, et dont nous espérons l'intégrité. Les critiques juifs ont été exclus des journaux : on ne lira plus la prose des Mayer-Vauxcelles, Waldemar George, Claude Roger-Marx, Fels et consorts dans les feuilles juives (...). Les peintres et sculpteurs juifs sont exclus des Salons et des galeries (...). Tout cela est excellent. Cependant l'épuration est loin d'être achevée. Le poison juif ne s'éliminera que lentement. Le goût juif pour la laideur et la perversion est tenace (...). Il était impossible de discuter avec des gens suspects, drapant leur nullité avec leur arrogance, insolents comme le juif ose l'être quand il se croit le plus fort. On pourra rouvrir des débats esthétiques avec des hommes informés et courtois, entre honnêtes Français [299]. »

A lire ces lignes, on comprend pourquoi de nombreux artistes ont choisi l'exil, comme Max Ernst ou Chagall, ou la zone Sud comme Hans Bellmer qui a trouvé asile à Carcassonne auprès de Joë Bousquet. Hans Arp se réfugie d'abord à Grasse avant de passer en Suisse en 1943. Pour ceux qui demeurent en France, l'hebdomadaire *Toute la vie* (en juin 1944) présente « Nos plus grands artistes dans leur intimité. » L'article montre Vlaminck dans sa ferme de La Tourillère, en Normandie, avec sa femme et ses deux filles. Maurice Toesca le décrit tel un colosse « pesant de buste, des épaules, de la tête; ses jambes s'arquent sous le poids du haut du corps; la voix éclate et tonne [138] ». Âgé de soixante-trois ans en 1939, il appartenait à la Ligue de Solidarité internationale antifasciste, et a vu deux de ses livres, *Le Ventre ouvert* et *Désobéir*, interdits par l'occupant, ce qui l'incite peut-être (par prudence) à accepter de faire un voyage en Allemagne pendant cette guerre dont il dit : « Si la guerre de 14 a été une guerre cubiste, celle de 39 a été une guerre surréaliste. » Le même Vlaminck, dans les colonnes de *Comœdia* du 6 juin 1942, attaque violemment Picasso et le cubisme : « Il est difficile de tuer ce qui n'existe pas. Mais il est vrai qu'il est des morts qu'il faut qu'on tue (...). Pablo Picasso est coupable d'avoir entraîné la peinture française dans la plus mortelle des impasses, dans une indescriptible confusion. De 1900 à 1930, il l'a conduite à la négation, à l'impuissance, à la mort. Car, seul avec lui-même, Picasso est l'impuissance faite homme... » On ne peut être plus catégorique. C'est sans doute ce tempérament entier qui l'a fait se brouiller à mort avec Derain dont il était l'ami depuis 1900. Derain avait une maison à Chambourcy mais, devant l'avance allemande en 1940, il avait distribué ses œuvres aux paysans alentour pour qu'ils les conservent; il les avait retrouvées abandonnées aux intempéries lorsqu'il avait récupéré sa maison, réquisitionnée quelque temps par un général allemand. Est-ce par reconnaissance, pour avoir retrouvé son bien, qu'il fera lui aussi un voyage en Allemagne? En tout cas, cela lui vaudra une réconciliation avec Vlaminck et même un projet de peindre la famille de Ribbentrop, ministre allemand des Affaires étrangères; projet qui ne se réalisera pas.

Georges Rouault, dans la Sarthe, poursuit sa quête mystique et déclare qu'il « commence seulement à soixante-treize ans à vivre en bourgeois »!

Braque est demeuré fidèle à Paris où il « possède près du parc Montsouris un petit atelier tiède et agréable, exposé au midi [88] » (comme le décrit Jünger), et Maurice Toesca le voit qui « se promène dans son atelier comme un vigneron dans un carré de sa vigne préférée. Ses toiles en chantier sont des ceps au soleil ? A mûrir [138] ». Quant au lieutenant Heller, il admire « tous ces objets si modestes de la vie quotidienne auxquels il donnait les rythmes majestueux et la force inébranlable de la nature (...) [dans] un monde apparemment simple et fluide et pourtant ouvert sur le système même des choses [78] ». A Paris encore on peut voir peindre Marie Laurencin, rue Savorgnan-de-Brazza près de l'École Militaire, où se rend Jünger, le 13 novembre 1943. La venue de cet Allemand en pleine guerre ne la choque pas, elle qui a été allemande pendant sept ans, par son mariage le 22 juin 1914, date mal choisie pour une alliance franco-germanique. Lui en est-il resté quelque chose ? En tout cas, Léautaud qui vient déjeuner chez elle (en 1942) la trouve « très pro-allemande et très antisémite [94] ».

A Paris, lui aussi, Fautrier reçoit Maurice Toesca dans son atelier et lui explique : « Mon tableau s'organise en moi, décimètre carré par décimètre carré. Dans la rue, dans mon lit, au restaurant, en dormant. Pendant des jours. Un beau matin, ça éclate, il jaillit... » Cet atelier, il le quitte bientôt : inquiété par les autorités nazies, il s'est réfugié dans un pavillon à Chatenay. C'est là que Heller le verra peindre les *Otages* qui seront exposés en 1945 à la galerie Drouin.

Il n'est pas le seul à avoir une activité clandestine : dès l'automne 1942, avait été diffusée clandestinement la revue *L'Art français,* organe des Comités de peintres, sculpteurs et graveurs du Front national, ronéotypée au début sur deux pages, et fondée par le conservateur Joseph Billiet. Y collaboraient Pignon, Desnoyers, Fougeron et quelques autres, inspirés essentiellement par le parti communiste, parti auquel Picasso devait adhérer le 4 octobre 1944, plus d'un mois après la libération de Paris, mais deux jours avant l'ouverture du Salon de la Libération.

LE RENOUVEAU DE LA MUSIQUE

Pendant toute l'occupation, la musique tient une place grandissante dans les loisirs des Français. Malgré l'absence de chauffage dans les salles, et les difficultés financières ou matérielles, l'affluence n'a jamais été aussi grande aux concerts. Les musiciens bénéficient donc d'un environnement plutôt favorable car tant le gouvernement de Vichy que les Allemands encouragent ouvertement cette activité. Peu de compositeurs ou de musiciens choisissent de s'engager politiquement. Le pianiste Alfred Cortot constitue plutôt une exception, en se rangeant clairement aux côtés du nouveau régime : il a été nommé président du Comité d'organisation professionnelle de la musique en mai 1942. A ce titre, il a la haute responsabilité du recensement des musiciens à qui doit être délivrée la carte professionnelle sans laquelle il est impossible d'exercer son art. Fonction prenante mais qui ne l'empêche pas de donner des concerts, en France certes mais aussi outre-Rhin où il remporte de vifs succès. Pour sa part, Georges Auric, qui vit un moment à Marseille, fournit à Drieu La Rochelle des critiques musicales pour la *N.R.F.* mais par la suite, il adhère au Comité du Front national de la musique créé en septembre 1941 par Roger Désormière, Elsa Barraine et Roland Manuel, aux côtés de Francis Poulenc, Charles Münch et Manuel Rosenthal. En 1943, il collaborera également au journal *Le Musicien d'aujourd'hui,* supplément des *Lettres françaises* clandestines. Il compose aussi des mélodies sur des poèmes de Louise de Vilmorin, Éluard, Supervielle et Aragon.

Dès son retour en France, en 1941, après plusieurs mois de captivité en Allemagne, Olivier Messiaen se remet au travail, c'est-à-dire à sa passion. Il a été nommé professeur d'harmonie au Conservatoire de musique de Paris.

Parmi ses jeunes élèves (lui-même n'a que trente-quatre ans!) se trouve Yvonne Loriod qu'il épousera plus tard, et Pierre Boulez. Il lui reste à se faire connaître. Ce sera le rôle des Concerts de la Pléiade, qui l'amèneront à la notoriété.

Pendant l'hiver 42, Gaston Gallimard, appuyé par Denise Tual, Roger Désormière et Nadia Boulanger, avait décidé d'organiser des concerts permettant à des musiciens français de jouer des œuvres inédites devant un public composé en partie d'écrivains. Les concerts, dont le premier date du 22 mars 1943, auront lieu soit au Conservatoire soit à la galerie Charpentier « au milieu des tableaux de Berthe Morisot, Braque, Renoir [78] » comme le note le lieutenant Heller qui y assiste. Le 10 mai suivant, a lieu la création des *Visions de l'Amen* de Messiaen. Y assiste un auditoire choisi : Paul Valéry, Francis Poulenc, François Mauriac, Jean Cocteau, Jean Paulhan, Georges-Henri Rivière, Roland Manuel, Charles Dullin, Georges Braque, Marie Laurencin, Marcel Jouhandeau... bref, du beau monde, qui accueille chaleureusement l'œuvre.

Le programme des Concerts de la Pléiade comportait traditionnellement des œuvres classiques mais peu connues, des premières auditions visant la promotion de jeunes compositeurs, et des œuvres de musiciens interdits comme Darius Milhaud ou Stravinski. Pour ce dernier, sa fille Soulima parviendra, après de nombreuses démarches, à faire lever l'interdiction.

La vie musicale parisienne s'exprime aussi par les traditionnels concerts dans les salles classiques. Les programmes peuvent en être « germanisés » tant par le choix des compositeurs que par celui des interprètes.

En juillet 41, l'Institut allemand organise une semaine Mozart avec Hans von Benda, chef du Berliner Kammerorchestra; en août de la même année, c'est Eugen Jochüm qui vient diriger au Palais de Chaillot l'Orchestre de la Société philharmonique de Berlin..., et les contacts se multiplient.

L'art lyrique connaît cette imprégnation des compositeurs d'outre-Rhin : en mai 1941, le Staatsoper de Berlin est à Paris. Deux cent cinquante personnes, artistes, musiciens, choristes, donnent *L'Enlèvement au sérail* et *Tristan et Isolde.* « Dans le monument de Garnier, les smokings des collaborateurs et ceux des derniers Américains coudoient les uniformes verts (...), écrit Alfred Fabre-Luce. Les bien-pensants soupçonnent d'hitlérisme les amateurs de musique qui n'ont pu résister à la tentation (...). Mozart trouve encore grâce devant eux; ils reconnaissent le génie français dans son œuvre gracieuse et policée; pour un peu, ils accuseraient les Allemands de nous l'avoir enlevé. Mais Wagner les trouble et les inquiète. Connaissant la prédilection d'Adolf Hitler pour la Tétralogie (...) est-il décent d'assister à de tels maléfices? Au lever de rideau on se le demande encore. Mais bientôt l'art opère un miracle (...). Le magicien qui a fait tomber les frontières, c'est le chef d'orchestre Karajan [56]. » Rebatet renchérit, parlant d' « incomparable représentation de *Tristan et Isolde* avec Germaine Lubin et Max Lorentz » avant d'ajouter, citant Karajan : « J'étais allé saluer le jeune maître à la réception organisée en son honneur par les Abetz à l'ambassade d'Allemagne et où le Tout-Paris des grandes fêtes s'écrasait [121]. »

Cette saison 1941 à l'Opéra s'achève par sept représentations de *La Chauve-Souris* de Johann Strauss, organisées par les autorités d'occupation et réservées aux Allemands. Une jeune révélation y triomphe : Elizabeth Schwarzkopf.

Un article de *Comœdia* du 6 novembre 1943 note la progression des interférences entre spectacles français et européens, surtout allemands, comme en ont témoigné cette année-là les manifestations parisiennes commémorant les anniversaires wagnériens : soixantième de la mort du compositeur, cent trentième de sa naissance et enfin, cinquantenaire de la première représentation en France de la *Walkyrie* (1893), qui réunit musiciens et artistes berlinois, viennois et français, lors de trois représentations mémorables en mai 1943.

La musique allemande n'étouffe cependant pas complètement la musique française. Loin de là. Y a-t-il par ce biais inattendu un regain de patriotisme? Peut-être car le « nationalisme musical », encouragé tant par les forces de la Résistance que par Vichy, demeure vivace. L'un de ses hérauts en est Claude Debussy dont le *Pelléas et Mélisande* est l'œuvre la plus prisée. Dans le numéro de décembre 1940 de la *N.R.F.*, Georges Auric fait la critique d'une représentation à l'Opéra-Comique : « Nous étions à la reprise de cette œuvre incomparable en cet inoubliable mois de septembre

1940. Nous l'écoutions avec une émotion que je ne saurais exactement définir. Et, en même temps que nous, toute une salle, avec une attention, une ferveur qu'on voudrait décomposer et qui se manifestait à la fin, par une sorte de grand frémissement, de reconnaissant enthousiasme. » En avril 1943, Michel Ciry, invité à une nouvelle représentation dans la loge des Gallimard avec Marie-Laure de Noailles, fait connaissance de Picasso; et il note que dans la salle « bellement canaille, Arletty émerge des longs poils d'un somptueux manteau de singe »; il aperçoit Georges Marchal qui « a l'air de s'ennuyer ferme [34] ».

Autre compositeur célébré : Hector Berlioz dont le *Requiem* est interprété en décembre 1943 à l'Opéra, par six cents choristes et musiciens sous la direction de Charles Münch. C'est l'un des événements de l'année. L'éclectisme est parfois de mise comme en témoigne le programme de 1943 à l'Opéra de Lyon qui donne, sous la baguette du jeune chef André Cluytens, des œuvres de musiciens très divers : Chabrier, de Falla, Stravinski, Gershwin, Ibert, Moussorgsky, Mozart et évidemment Debussy et Wagner.

Éclectisme qui a pour but d'initier le plus grand nombre possible de Français à la musique peut-être pour rattraper les réputés mélomanes d'outre-Rhin ? Ainsi dès mai 1942, un « apôtre de la musique », René Nicoly, fait-il assister à des répétitions de concert, des milliers de jeunes : cela donne naissance aux Jeunesses musicales de France. Au début de 1944, ils sont 50 000 à Paris et 20 000 en province.

Dans le domaine de la danse, même effort : Irène Poppart, directrice de l'École française de Gymnastique harmonique, peut organiser au Stade de Coubertin, en avril 42 une « magnifique démonstration placée sous le signe du maréchal Pétain. Elle a réalisé autour d'un nom le but qu'elle a toujours poursuivi : obéir sans discuter (...) éduquer le cœur, le corps et l'âme. Mille jeunes filles ont dansé l'Hymne au Maréchal ». C'est ainsi que l'hebdomadaire *Toute la vie* narre sur le mode lyrique cette manifestation. La danse, au cours de la guerre, est aussi et surtout représentée par Serge Lifar, nommé au début de l'occupation maître de ballet de l'Opéra de Paris. Le danseur, que l'on verra beaucoup dans toutes les manifestations culturelles et mondaines où l'on côtoie des représentants de l'Allemagne, se livre à une activité créatrice débordante.

De futures étoiles de la danse se forment à cette époque : Janine Charrat, Roland Petit, Zizi (Renée) Jeanmaire. Au printemps 1942, une représentation de *Roméo et Juliette*, Salle Pleyel, révèle une jeune artiste de quinze ans : Ludmilla Tcherina. Quant à Lycette Darsonval, étoile confirmée, elle se montre « éblouissante » lors de la commémoration du centenaire du ballet *Giselle*.

Concession à l'occupant ? Lifar monte en juillet 1942 *Joan de Zarissa*, ballet composé par Werner Egk en janvier 1940, ce qui incite le compositeur suisse Arthur Honegger à écrire un article élogieux pour *Comœdia* dont il est d'ailleurs une fidèle plume. La musique, instrument de rapprochement des peuples ? C'est une évidence en cette période d'occupation.

VOYAGES... VOYAGES...

Les tournées à l'étranger ont toujours été l'apanage et l'obligation des artistes. Sillonner les routes présente un intérêt culturel même en ces années difficiles. Les relations particulières qui unissent Allemands et Français font parfois modifier les itinéraires habituels. On n'oublie pas qu'il y a des prisonniers outre-Rhin. Alors, on va leur soutenir le moral. Et puis, on ne sait jamais, avec un Reich qui se promet de durer mille ans, mieux vaut préserver son avenir...

L'objectif de Goebbels, ministre de la Propagande du Reich, apparaît clairement : il faut absorber la culture française dans un ensemble européen afin d'anéantir son rayonnement. Il peut se faire aider dans sa tentative par des hommes pour qui la France garde peu de secrets et qui témoignent ouvertement de leur sympathie pour une civilisation dont ils envient les charmes : Abetz, Heller, Epting sont du nombre. Le ralliement des grandes figures du monde culturel étant souhaitable, il suffit de les inviter officiellement à venir célébrer les mérites d'une cohabitation européenne aux charmes ambigus.

Des peintres se rendent à Berlin en janvier 1942 lors d'un voyage organisé par leur homologue germanique Heinrich Ehmsen. « Banquets, réceptions, embrassades, toasts, rien ne manqua », note l'hebdomadaire *Toute la vie*, qui ajoute : « Naturellement ces Français allaient par groupes d'affinités artistiques. Il y avait " les fauves " ensemble : Derain, Vlaminck, Friesz, Segonzac, Van Dongen; les " pompiers " : Bouchard, Landowski, Lejeune, puis un troisème groupe formé de Legueult, Brianchon et Oudot qu'on baptisa les perruches... »

Et tous de renchérir sur les mérites de la politique culturelle du Reich : Friesz affirme que « là-bas, les artistes, au moins, sont aidés et soutenus. Ils créent des œuvres à des échelles monstres ». Despiau peut dire qu'il « salue l'avènement d'une Europe qui tirera parti de la variété de ses richesses ». Seul Derain – pourtant objet d'hommages exceptionnels – demeure sur la réserve. A son retour, il commente : « C'était long, très long », et l'on peut penser que sa participation au voyage a été causée par le traumatisme provoqué par l'occupation de sa maison de Chambourcy et les coups de baïonnettes donnés à l'une de ses toiles : *Le Retour d'Ulysse*. Ce sera en tout cas l'une de ses justifications. Quant à Galtier-Boissière, il écrit dans son Journal : « Les peintres qui firent du tourisme de propagande outre-Rhin allèguent, pour leur défense, que les Allemands leur avaient promis la libération des artistes prisonniers qu'ils désigneraient. Les Fritz n'ont pas tenu parole [62]. »

Les musiciens aussi ont droit à une excursion notamment lors du cent cinquantième anniversaire de la mort de Mozart à Vienne à la fin de 1941. Mozart dont les nazis ont dû oublier un temps qu'il était franc-maçon... Europe oblige. A ce sujet : « Pour le rang officiel ou la renommée musicale de ceux qui la conduisaient – notre directeur des Beaux-Arts, le Surintendant de nos théâtres, quatre de nos meilleurs compositeurs – la délégation des invités français était de tous les pays étrangers, l'une des plus brillantes, l'une des plus nombreuses aussi [121] » écrit Lucien Rebatet dans *Mémoires d'un fasciste*. Dans cette délégation, en effet, on notait la présence de Florent Schmitt, Marcel Delannoy, Gustave Samazeuilh, mais aussi du Suisse Arthur Honegger aux côtés du directeur du journal *Comœdia*, Delange, et de Jacques Rouché, directeur de l'Opéra. Voyage couronné le dernier soir par l'invitation du jeune Reichsstatthalter de Vienne, Baldur von Schirach, à un dîner dans l'une des salles de la Hofburg... Quant à la nature du séjour, il est qualifié par Rebatet de « pèlerinage encore plus nazi que mozartien »; un connaisseur!

Le monde du spectacle et du music-hall fournit aussi son contingent de voyageurs plus ou moins enthousiastes.

L'édition française de *Signal* montre, en janvier 1942, un Maurice Chevalier en pleine forme, chantant *Y' a d' la joie* devant un parterre de prisonniers de guerre, détenus dans le camp où le chanteur avait été enfermé pendant la guerre de 14. *Le Petit Parisien* publie une interview de « Momo » à son retour : « Je n'oublierai jamais ça... Dites bien que je suis très reconnaissant aux autorités allemandes d'avoir eu une si juste compréhension de manifestation sentimentale (...). J'ai été très aimablement accueilli dans les milieux artistiques (...). Je n'avais qu'une mission, un but : distraire les camarades prisonniers [33]. » Plus tard Maurice Chevalier dénoncera cet article comme une falsification et une récupération de son action en faveur des prisonniers. Il est vrai que, revenu en zone occupée en septembre 1941, le chanteur avait affirmé : « Je suis aveuglément le Maréchal » et avait refusé aussi bien des contrats en Amérique en clamant : « Il est trop facile de crier Vive la France à l'étranger! », que d'autres tournées en Allemagne. Il n'est pas le seul à pratiquer ce type d'activité itinérante : certains vont aussi jouer et chanter devant les ouvriers partis travailler volontairement en Allemagne au titre de la Relève.

Dans l'hebdomadaire *Toute la vie* de juillet 42, on lit : « C'est le lien avec le pays. L'artiste est un ambassadeur du " moral ". Et c'est aussi une preuve de sollicitude dont sont entourés nos compatriotes qui sont allés là-bas occuper des postes de travail... » Et de montrer des photos de Raymond

Souplex, Jane Sourza, Fréhel, Lys Gauty, dans une tournée de *Paris-Vedettes* avec l'orchestre de Raymond Legrand. Partis le 25 juin 1942, nos artistes se produisent surtout dans les Stalags, mais aussi dans les salles de spectacle de Berlin, Nuremberg ou Francfort. En septembre 43 Édith Piaf et Charles Trenet, accompagnés de l'orchestre de Fred Addison, chantent pour les ouvriers français dans les environs de Berlin. Le comique troupier Ouvrard fait rire ses compatriotes sous les auspices de l'organisation allemande La Force par la Joie et, à cette occasion, dans un article intitulé : « Un Parisien à Berlin », *Signal* affirme : « Il est un fait, les Français sont bien vus à Berlin. Indulgence, curiosité, sympathie... » Reconnaissons que les Allemands, eux, sont moins bien vus à Paris. Il faut dire que le spectacle qu'ils offrent est pesant et que leur tournée se prolonge un peu trop.

Les théâtres font connaître leur répertoire En avril 43, l'Athéna donne *Le Malade imaginaire* dans les vieilles villes du nord de l'Allemagne « tournée pittoresque où les artistes logèrent tantôt dans de magnifiques palaces, tantôt dans les camps où ils partageaient la vie des ouvriers ».

Et tous les journaux de commenter également la visite d'acteurs et actrices français à l'occasion de la sortie de *Premier Rendez-Vous* à Berlin. « C'est la première fois qu'un film français est montré en Allemagne depuis 1939. Danielle Darrieux qui était dans la capitale du Reich, a été présentée au public. Elle fut acclamée et le film d'Henri Decoin fut très chaleureusement accueilli. » Lui tiennent compagnie, écrit *Comœdia:* Junie Astor, Viviane Romance, Albert Préjean, René Dary, Suzy Delair... Ce qui fait dire à Arletty sur un ton acide : « Trois jolies actrices françaises sont reçues par Hitler. Les actualités et la presse nous les montrent souriantes. La curiosité féminine est toujours excusable. Immunisées par cette visite, après la Libération, elles font film sur film. » A Paris, c'est la fête quand ils rentrent lors d'une réception sur une terrasse des Champs-Élysées « célébrant le retour de nos ambassadeurs du cinéma [5]... »

Serge Lifar se déplace à plusieurs reprises en Allemagne. En 1941, à Francfort, on lui propose de devenir le

« Gauleiter » responsable des Russes émigrés en France dont le sort se dégrade après juin, bien que les Russes blancs soient pour la plupart favorables à la défaite des Soviétiques. En 1942, il se rend trois fois outre-Rhin. On lui offre alors la direction de la danse. Il demande à réfléchir sans vraiment refuser immédiatement. Il sent en Hitler qu'il vient de rencontrer « une force magique, étrange et la solitude qui en résulte [101]. Il va aussi à l'atelier ou plutôt « l'usine » Breker, desservie par un chemin de fer privé, et qui étonne le danseur.

L'effort principal des Allemands porte évidemment sur les hommes de lettres qui font la renommée de la France dans le monde et provoquent l'envieuse admiration de certains.

Charmes déployés, les résultats ne sont pas à la hauteur des espérances lorsque a lieu un premier voyage à Weimar pour le Congrès des Écrivains européens, en octobre 1941, prétexte à un large circuit de trois semaines en Allemagne. Si certains ont sauté sur l'occasion pour resserrer leurs liens avec un pays qui les séduit, voire les fascine – Drieu La Rochelle, Ramon Fernandez, André Fraigneau, Brasillach, Jacques Chardonne ou Abel Bonnard –, d'autres montrent plus de réticences. Marcel Arland et Paul Morand, pressentis, refusent. Jouhandeau hésite, se confie à Paulhan qui lui aurait dit : « Toi seul, tu peux te permettre de faire ce voyage sans que je t'en veuille [85]... »

Néanmoins, ses sentiments changent vite. Dès le lendemain de son arrivée à Bonn, Jouhandeau note dans son *Journal* : « Méditation nocturne. Pour qui ou pour quoi suis-je ici ? Parce que depuis que j'ai su lire comprendre et sentir, j'ai aimé l'Allemagne, ses philosophes, ses musiciens, et que rien ne serait plus utile à l'humanité que notre entente avec elle. En 1940, j'ai observé de très près ce qui s'est passé et il est indéniable, à moins d'être de mauvaise foi, qu'après leur victoire, les Allemands auraient pu nous traiter plus mal... » Et de conclure : « Je souhaiterais faire de mon corps un pont fraternel entre l'Allemagne et nous [85]... » Inconscience d'un homme qui admire chez Goebbels « intelligence, volonté, lucidité... » et avoue dans la *N.R.F.* : « J'ai pu vivre enfin quelques jours dans l'intimité de gens, hier nos ennemis, et dont la délicatesse à notre égard aujourd'hui me confond (...) les hommes d'Adolf Hitler ne sont pas ce que l'internationalisme a eu intérêt à dénier à nos yeux pour nous les faire haïr. » Heller dénoncera en lui l'homme qui a perdu « tout sens critique [78] ».

Plus lucide, mais aussi plus engagé dans une collaboration active, Brasillach fait de ce voyage un itinéraire romantique où ressurgit le XVIIIe siècle européen. Dans *Le Petit Parisien,* il décrit un dîner mémorable : « Quelques discours brefs et amicaux avaient été prononcés en l'honneur de la culture européenne et des combattants du front de l'Est (...). On parlait en allemand et on traduisait ensuite en français, les deux seules langues employées... Comment ne pas se laisser prendre à cette tentative de séduction supplémentaire qui veut montrer l'égalité de traitement accordée aux deux cultures ? On demande à Jacques Chardonne de prendre la parole. « Il le fit en français avec un tact et une discrétion parfaits, évoquant les luttes d'autrefois, notre présence, souhaitant la paix à nos deux peuples... C'est d'ailleurs le même Chardonne qui, à l'issue du congrès, propose la création de l'Union des Écrivains européens qui sera présidée par l'écrivain par Hans Carossa.

Bref, la séduction joue à plein et le spectacle d'un groupe de prisonniers français travaillant sur le remblai de la voie ferrée que suivent ces écrivains qui rentrent en France, ne ternit par leur ardeur.

Un deuxième voyage est organisé en 1942. De nouveau, les auteurs pressentis ne tiennent pas toujours à compter parmi les heureux élus : Pierre Benoit invoque une cousine agonisante, Paul Morand, la rédaction d'un discours, Montherlant, une fragilité nerveuse. Même Jouhandeau, devenu prudent, décline l'invitation qu'ont à nouveau acceptée Drieu La Rochelle, André Fraigneau, André Thérive, Jacques Chardonne auxquels s'est joint Georges Blond qui peut titrer un article du *Petit Parisien :* « Les Invités de Goethe. » Délicat euphémisme...

Notons que les plus grands hommes des lettres françaises ne figurent pas dans ces manifestations de rapprochement franco-allemand. La manœuvre de Goebbels peut donc être considérée comme un échec.

CHAPITRE VI

L'ÉCRAN

GROUPÉS autour du poste de radio, attentifs, ils écoutent la voix chevrotante de Pétain qui « fait don de sa personne à la France ». « Ils », ce sont Fernandel, Raimu et Josette Day. Voici la scène finale de *La Fille du puisatier* dont le tournage, interrompu par la débâcle, a repris le 13 août 1940. Marcel Pagnol qui possède sa propre société de production, va donc, le premier, faire renaître le cinéma français. La jeune héroïne de l'histoire, Patricia-Josette Day, enceinte des œuvres d'un aviateur rappelé bientôt sous les drapeaux, est cause d'un conflit entre les deux familles; mais voilà que le jeune homme qui passait pour mort à la guerre, revient, épouse, et les familles se réconcilient en écoutant le discours maréchaliste du 17 juin 1940. Enfin un conflit qui se termine bien! Le ton est donné. Si, pendant les quatre années à venir, la guerre est évoquée au cinéma, ce sera furtivement : pas de combats, pas de restrictions ni d'alertes. D'ailleurs, comme le dit le critique André Bazin, « le public a voulu que l'écran lui fût une fenêtre, non un miroir [198bis] »; et ce public, après une désaffection certaine en 1940 due aux événements, s'engouffre dans les salles obscures. Si, à Paris, les recettes des cinémas étaient de 452 millions à la fin de 1938, elles doublent ensuite pour atteindre, fin 1943, 915 millions de francs. Les théâtres parisiens font mieux encore : leurs recettes de 100 millions à la fin de 1938 ont triplé cinq ans plus tard. Certes, ne pouvaient plus être fréquentées les salles réquisitionnées par les Allemands : les « soldatenki-no ». Comme le dira André Cayatte : « L'occupation était une époque où tous les films marchaient car le cinéma tenait lieu de tout : de lieu de rencontre, d'endroit chauffé et éclairé, de moyen d'évasion, de départ en week-end. »

Et pourtant, aller au cinéma n'est pas une sinécure. Dès 1942, les restrictions d'électricité entraînent des suppressions de séances; à partir du 16 janvier 1943, sont supprimées toutes les matinées sauf le dimanche, et un jour hebdomadaire de relâche est imposé. A cela s'ajoutent les coupures de courant qui interrompent la projection, (le billet du jour demeure valable pour une séance ultérieure), la fréquente absence de chauffage dans les salles et, en 1944 surtout, les alertes aériennes. Malgré tout, le spectateur, calé dans son fauteuil, oublie pour un moment la dureté des temps. Pour voir quoi ? En zone occupée on ne projette les films tournés en zone libre qu'après approbation des autorités allemandes : *La Fille du puisatier* est présenté à Lyon le 20 décembre 1940 avant de pouvoir poursuivre sa carrière à Paris où la première aura lieu seulement en avril 41. En zone Nord, les Allemands importent massivement leur production : les films d'outre-Rhin représentaient 30 % des films étrangers projetés en France avant-guerre. Ce pourcentage augmente considérablement dès les premiers mois d'occupation... Au total, en quatre ans, sortent sur les écrans français 140 films allemands nouveaux plus une quarantaine de reprises de films déjà en exploitation avant 1939.

Ils ont le champ libre car le cinéma anglo-américain est évidemment interdit dès 1940 en zone occupée, et dès 1942 en zone libre. Boycottés les films de l'occupant ? Il serait plaisant de le croire, mais les meilleures productions germaniques rencontrent un succès certain : *Le Maître de poste* de Gustav Ucicky avec Heinrich George et Hilde Krahl, tient l'affiche dix semaines au *Colisée*. *Le Juif Süss* de Veit Harlan, reflet avéré de l'idéologie antisémite nazie, reste huit semaines au *Colisée* et cinq au *Français*; la critique de *l'Illustration* se montre d'ailleurs élogieuse : « C'est un très beau film que le *Juif Süss* (...). On ne peut évidemment pas dire qu'une idée de propagande n'a pas présidé à sa réalisation (...) dans le dessein de mettre en garde les générations présentes contre un péril que leurs ancêtres n'avaient su éviter (...) mais la propagande ne nuit pas à l'œuvre d'art. » Les derniers films allemands de la guerre, *La Ville dorée* du même Veit Harlan, et les *Aventures fantastiques du baron Munchausen*, auront la même audience malgré les difficultés accrues de 1944. Peut-être en raison du fait qu'ils sont en couleur. Le spectateur français est donc sevré des productions hollywoodiennes; tout le monde ne peut pas s'offrir le luxe, comme Henri Filipacchi (père de Daniel Filipacchi et directeur commercial chez Hachette) d'organiser dans son appartement de la rue Guynemer des projections clandestines de films interdits comme *L'Ange bleu* ou *Peter Ibbetson*, pour le plaisir de quelques amis. Henri Langlois en fait autant dans une petite salle du 44 avenue des Champs-Élysées. Les Allemands ferment les yeux. Un même ostracisme frappe certains films français : tout film vieux de plus de quatre ans est retiré de l'affiche; la raison officielle précise que les copies coûtent trop cher à une époque où la pellicule se fait rare et doit être réservée aux nouveautés. Ainsi, sont frappées les productions du Front populaire car il y a des films « maudits » pour le nouveau régime : N'a-t-on pas déclaré que la guerre avait été perdue en raison des congés payés et d'André Gide, mais aussi de la projection de *Quai des brumes*, dont le héros incarné par Jean Gabin était un soldat déserteur?

En principe, tout acteur ou metteur en scène parti à l'étranger voit ses films mis à l'index. Pourtant début 41, l'un des symboles de la critique sociale de l'avant-guerre, *La Règle du jeu* de Renoir, tient encore l'affiche pendant deux semaines à Lyon; fin 41, une liste de films autorisés est publiée où l'on trouve entre autres *La Belle Équipe* et *Carnet de bal* de Julien Duvivier, *Le Jour se lève* et *Hôtel du Nord* de Carné. Néanmoins, tardivement, sont interdits les films de Michèle Morgan en janvier 1943, ceux de Claude Dauphin en décembre de la même année, et ceux de Jean Gabin, qui sert les Forces navales françaises libres, en avril 44.

LE C.O.I.C. ET LE « COUAC »

La production cinématographique a été totalement réorganisée dans le cadre de la loi d'août 1940 sur la production industrielle promulguée par le régime de Vichy. La réforme trouve curieusement son origine dans un rapport présenté au ministre Jean Zay pendant la période du Front populaire, sur les causes de la crise du cinéma français, dont l'auteur est un inspecteur des finances, Guy de Carmoy. Tout au long de la guerre, les décrets d'organisation, réorganisation, nominations, destitutions, se succèdent, témoignant de la difficulté de réglementer la profession dont l'organe le plus connu est le C.O.I.C. (les plaisantins l'appellent le COUAC), Comité d'Organisation des Industries Cinématographiques. Constitué par un décret du 4 décembre 1940, il est dirigé par Raoul Ploquin, assisté d'une commission consultative qui rassemble des hommes comme les réalisateurs Richebé, Pagnol, Painlevé, Daquin, Léo Joannon mais aussi Marcel Achard, l'acteur Jean Galland. Quant au secrétaire général du C.O.I.C., Rebatet est assis à côté de lui lors d'un déjeuner : « Mon voisin de gauche, assez gros jeune homme, d'aspect très bourgeois, veston noir, pantalon rayé, qui se présenta affablement mais avec un ton d'extrême assurance : " Robert Buron, mon nom ne vous dit rien. Ce n'est pas étonnant, je viens des chocolats. Les hommes d'affaires ont enfin décidé de s'occuper du cinéma; il était temps, nous allons réformer tout ça " [121]. »

Ce comité délivre à tout employé du monde du cinéma « une carte d'identité professionnelle » renouvelable trimestriellement, qui ne peut être attribuée qu'à une personne de mérite professionnel reconnu et surtout pas, bien sûr, à un juif. Leurs cartes sont retirées pour trois, puis deux mois à Viviane Romance et Germaine Montero pour « manquements professionnels, irrégularités dans le travail, non-exécution dans le contrat... ». Sanction de courte durée, et sans doute exceptionnelle car elle fait beaucoup de bruit dans le monde du spectacle, mais qui montre bien l'emprise tatillonne du comité sur l'ensemble de la profession.

A cette organisation corporatiste s'ajoute l'emprise des autorités allemandes. La Propaganda Abteilung avait chargé le Dr Dietrich du service cinéma avec un triple but : censure, surveillance des règlements du C.O.I.C. et propagande. En septembre 1941, ce personnage déclarait devant des gens de la profession : « Les films français d'autrefois portaient en eux un signe négatif et furent réalisés par des producteurs juifs qui n'ont pris aucune responsabilité morale et qui en effet n'étaient que de vils spéculateurs (..,.). Le peuple français s'attend maintenant à voir des (...) films sains, dignes du patrimoine artistique de la nation et qui portent l'empreinte de l'ordre nouveau » (*Ciné-Mondial*, 5 sept. 1941). Deux mois plus tard, il récidivait à une réception aux studios Pathé-Cinéma de Joinville, donnée en son honneur par les dirigeants de la firme. Son discours, prononcé avec un effroyable accent germanique, faisait se tirebouchonner de rire le comédien et réalisateur René Lefèvre, et ses assistants qui en interrompirent les prises de vues de leur film *Opéra-Musette*.

La situation prêtait d'autant moins à rire, que l'occupant avait implanté en France une filiale de la société de production allemande, la U.F.A. C'est la *Continental*. Au 104, avenue des Champs-Élysées, où règne Alfred Greven qui suscite des réactions diverses et contradictoires : courtois et diplomate pour les uns, ce n'est pas l'opinion d'Edwige Feuillère qui se souvient d'une « sorte de mannequin de grand bourgeois [57] » refusant de la délier d'un contrat passé avant-guerre avec une firme allemande, avant de lui faire comprendre qu'il y avait en Allemagne d'excellents « refuges pour les incompréhensifs de son espèce ». Quant à Marcel Carné qui va le voir chez lui rue Beaujon, où il rencontre Raimu, il le trouve affable mais le quitte avec le sentiment d'un être faux et autoritaire.

Sur les deux cent vingt longs métrages produits en France au cours de la période, la *Continental* en réalise trente et non des moindres. Dans une lettre ouverte adressée en mai 1943 à Paul Delange, directeur de *Comœdia*, Louis Galey, commissaire du gouvernement au Cinéma (en remplacement de Guy de Carmoy déjà cité, et qui sera bientôt déporté) peut dire son admiration pour la production des occupants. Comme meilleurs films pour 1941-1942, il cite : *La Symphonie fantastique, La Duchesse de Langeais, L'Assassinat du Père Noël, Le Dernier des Six* et *Les Inconnus dans la maison*, avant de conclure : « Je remercie MM. Greven et Kusters d'avoir fait cet effort qui profite à la France et qui a consisté à choisir le bon sujet, le bon metteur en scène, les bons acteurs, mais aussi, au nom de la France, je vous demande à vous producteurs français, de réfléchir à la question que cela pose. » De fait, la critique est en partie justifiée. Sur six films, Christian-Jaque en tourne deux avec la Société allemande, Henri Decoin, trois sur six; quant à André Cayatte, ses quatre films sont placés sous l'égide de la *Continental*, de même que les deux films du débutant Henri-Georges Clouzot.

Goebbels, conscient de cet état de choses, se déclare furieux de ce « que nos bureaux de Paris montrent aux Français comment représenter le nationalisme dans leurs films. J'ai donné des directives claires pour que les Français ne produisent que des films légers, vides et, si possible, stupides ».

Les sociétés de production française ne sont plus à la hauteur de leur réputation passée, qui se tournent vers un produit léger, divertissant. Il paraît plus facile de réaliser des films musicaux qui font chanter Charles Trenet dans *La Romance de Paris* de Jean Boyer ou Édith Piaf dans *Montmartre-sur-Seine* de Georges Lacombe. L'exil volontaire de certains réalisateurs comme René Clair ou Jean Renoir et le retard apporté par Marcel Carné à tourner de nouveaux films, n'expliquent pas tout.

En mars 1942, le C.O.I.C. décide, par la voix de son directeur Raoul Ploquin, que désormais toute firme de production devra avoir obligatoirement son siège social à Paris et non plus à Marseille ou sur la Côte d'Azur, ce qui permet aux autorités d'occupation d'opérer une concentration de la production. Pour la « campagne de 1943-1944 » ne seront autorisés à produire que la *Continental*, deux firmes italiennes et onze françaises : parmi ces dernières, se main-

***L**e Silence de la mer,* écrit par Jean Bruller dit Vercors, constitue le tout premier titre publié par les Éditions de Minuit. Ici un des rares exemplaires restants imprimés par Cl. Oudeville, photographié par Robert Doisneau.

Trois figures essentielles du Tout-Paris artistique : Jean Cocteau,
Édith Piaf et le décorateur Christian Bérard.

Le Secours national était une organisation de bienfaisance fondée
par le gouvernement de Vichy en faveur des prisonniers de
guerre, des orphelins, etc. De nombreux artistes donnaient des
galas au profit du Secours national. Ici, Suzy Solidor, Serge Lifar,
Jeanne Brany et l'acteur Aimos à la sortie d'un gala à l'Opéra en
décembre 1940.

Afin de rallier les milieux culturels français à la politique et à l'idéologie du IIIe Reich, Goebbels les invite à participer à des séjours en Allemagne. Ici, de retour de Weimar en novembre 1941, Drieu La Rochelle, Robert Brasillach, Abel Bonnard et André Fraigneau, entourés du lieutenant Heller de la Propaganda Staffel, et de Karl-Heinz Bremer, de l'Institut allemand, se font les propagandistes d'une collaboration intellectuelle avec l'Allemagne.

Les artistes ne sont pas négligés dans la stratégie, de Goebbels. Au départ d'un voyage pour l'Allemagne : Vlaminck et Van Dongen, accompagnés notamment de Despiau et Friesz.

Paul Léautaud , critique théâtral et collaborateur au
Mercure de France. Il tient pendant plusieurs décennies un
Journal littéraire qui constitue une critique acide de la société
parisienne ; lui-même vivait dans un pavillon de banlieue, parmi
une multitude d'animaux domestiques.

Le poète Paul Valéry photographié par Henri Cartier-Bresson. Il meurt peu après la victoire des Alliés, en juillet 1945. Le Gouvernement provisoire organise en son honneur des funérailles nationales.

Aragon et Elsa poursuivent leur œuvre romanesque pendant toute l'occupation. Ils vivent surtout en zone Sud ; en particulier à Nice, Lyon puis dans la Drôme en 1944. Leur vie ne devient semi-clandestine qu'à compter de 1943.
(photo Henri Cartier-Bresson).

Antoine de Saint-Exupéry. En 1939-1940, il sera mobilisé comme aviateur dans une escadrille de reconnaissance (la II/33) ; après la campagne de France, il gagne les États-Unis où il écrit *Pilote de guerre* et *Le Petit Prince*. Réengagé dans l'aviation, il trouve la mort aux commandes de son appareil en juillet 1944.

L'inauguration de l'exposition du sculpteur allemand Arno Breker à l'Orangerie, en mai 1942, est l'une des grandes manifestations du rapprochement franco-allemand en matière culturelle. Le discours de Jacques Benoist-Méchin est ici attentivement écouté par les invités. On reconnaît Abel Bonnard, Serge Lifar, Jean Cocteau à moitié dissimulé par Arno Breker, Fernand de Brinon.

Pendant l'occupation, Jean-Paul Sartre et Simone de Beauvoir
vivent à l'hôtel et passent une grande partie de leur temps dans
les cafés de la rive gauche. Ici, au *Flore*, en mars 1943 à côté de
Maurice Baquet : Raymond Bussière, Annette Poivre ; à la table
voisine, Sartre.

Le dernier métro *[à droite]* — préoccupation essentielle
des noctambules — est un lieu de rencontre privilégié.
Fernand Ledoux et Simone Signoret. Mistinguett..

Le 19 mars 1944, un événement "théâtral" de l'occupation photographié par Brassaï *[pages précédentes]* : la première du *Désir attrapé par la queue*. Auteur : Picasso. Metteur en scène : Albert Camus. Parmi les acteurs : Michel Leiris, qui prête son appartement pour l'occasion. De gauche à droite, Jacques Lacan, Cécile Éluard, Pierre Reverdy, Louise Leiris, Picasso, Zanie de Campan, seule actrice véritable de la troupe, Valentine Hugo, Simone de Beauvoir, Georges Brassaï. Assis, Jean-Paul Sartre, Albert Camus, Michel Leiris et Jean Aubier.

En 1944-1945, André Malraux commande une brigade d'anciens F.F.I. dans l'Est de la France. Il demeure donc mobilisé jusqu'au printemps 1945. Il est ici en compagnie de Pascal Pia, un des fondateurs du journal *Combat*.

Jean Gabin s'est engagé en 1943 dans la 2e D.B. du général Leclerc comme chef de char. Il participe à la campagne d'Allemagne en 1945.

En août 1944, Sacha Guitry, une des
personnalités les plus en vue du Tout-Paris de
l'occupation, est arrêté à son domicile du
Champ-de-Mars et conduit à la mairie du VIIe
avant d'être enfermé au camp de Drancy
pendant deux mois. Cette période lui inspirera
deux livres : *Soixante Jours de prison* et *Quatre
Ans d'occupation*. (photo   Cartier-Bresson).

Paul Chack *[à droite]*, ancien officier de marine,
auteur de plusieurs dizaines de romans ayant
pour thème la guerre sur les mers. Anglophobe
et anticommuniste, (président du comité
d'action antibolchevique), Paul Chack est arrêté
en août 1944 par les F.F.I. et interrogé au même
endroit que Sacha Guitry (à la mairie du VIIe).
Il sera condamné à mort et fusillé en
décembre 1944 (photo Cartier-Bresson).

Un des procès de l'épuration. Robert Le Vigan qui a joué dans plusieurs films dont *Goupi-Mains-Rouges*. Ami de Céline, il avait gagné Sigmaringen en 1944. Fernand Ledoux, Jean-Louis Barrault, Madeleine Renaud et Pierre Renoir viennent témoigner en sa faveur. Il sera condamné à dix ans de travaux forcés, la confiscation de tous ses bïens et l'indignité nationale. Après plusieurs années de détention, il s'expatriera en Argentine.

tiennent les groupes de Raymond Borderie, Roger Richebé, Sacha Guitry, Roland Tual, Marcel Pagnol jusqu'en 1944.

Même centralisation pour la censure dont le patron, Hervé Pleven, frère du futur ministre, décide le transfert de Vichy à Paris. Tout cela permet évidemment à l'occupant d'avoir un regard plus aigu sur la profession cinématographique.

OPTIMISME, DÉCENCE, REDRESSEMENT MORAL...

La censure, qu'elle soit française ou allemande, s'exerce essentiellement sur l'exploitation. La première commission responsable des visas était présidée par Paul Morand, en vertu sans doute de *France la Doulce* où il dénonçait l'invasion juive dans les milieux du cinéma, avec un antisémitisme de bon aloi en cette fin 1940. Avec les décisions d'août 1942 déterminant l'action du directeur général du cinéma, assisté d'une commission consultative où siègent des représentants des ministères intéressés, des membres nommés par le chef du gouvernement, un représentant de la Légion des combattants et un du C.O.I.C., le visa de production devient facultatif. Seul le visa d'exploitation est nécessaire à la sortie d'un film. Marcel Achard, qui fait partie du comité directeur de la direction générale du cinéma, affirme cependant dans *Comœdia* : « Ma première action visera à détruire ce qu'il y a de nocif, de délétère, d'asphyxiant dans la censure cinématographique de Vichy. Car nos films sont handicapés à la base par une censure qui, sous prétexte de moralité, écarte des sujets de classe ou ne les autorise que sous réserve de suppressions, ce qui affadit l'œuvre entière. »

Fort de sa notoriété Marcel Achard n'hésite donc pas à braver Vichy de temps à autre, en particulier quand il faut décerner les cartes professionnelles indispensables aux acteurs; c'est lui qui en 1941 se porte garant de l'identité (fausse) du comédien Claude Vernier, bien qu'il n'ignore pas que celui-ci soit un réfugié politique allemand : « Ainsi Marcel Achard a bien voulu couvrir ma redoutable identité [144]. » Son attitude, plus encore son théâtre lui valent les sarcasmes de *Je Suis Partout* : « Les Acharniens sont une comédie d'Aristophane. Mais les Achardiens, ou les séides de monsieur Achard c'est un drame. Achard est parti, les achardiens sont restés ! »

Certaines décisions de la censure prêtent à sourire : ainsi une directive ministérielle précise que l'adultère ne doit pas fournir plus de 49 % du sujet d'un film. Le visa ne sera accordé à *Goupi-Mains-Rouges,* l'un des grands films de cette période, que « sous réserve d'introduire quelques éléments gais dans le cours du film ». A une époque où l'on prône la noblesse de la terre « qui elle, ne ment pas », la vision du monde rural par Jacques Becker peut sembler quelque peu dérangeante. *Le Voyageur sans bagages* de Jean Anouilh, auteur de la pièce dont il tire lui-même un film, doit clairement indiquer dans son dénouement que « le personnage va vers une vie nouvelle et épurée ». Dans *L'Aventure est au coin de la rue,* la scène de la robe déchirée de la chanteuse Adria-Adria, « doit être traitée avec tact ». Bref : optimisme et décence. Le « redressement moral » du cinéma est en route. Marcel L'Herbier en a tracé les principes directeurs : « Le sujet du film doit être grand pour servir la publicité de la nation, édifiant par quelque côté pour contribuer à la moralisation de la foule, distrayant pour attirer cette foule [100]... » Michel Duran, auteur théâtral et futur chroniqueur cinématographique au *Canard enchaîné* réagit : « Je défie un réalisateur de faire un film neuf en ce moment (...). La production cinématographique dépend du capitaine de corvette, de pères de familles nombreuses, d'hommes d'église [000]. » Ce qui ne l'empêche pas d'être le dialoguiste de *Premier Rendez-Vous* d'Henri Decoin, avec Danielle Darrieux, qui suscite le plaisir du critique de *L'Illustration,* Robert de Beauplan : « Le film, par son sujet comme par sa facture, cherche non seulement à échapper aux critiques des censeurs les plus vétilleux, mais à attester que le cinéma français (...) a abjuré ses erreurs et qu'il entend contribuer, dans la mesure de ses moyens, à ce redressement général. »

Le redressement passe, certes, par la censure qui peut

aller jusqu'à interdire le film *Pension Jonas* relatant les aventures d'un clochard hébergé dans le ventre d'une baleine naturalisée, pour « imbécillité » et inviter fermement son réalisateur, Pierre Caron, à exercer un autre métier. Elle cause aussi bien du souci à Jean Delannoy : celui-ci avait tourné en 1939 un film intitulé *Macao* avec, dans les principaux rôles, Eric von Stroheim et Mireille Balin. Avec la guerre et l'occupation, Eric von Stroheim, juif autrichien émigré aux États-Unis, devient *persona non grata*. D'où un nouveau tournage des scènes où von Stroheim est remplacé par Pierre Renoir. Ce dernier, marqué par le destin, allait d'ailleurs, après la libération prendre la place de Robert Le Vigan, un peu trop compromis dans la collaboration, dans le rôle de Jéricho, le marchand d'habits des *Enfants du paradis* de Carné. *Macao* va devenir *l'Enfer du jeu*; quant à Roger Blin, il refuse de se prêter au jeu auquel s'est livré Pierre Renoir et de rejouer avec un partenaire aryen les scènes où il donnait la réplique au juif Dalio dans *Entrée des artistes*.

Si la pression de Vichy et de l'occupant se fait sentir de façon négative dans cette censure, peut-on en dire autant de la propagande diffusée à travers les films ?

PROPAGANDE ET CINÉMA

En ce qui concerne les longs métrages, il serait difficile, en épluchant scénarios et dialogues, d'y voir des références directes au régime politique. Certes il y a *La Vénus aveugle* dont Abel Gance donne symboliquement le premier tour de manivelle le 11 novembre 1940 et pour lequel il écrit à Pétain : « C'est à la France de demain que je voulais dédier ce film, mais puisqu'elle s'est incarnée en vous, M. le Maréchal, permettez que très humblement, je vous le dédie [256]. » Abel Gance, fréquemment accusé d'être juif, a-t-il voulu se placer sous la protection de Pétain ? Toujours est-il que cette histoire de cécité et d'amour que joue Viviane Romance avec beaucoup de conviction, sort à la fin de 1941 en zone libre et rencontre un succès considérable. En zone

Nord le film est fraîchement accueilli en 1943; on parle de « lamentable mélo ». Entre ces deux dates, le pétainisme a pris du plomb dans l'aile et le thème de la rédemption par la souffrance qui est l'une des clés du film n'enthousiasme pas les Français condamnés aux restrictions. Pourtant le film ne présentait aucun caractère propagandiste. Différente est *La Nuit merveilleuse* de Jean-Paul Paulin, resucée moderne d'une Nativité difficile, où un vieux fermier, Charles Vanel, que l'on retrouve d'ailleurs à la ville porteur de la Francisque, émaille ses propos de citations entières de discours de Pétain qui trouve ici un insolite emploi de dialoguiste.

La propagande s'exerce plutôt dans les documents qui accompagnent le long métrage – documentaires d'ailleurs parfois reconstitués : ainsi, *Les Corrupteurs,* qui évoquent le rôle néfaste des juifs dans les milieux de la presse, de la radio et du cinéma, passe en première partie du film *Les Inconnus dans la maison* d'Henri Decoin, dans lequel, hasard de la distribution (?), le coupable du meurtre est un certain Ephraïm Louska (joué par Mouloudji) au nom pas très catholique. En 1943, *Forces occultes* dénonce, de façon romancée, l'influence criminelle de la franc-maçonnerie sur la vie politique du défunt régime. *Le Péril juif* est réalisé à partir de documents d'origine allemande et sort à Paris le 6 juillet 1942. Neuf jours plus tard, c'est la rafle du Vel' d'Hiv.

Quant aux résistants, ils sont décrits comme des êtres uniquement préoccupés par l'argent; l'un d'entre eux va jusqu'à provoquer le déraillement du train où se trouvent sa mère et sa petite sœur. Selon le journal *Aujourd'hui* du 11 janvier 1944, il a été réalisé d'après « le récit de jeunes réfractaires qui ont réussi à échapper à l'enfer dans lequel leur naïveté les avait précipités (...) Ce film est pour les jeunes gens un ultime avertissement ». Apparemment peu suivi d'effet en cette année 1944.

La propagande de la Révolution nationale se manifeste dans *Français vous avez la mémoire courte* projeté à l'occasion de l'exposition *Le Bolchevisme contre l'Europe* en 1942 ou *Images et Paroles du Maréchal Pétain.*

Le programme comprend aussi des actualités; elles

reprennent en zone Sud dès novembre 1940, sous l'impulsion de Jean-Louis Tixier-Vignancour. Les deux zones ont tout d'abord des productions séparées mais le 4 mai 1942 est constituée la société *France-Actualités* avec 60 % de capitaux français et 40 % de capitaux allemands, qui obtient le monopole de leur diffusion sur la France entière. Si le 8 juillet 1941 leur projection est obligatoire, leurs images et leurs commentaires emphatiques, et délibérément subjectifs, – car ils sont soumis à la double surveillance des services d'information de Vichy et des autorités d'occupation dont le visa est indispensable –, suscitent aussitôt de vives réactions. Et, comme le note Jünger dans son *Journal*, la projection a lieu dans une salle éclairée, car cela permet de repérer, et donc de calmer les perturbateurs.

Comme si tout cela ne suffisait pas, on essaie de promouvoir certains thèmes, notamment celui du retour à la terre, seule planche de salut face à la ville corruptrice. Au Paris faubourien du Front populaire s'oppose la majesté champêtre du régime de Vichy : *Monsieur de Lourdines,* tiré du roman d'Alphonse de Chateaubriant et réalisé par Pierre de Hérain, le beau-fils du Maréchal Pétain, raconte l'histoire édifiante d'un fils de famille qui mène une vie dissolue à Paris avant de se repentir en retournant travailler la terre de ses ancêtres. Autre thème : la famille. L'hebdomadaire spécialisé et antisémite *Ciné-Mondial,* du 27 mars 1942, sous le titre « Le Cinéma n'est pas l'ennemi de la famille » annonce le concours organisé par le secrétariat d'État à la Santé et à la Famille pour la réalisation d'un long métrage « exaltant la grande idée de la famille française ».

Cocteau n'avait-il pas raison en écrivant à Jean-Pierre Aumont dès août 1940 : « On va faire des films jeunes et *agricoles*. On aura besoin de vous tous. Moi, je ne suis pas sans crainte devant une longue période *morale* et plate : Tout relief sera suspect [7]. »

Et pourtant non! Les craintes du poète ne sont pas totalement fondées. Certes, parmi les deux cent vingt films réalisés pendant la période, que de bluettes, de mièvreries, de mélos larmoyants dont l'archétype est *Le Voile bleu* où le dévouement voire l'abnégation d'une Gaby Morlay, gouvernante au grand cœur, fait verser des torrents de larmes.

RÉSISTANCE OU COLLABORATION ?
LE CLAIR-OBSCUR...

Absence de relief des films ? Certains en auront tellement que leur propos sera interprété de façon diverse, soit critiqué de façon acerbe, soit exalté jusqu'à l'emphase. Ainsi *Le Ciel est à vous* de Jean Grémillon dont le tournage débute en mai 1943 (sortie en février 44) : le couple de garagistes, interprété par Charles Vanel et Madeleine Renaud, qui voit se réveiller et s'éveiller l'amour de l'aviation au point que l'héroïne risque sa vie pour battre un record, témoigne-t-il de cette famille qui réussit à force de ténacité à retrouver une cohésion dans un exploit qui la transcende selon la morale vichyste, ou bien est-il le symbole d'une France qui renaît à travers la Résistance et ses épreuves ? *Le Film,* hebdomadaire engagé dans la collaboration, et *L'Écran français,* clandestin jusqu'à la Libération, font dans leurs pages l'apologie de cette œuvre pour des motifs contradictoires.

Le Corbeau de Henri-Georges Clouzot est tourné en 1943 pour la *Continental.* Ce récit sulfureux, dont l'intrigue se noue à partir de lettres anonymes dans une petite ville, entraîne des réactions violentes. Est-il un film inspiré par les Allemands pour montrer, comme le dit *L'Écran français,* des « estropiés, amoraux, corrompus, qui déshonorent une de nos villes de province » et pour présenter en Allemagne notre pays sous un tel jour ? Ou bien dénonce-t-il avec virulence et noirceur l'abjection des lettres anonymes qui encombrent à cette époque les bureaux des Kommandantur. On va jusqu'à dire que Clouzot ne tournera plus pour la *Continental* car les Allemands se sont plaints que l'on décourageait ainsi les auteurs de ces lettres. En fait, il s'avérera que le scénario avait été écrit en 1937, et que le film n'avait jamais été montré en Allemagne parce que considéré comme trop dur.

Que dire du cœur des amoureux qui continue de battre sous la pierre dans les statues des *Visiteurs du soir* de Carné, malgré le fouet du diable Jules Berry ? Est-ce le cœur de la

France résistante, dont l'occupant ne peut interrompre les pulsations? Ce film que Galtier-Boissière appelle « Les Emmerdeurs du Soir », suscite des réactions opposées : Sacha Guitry en fait « une parodie de chef-d'œuvre luxembourgeois joué par des domestiques tristes », alors que Lucien Rebatet chargé de la critique cinématographique de *Je Suis Partout* écrira plus tard : « Au sortir des *Visiteurs du soir* de Carné et Prévert, je catéchisais la bande de critiques qui n'y avaient rien compris, je leur enjoignais de soutenir ce beau poème. Deux jours après, chez *Maxim's*, je me réconciliais avec Marcel Carné, que j'avais souvent tarabusté pour son esthétique populiste, nous trinquions ensemble aux applaudissements des convives [121]. » Curieux revirement pour un homme qui écrivait quelque temps plus tôt dans *Les Tribus du cinéma et du théâtre* : « Carné et ses juifs ont vautré le cinéma français dans un fatalisme et un déterminisme dégradants [259]. »

La réplique tirée de *Pontcarral*, colonel d'Empire de Jean Delannoy : « Sous un tel régime, Monsieur, c'est un honneur que d'être condamné », fait-elle de ce film un exemple de résistance cinématographique, de même que les applaudissements des salles devant la dernière scène qui montre le régiment français, avec fanfare, drapeau et Pierre Blanchar-Pontcarral en tête, partir conquérir l'Algérie? Tout cela ne peut évidemment que raviver un patriotisme que trop de spectateurs de l'époque ont oublié. La censure a d'ailleurs coupé la réplique : « Il est temps de sortir la France de ces humiliations, de rendre à son drapeau, un peu de gloire. »

Parmi les quatre-vingt-un réalisateurs, dix-neuf débutent pendant l'occupation, et non des moindres, puisqu'on relève, entre autres, les noms de Jacques Becker, Yves Allégret, Robert Bresson, André Cayatte, Claude Autant-Lara, Henri-Georges Clouzot, auxquels le départ de Jean Renoir, René Clair, Julien Duvivier, Jacques Feyder, a laissé le champ libre.

Cela sans le concours de l'I.D.H.E.C. créé par Marcel L'Herbier qui se souvient du 11 janvier 1944 : « Ce soir-là, dans un hôtel particulier situé 6 rue de Penthièvre, j'inaugurais devant une assemblée professionnelle éminemment représentative, l'Institut des Hautes Études Cinématographiques que j'avais administrativement fondé en octobre 1943 [100]... »

Quant aux films réalisés, certains font partie des grands titres du cinéma français : *Les Anges du péché, Douce, Les Enfants du paradis, Lumière d'été, Goupi-Mains-Rouges,* etc., outre ceux déjà cités.

Il n'est pas besoin, pour alimenter la production, de lancer un concours de scénario comme le fait l'hebdomadaire *Comœdia,* qui réunit un jury prestigieux : Colette, Edwige Feuillère, Marcel Achard, Jean-Louis Barrault, Jean-Paul Sartre, Lucien Rebatet, Jean Giraudoux, Henri de Montherlant...

Le public ne se trompe pas sur la qualité ou la signification des huit œuvres qui lui sont présentées; en octobre 1943, sur la liste des meilleures recettes depuis 1940, on relève en tête, *Pontcarral* avec 10 700 000 francs, suivi des *Visiteurs du soir* avec 9 170 000, *Domino* de Richebé d'après Achard, *Goupi-Mains-Rouges...* Et pourtant, le tournage d'un film n'est pas toujours chose facile.

DES CONDITIONS DE TRAVAIL DIFFICILES

De sa propriété de Cagnes-sur-Mer, Jean Renoir écrivait le 24 août 1940 : « Pour ne pas devenir gâteux, j'ai pondu deux scénarios, l'un petit et adapté à la pauvreté des temps, et l'autre grandiose, qui m'emballe tout à fait et emballe aussi Jean Gabin que j'ai la grande joie de retrouver dans ce coin (...) J'ai consulté Tixier-Vignancour. J'essaie d'avoir le plus de renseignements sur les possibilités actuelles de produire, et j'en suis arrivé à la conclusion qu'il vaut peut-être mieux renvoyer ce grand projet à quelques mois. Aussi ai-je pensé qu'une manière de vivre possible serait d'aller, en attendant, faire un film en Amérique [122]. » Optimiste quant à la durée de son exil, Jean Renoir! Mais lucide quant aux facilités de réaliser un film.

L'aspect matériel tout d'abord : le coût d'un film ne

cesse d'augmenter au cours de la guerre : Louis Daquin réalise *Nous les gosses* en 1941, pour 3 500 000 francs; durant la saison 1941-1942, le coût moyen d'un film est passé à 5 millions, et à 7 300 000 francs en 1942-1943, pour continuer à augmenter ensuite par l'accroissement du coût des matières premières, les taux d'assurances élevés, l'augmentation des salaires des techniciens devenus rares parce que prisonniers ou bientôt enrôlés dans le S.T.O. Pour assurer la réussite commerciale d'un film, on n'hésite pas à engager à prix d'or tous ceux qui serviront la qualité ou le renom de l'œuvre. Sartre signe un contrat de 37 500 francs, dix fois son salaire mensuel d'agrégé, pour écrire un scénario destiné à Jean Delannoy. Et que dire des vedettes qui ajoutent à leurs exigences financières celles que leur impose la rigueur des temps. Ainsi Fernand Gravey qui, dans un contrat, exige 1 kilo de beurre des Charentes par semaine et le blanchissage de ses serviettes à démaquiller.

Les restrictions de pellicule posent aussi de sérieux problèmes : en janvier 1943, le C.O.I.C. interdit, sauf dérogation exceptionnelle, de dépasser 2 700 mètres de pellicule pour réaliser un film, c'est-à-dire 1 heure 38 minutes de projection, et les documentaires sont limités à 13 minutes. Jusqu'à cette date, seules trois dérogations ont été accordées pour *Pontcarral*, *Les Visiteurs du soir* et *Le Destin fabuleux de Désirée Clary* de Sacha Guitry. C'est pourquoi Louis Galey et Raoul Ploquin, responsables du cinéma français, lancent en commun cet avertissement en mai 1943 : « La pellicule est rare. Nous exigeons des producteurs et réalisateurs qu'elle soit utilisée à bon escient. Il n'est plus un mètre de film qu'ont ait le droit de gâcher [215]. » C'est bien! Mais comme la pellicule est de mauvaise qualité, il faut souvent recommencer les scènes plusieurs fois. A cette restriction s'ajoute celle de l'électricité : le contingent de courant alloué aux studios étant nettement insuffisant, on prend des mesures pour tourner la nuit, de 21 heures à 5 heures du matin où les kilowatts se font moins rares.

Il faut économiser aussi sur les décors qu'on récupère d'un film sur l'autre. Pour le tournage de *La Nuit fantastique* Marcel L'Herbier évoque le studio de Joinville « démuni de bois, de peinture, de clous, d'électricité [100] ». La chasse aux clous est ouverte sur tous les lieux de tournage. Un couvent prêtera les costumes du premier film de Robert Bresson, *Les Anges du péché,* car il est impossible de trouver du tissu de laine. La prieure y met une condition : que les actrices viennent apprendre à faire l'acte de contrition consistant à se jeter en avant, face contre terre, les bras en croix. Renée Faure et Jany Holt, héroïnes du film, en garderont un souvenir mitigé.

C'est que dans cette période où le cinéma veut se réfugier dans le rêve, la fantaisie ou l'histoire, le costume coûte cher. *Vautrin,* réalisé par Pierre Billon, exige la création de 200 robes de style à 15 000 francs pièce, la broderie représentant parfois 5 000 francs par modèle, et de 75 chapeaux à 1 000 francs. Pour les costumes du *Lit à colonnes,* Roland Tual engage un jeune décorateur talentueux et maniaque du détail : Christian Dior. Après maintes recherches, le futur couturier déniche dans un moulin des bords de Loire les pièces de tulle qui serviront pour la confection des robes de la scène du bal.

Les lieux de tournage non plus ne sont pas faciles à trouver. Arletty, pour la *Madame Sans-Gêne* de Richebé, obtient l'autorisation de tourner dans le château de Grosbois. Pour *Goupi-Mains-Rouges,* film à petit budget, Jacques Becker cherche un site d'extérieur pour une longue durée. C'est Robert Le Vigan qui lui fournit une gentilhommière dans l'Angoumois, propriété d'un de ses voisins. Heureuse idée qui permet à l'équipe de manger convenablement grâce aux ressources de la basse-cour et du potager.

Le 10 avril 1944, à la terrasse des *Deux Magots,* le jeune Paul Guth se voit proposer par Robert Bresson de suivre le tournage de son prochain film. Il s'agit des *Dames du bois de Boulogne* d'après *Jacques le Fataliste* de Diderot. Le futur « Naïf » y découvre que la journée de film coûte 180 000 francs et le directeur de production qui lui fait ses doléances ne sait pas encore qu'à partir de mai 1944, les coupures d'électricité vont être encore plus fréquentes et plus longues, et que le film devra même être provisoirement arrêté le 3 juin. Ces arrêts de tournage imposés qui touchent, à cette époque, à peu près tous les films en cours, sauf le *Père Goriot* et *Falbalas* quasi terminés, déclenchent un conflit entre les assureurs-risques de guerre et la direction du cinéma.

Car l'Histoire, la vraie, a aussi son mot à dire. Carné le sait en raison des péripéties que connaissent *Les Enfants du paradis*. Le film est réalisé à Nice, aux studios de la Victorine et avec les moyens considérables qu'exige la reconstitution du « boulevard du Crime » : 35 tonnes d'échafaudages, 350 tonnes de plâtre, 500 mètres carrés de vitres, un décor impressionnant de 160 mètres de profondeur, dans lequel vont évoluer pour la scène finale, plus de 1 500 figurants. Le débarquement des Américains en Sicile et l'entrée des Allemands à Nice le 9 septembre 1943, suspendent le tournage qui ne reprendra que le 8 novembre pour s'achever... en janvier 1945! Avec, il est vrai, la volonté de Carné de traîner en longueur afin que ce soit le premier film présenté une fois la paix revenue. Carné, l'un des réalisateurs les plus honnis du régime pour ses films d'avant-guerre et que l'hebdomadaire *Je Suis Partout* vouait au peloton d'exécution l'appelant même « Carné de balles », Carné qui avait le plus tardé à reprendre son activité sous l'occupation, Carné enfin qui employait des gens normalement frappés par les lois raciales : Alexandre Trauner pour les décors et Joseph Kosma pour la musique, tous deux juifs hongrois, prêtaient leur concours pour *Les Visiteurs du soir,* qui avaient pour décorateur officiel Georges Wakhevitch, et pour musicien, Maurice Thiriet. C'est aussi anonymement qu'Henri Jeanson, interdit de générique, signait, si l'on peut dire, les dialogues de *La Nuit fantastique* de Marcel L'Herbier. Quant au film *Adieu Léonard* de Pierre Prévert, il est le refuge d'un certain nombre d'irréguliers de cette époque, dans ce que Simone Signoret appelle « la plus grande cache de tous les sans-papiers du *Flore* [132] ».

Libéré en 1941 de son camp de prisonniers, un jeune comédien un peu trop maigre se fait remarquer; ainsi apparaît Bernard Blier sur le tournage du *Lit à colonnes*. De fait, la période ne pousse pas à la surcharge pondérale d'autant que les conditions de tournage sont dures, notamment l'hiver.

Pour *Les Anges du péché,* dont le titre a été trouvé par Marcel Achard, la productrice Denise Tual décrit ainsi les conditions dans *Le Temps dévoré* : « Les restrictions d'électricité nous obligeaient à tourner la nuit et nous n'étions pas autorisés à avoir de voiture pendant le tournage. Il faisait très froid. Pour chauffer le studio, on avait allumé de grands braseros auprès desquels les nonnes venaient se presser entre les prises de vues. Au petit matin, les vedettes, les techniciens, Bresson et les ouvriers du studio, prenaient le métro à la station Botzaris. Là, on se réchauffait, les visages blêmes reprenaient leurs couleurs [139]. » Lors du tournage de *Boléro,* Arletty, transie, note les stalactites de glace qui pendent du plafond du studio. Et Edwige Feuillère de renchérir en se souvenant de *La Duchesse de Langeais* où « il fallait lutter contre une température sibérienne : les belles figurantes du bal de Madame de Sérizy, épaules et bras nus, s'évanouissaient de froid et de faim [57]. » Car au froid, s'ajoutait pour certains la faim. La scène du banquet des *Visiteurs du soir* est, à ce sujet, exemplaire : les fruits dressés en pyramides sur les tables disparaissant trop vite sous la dent des figurants affamés avaient dû être piqués au phénol. Quant aux miches de pain, si leur apparence extérieure restait la même, des doigts agiles les vidaient de leur mie à l'intérieur. Mais on ne peut évidemment comparer le sort de la vedette et celui d'un simple figurant comme Yves Montand, engagé dans *La Fille du puisatier* et qui arrive sur les lieux de tournage avec sa « garde-robe » dans une petite valise en carton. *L'Illustration* de janvier 1944 évoque d'ailleurs le problème du costume : « Quant aux figurantes, leurs bulletins de convocation porte généralement... " robe du soir " ou " robe de ville ". On peut imaginer ce qu'il y a à attendre comme contribution à l'élégance d'un film, d'une malheureuse qui touche un cachet de quelque 200 francs par jour, non compris diverses retenues légales. » Peu favorisés les figurants, peut-être... mais Simone Signoret qui en 1941 a abandonné un salaire de 1 400 francs par mois aux *Nouveaux Temps* de Jean Luchaire touche un cachet de 120 francs pour la journée, comme « artiste de complément » dans *Le Prince charmant* de Jean Boyer. Et comme « silhouette » c'est-à-dire dans un rôle lui faisant prononcer une phrase de *Boléro* du même Jean Boyer, elle touche 500 francs. Il est nourri et logé, le figurant, quand on tourne au loin! même si, pendant le tournage des *Visiteurs du soir,* les figurants – Simone Signoret, Alain Resnais, François Chaumette, Jean Carmet – logent à Vence dans une pension proche de la voie ferrée alors que les vedettes couchent au *Grand Hôtel.*

LA « PERCÉE DE JEUNES VEDETTES »

L'occupation favorise la réussite de jeunes acteurs, ou metteurs en scène. Il y a ceux qui confirment des débuts prometteurs : Micheline Presle, Madeleine Robinson, Marie Déa, Madeleine Sologne, François Périer. Odette Joyeux qui a commencé sa carrière avant-guerre, la poursuit. Devenue la protégée de Denise Tual qui l'introduit dans le « clan » Gallimard, elle écrit un livre remarqué *Agathe-de-Nieul-L'Espoir.* C'est par l'entremise d'Henri Jeanson qu'elle rencontre Claude Autant-Lara qui lui donne le rôle principal du *Mariage de Chiffon* en 1941. En 1943, dans *Les Petites du quai aux Fleurs* de Marc Allégret, elle tourne avec un débutant qu'on voit surtout de dos car les actrices à qui il donne la réplique exigent d'être prises de face. On le reverra plus tard : Gérard Philipe a alors vingt et un ans! A ses côtés, Danièle Girard qui deviendra Delorme, et Bernard Blier dont le talent se confirme. Jean Marais, après s'être vu proposer par Carné un rôle dans un film de science-fiction, *Les Évadés de l'an 4000,* produit d'ailleurs par la *Continental* mais qui finalement ne se fera pas, est refusé par les Allemands pour un rôle dans *Premier Rendez-vous* de Decoin également produit par la *Continental.* Il débute dans *Le Pavillon brûle* de Jacques de Baroncelli.

Cette période marque aussi l'émergence de seconds rôles. *L'Assassin habite au 21* de Clouzot, en est l'exemple, qui donne la vedette aux trois assassins : Pierre Larquey, Jean Tissier et Noël Roquevert face au couple formé de Pierre Fresnay et Suzy Delair. Il est d'ailleurs gênant, dans ce film produit par la *Continental,* d'entendre Roquevert faire l'apologie de « l'hécatombe ». Robert Le Vigan appartient aussi à ces « excentriques du cinéma ». Le remarquable Goupi-Tonkin du film de Becker, inquiétant, halluciné, a tourné juste avant la débâcle dans *Untel père et fils* de Duvivier, film patriotique relatant la vie d'une famille à travers les guerres de 1870, 1914, 1939. En 1940, Duvivier s'embarque avec une copie du film sous le bras vers les États-Unis, où il sera projeté sous le titre de *Heart of a Nation* ou *La France immortelle*. Quant à Le Vigan, la débâcle le projette à Pau puis à Marseille où il tourne dans le premier film commencé lors de l'occupation, *Chambre 13* pour lequel le metteur en scène, Jean Hugon, engage des acteurs sous-payés, profitant de leur situation précaire, notamment Jules Berry, et la jeune Josselyne Gaël. Désargenté, Le Vigan participe à des émissions de Radio-Paris, avant de continuer tout au long de la guerre une fructueuse carrière puisqu'il tourne dans quatorze films. Pour *L'Assassinat du Père Noël* de Christian-Jaque, il écrit une lettre de remerciement à la *Continental,* productrice du film, en l'assurant de sa parfaite « collaboration ». Mot malheureux, mais peu d'acteurs s'engageront aussi loin que lui. Certes, Charles Vanel et Pierre Fresnay n'hésitent pas à affirmer leur attachement au Maréchal et à sa politique mais le premier ne tournera jamais pour une société de production allemande.

Quant à Harry Baur, il est l'acteur principal de *L'Assassinat du Père Noël*. Ce film est présenté dans *L'Illustration* en octobre 1941 comme « un heureux exemple de collaboration franco-allemande »; et à la même date, une photo publiée dans *Aujourd'hui* le montre en Allemagne écoutant un discours de Hitler. Tout cela n'aurait rien d'extraordinaire si ce n'est qu'Harry Baur est fortement soupçonné d'être juif! ce qu'Alain Laubreaux insinue quand, dans un article de *Je Suis Partout*, il le qualifie de « néo-aryen ». Pour pouvoir obtenir un rôle dans *Jazz,* une pièce de Pagnol, Harry Baur doit prouver qu'il est aryen. Dans ses mémoires Galtier-Boissière affirme : « Il paraît que cela lui a coûté chaud [61] » Ces formalités remplies, Harry Baur repart en Allemagne tourner dans *Symphonie d'une vie* sous la direction d'Hans Bertram. Peu après, l'acteur est arrêté par la Gestapo qui le soupçonne de plus en plus d'être juif et de surcroît un agent anglais. Il reste en prison plusieurs semaines et n'en ressort qu'en septembre 1942. Très affaibli par l'épreuve, il meurt chez lui, à Paris, en avril 1943.

DES ARTISTES RÉSISTANTS ?

Quant à ceux qui prennent le parti de la Résistance, ils ne sont pas nombreux, tout au moins dans les premières années : Françoise Rosay, pour tourner *Une Femme disparaît,* en Suisse, demande des visas de sortie à Vichy pour son équipe qui comprend des juifs : « Dans les salles de bains des hôtels de Vichy, on m'expliquait que l'on ne pouvait pas donner de passeport à des gens qui étaient à l'index [124] », et se heurte notamment au refus brutal du pianiste Alfred Cortot, alors chargé de mission à Vichy pour les problèmes artistiques. Elle partira ensuite pour la Tunisie en 1942 où elle fera à la radio des émissions exaltant l'esprit de résistance, avant de rejoindre à Londres Claude Dauphin, Pierre Dac, Paul Bonifas, Jean Mercure.

Jean-Paul Le Chanois, de son vrai nom Dreyfus, réussit à mener de front son travail pour les Allemands de la *Continental* et ses activités clandestines qui lui feront réaliser vers la fin de l'occupation *Au Cœur de l'orage,* à la gloire des maquisards du Vercors.

René Lefèvre, le doux rêveur des films de René Clair avant la guerre, acteur et réalisateur, est l'agent P 2 du B.C.R.A. RY 169/IX ; il appartient au réseau Mithridate sous le pseudonyme de Labotte, et fait de *La Gaïole,* sa maison de la Côte d'Azur, un centre d'accueil notamment pour Emmanuel d'Astier de la Vigerie.

Pierre Blanchar poursuit sa carrière d'acteur, entame celle de metteur en scène et écrit dans *L'Écran français* clandestin, supplément des *Lettres françaises* elles-mêmes clandestines. Dans l'un de ses articles, il fustige *Le Corbeau* comme film antifrançais. Sa signature côtoie celle de Louis Daquin, metteur en scène de *Nous les gosses, Le Voyageur de la Toussaint, Premier de cordée.*

Sylvain Itkine tenait le rôle d'un petit professeur discret et cultivé, compagnon de forteresse de Gabin et Fresnay dans *La Grande Illusion* de Renoir. L'apprenti fourreur, Sylvain Itkine, devenu homme de théâtre, arrêté, torturé, déporté, allait mourir, seul au milieu de tant d'autres, un mauvais jour de 1945.

Quant à Robert Lynen, le jeune « Poil de Carotte » du film de Julien Duvivier avant la guerre, son engagement comme maquisard le conduira au peloton d'exécution le 1er avril 1944 dans la forteresse de Karlsruhe.

Et les autres?...

ET POURTANT ILS TOURNENT...

Michel Simon a commencé la guerre par une carrière italienne à la société de production *Scalera* avec trois films, avant de revenir à Paris en octobre 1942 pour tourner *Au Bonheur des Dames* de Cayatte pour la *Continental,* et *Vautrin* de Pierre Billon dont il affirme un peu rapidement que c'est son dernier film. Pierre Fresnay tourne neuf films pendant l'occupation, dont quatre pour la *Continental,* son rôle principal étant celui du docteur Germain dans *Le Corbeau* de Clouzot. A ses côtés, Ginette Leclerc [95] qui vient d'achever *Fièvres* avec Tino Rossi, et affirme que ce sont les Allemands qui ont exigé qu'elle travaille exclusivement pour eux, sous la menace de lui retirer sa carte de travail.

Raimu qui a tourné pour Pagnol et Marc Allégret, se voit confier le rôle principal de l'avocat dans *Les Inconnus dans la maison* de Decoin. Après cette expérience, Alfred Greven lui demande de signer pour trois films, mais Raimu répond qu'il est engagé jusqu'en 1944 ce qui est faux et lui fait rechercher immédiatement trois contrats, qu'il obtiendra avec facilité. C'est ainsi qu'il tournera *Le Colonel Chabert* et *Monsieur la Souris*; dans ce dernier film, il joue le rôle d'un clochard, ce qui ne l'empêche pas, bien sûr, tournant sur les Champs-Élysées au Carré Marigny, de se faire apporter son repas du *Fouquet's.* Privilège de vedette!

Compromissions? Cohabitation? Collaboration? Mais

dans un système où tout était soumis à autorisation, où pour travailler il fallait devenir « légalement » collaborateur, où se situait la limite de la dignité ? L'argument du maintien du cinéma français à son niveau d'avant-guerre n'est pas sans fondement, mais il fallait bien vivre pendant cette période d'occupation qui se prolongeait, surtout lorsqu'on n'avait pas d'autre métier. C'est ce qu'affirment la plupart de ceux qui ont joué à cette époque. Quant aux jeunes, aux débutants, aux étoiles montantes, seule importait la carrière qui s'ouvrait devant eux.

CHAPITRE VII

LA SCÈNE

PENDANT l'hiver 40, Serge Reggiani, Daniel Gélin, Françoise Christophe suivaient les cours de René Simon, dont une blessure à la bouche pendant la guerre de 14-18 avait interrompu la carrière de comédien; Alice Sapritch, bientôt rejointe par Maria Casarès, suivait les cours de Beatrix Dussane, alors que Louis Jouvet, interdit d'enseignement par le gouvernement de Vichy donnait son dernier cours le 7 décembre 1940.

Que dire des prix décernés par le Conservatoire? Voici les commentaires de *Comœdia* du 18 juillet 1942 pour ceux de tragédie : « La belle découverte, entre dix tragédiens et tragédiennes, de M. Dacqmine et de Mlle Casarès! Sans doute n'ont-ils eu l'un et l'autre qu'un premier accessit. Mais M. Dacqmine a 17 ans et 6 mois. Et Mlle Casarès 19, avec un semestre en plus. Ils auront un premier prix en 1943. M. Dacqmine semble avoir l'humeur philosophe. Mlle Casarès s'en est émue un peu. » Maria Casarès déclare n'en avoir conçu aucune amertume, mais le premier prix donné cette année-là à Mlle Deudon (?), a suscité un vigoureux tollé dans la salle du Conservatoire dont témoigne Mme Dussane. Parmi les candidates du jour : Alice Sapritch, qualifiée de « Roxane de music-hall! » Pour le concours de comédie de l'année 1942, le critique de *Comœdia* commente sobrement : « Desailly : *Il ne faut jurer de rien*. Dit juste. Du naturel. De l'aisance... »

L'année 43 voit le premier prix de tragédie accordé

enfin à Jacques Dacqmine : « La maison de Molière triomphe. Jacques Dacqmine sera pensionnaire du Théâtre-Français. Le pensionnariat le guette. Heureuse embuscade. » Embuscade ? peut-être mais moyen efficace pour entrer dans cette institution.

LA MAISON DE MOLIÈRE VIT TOUJOURS

En novembre 1942 un bon mot circule à Paris : « La guerre sera gagnée par l'or américain, le sang russe, la ténacité anglaise et la Comédie-Française. » Double sens ? Allusion politique ? La noble maison de Molière est néanmoins symbole d'une « certaine idée de la France » et le restera pendant l'occupation malgré d'innombrables avatars et obstacles.

Avatars avec les changements d'administrateurs : Édouard Bourdet, immobilisé par un accident d'auto en février 40 était provisoirement remplacé en mai par Jacques Copeau et celui-ci préside à la réouverture du théâtre en septembre, sous l'égide bien entendu des Allemands qui tiennent à avoir un droit de regard sur les spectacles et sur les textes, même classiques, car « des répliques pourraient être mal interprétées », affirme un lieutenant de la Propaganda Staffel. Il n'a pas tout à fait tort de le penser : le chant « Veillons au salut de l'Empire », entonné dans *La Rabouilleuse*, suscite l'enthousiasme des spectateurs, le prénom Adolphe d'un personnage de *29º à l'ombre*, de Labiche, déchaîne les quolibets. Le même lieutenant demande à se faire communiquer les noms des pensionnaires et sociétaires juifs. Copeau devait se charger de la triste besogne d'enquêter sur l'aryanisme de la troupe, au cours de laquelle le sociétaire René Alexandre, par ailleurs président des comédiens combattants, offrait sa démission. Jean Yonnel aussi : d'origine roumaine, il est suspect, mais Mme Paul Morand, sa compatriote, peut lui fournir un « certificat de notoriété » qui lui permet de reprendre sa place dans la troupe.

De plus les Allemands réquisitionnent les baignoires et les premières loges de la salle du Palais-Royal, places qui demeurèrent souvent vides de leurs « occupants ». Copeau s'acquitte de sa tâche avec conscience, sinon avec complaisance pour le nouveau régime. Dans un discours d'admonestation aux jeunes étudiants qui ont la fâcheuse idée de bombarder les rares Allemands présents de projectiles divers, profitant de la semi-obscurité de la salle, il déclare : « Vous serez plus heureux que nous, parce que vous aurez reçu, à l'aube de votre vie, une grande et douloureuse leçon (...) et enfin parce que, débarrassés, je l'espère et vous le souhaite, d'idéologies débilitantes, rendus à la santé par le malheur, vous aurez devant vous la plus noble et la plus claire des tâches. Celle de reconstruire votre pays abattu... » peut-on lire dans *L'Illustration*. Cependant, les intrigues se nouent; le « provisoire » administrateur cherche à devenir définitif, alors que Bourdet voudrait reprendre son poste, peu encouragé par les autorités de Vichy, qui lui reprochent d'avoir été mis en place par le Front populaire, et d'être l'auteur de pièces à discret parfum de scandale comme *La Prisonnière*, *La Fleur des pois*, ou *Les Temps difficiles*, intolérables au nouvel ordre moral. Finalement les protagonistes seront renvoyés dos à dos, Bourdet révoqué par Vichy, Copeau récusé par les Allemands, peut-être pour avoir fixé la date de la première du *Cid* au 11 novembre 1940. C'est ce qu'affirme en tout cas Jean-Louis Barrault, engagé en août pour un an et qui s'était vu confier le rôle de Rodrigue, rôle dans lequel il connaîtra bien des déboires. Jean-Louis Vaudoyer va devenir administrateur et le rester jusqu'en mars 1944, date à laquelle, après maintes tribulations, Jean Sarment lui succédera. Mais ces tempêtes shakespeariennes dans un verre d'eau de Vichy n'empêchent pas le Théâtre-Français de maintenir sa réputation, marquée par quelques temps forts dans le domaine de la création.

De la saison 1942-1943, on retient notamment *La Reine morte* de Montherlant : l'auteur du *Solstice de juin* a déjà écrit une pièce, *Fils de personne*, mais c'est la première fois qu'il se lance dans l'aventure théâtrale, peut-être poussé par Jean-Louis Vaudoyer. Écrite en cinq semaines près de Grasse, adoptée à l'unanimité par le comité de lecture, mise en scène par Pierre Dux, interprétée par Jean Yonnel,

Madeleine Renaud et Renée Faure, la pièce a inspiré à l'auteur certaines réflexions, qu'il place dans la bouche de ses personnages : « Dans certaines sociétés où la lâcheté est générale (...) il ne faut jamais supposer que les êtres menacés ne vous " donneront " pas, mais supposer toujours qu'ils vous donneront. La peine qu'on prendrait pour les affermir, mieux vaut donc la consacrer toute à obtenir que les conditions d'une telle menace ne se réalisent pas. Ce n'est pas un caractère qu'il faut rendre meilleur, c'est une circonstance qu'il faut éviter. » Quelle saveur en cette fin de 1942!

Autre création de cette saison : *Renaud et Armide* de Jean Cocteau, pour laquelle Ernst Jünger note dans son Journal le 1er février 1942 : « L'après-midi chez Madame Boudot-Lamotte où Cocteau a donné lecture de sa nouvelle pièce *Renaud et Armide* (...). J'ai rencontré là, outre Gaston Gallimard, Heller (...) et l'acteur Jean Marais, un Antinoüs plébéien [88]. » La pièce, en alexandrin, est, comme le dit le critique de *L'Illustration* « un poème d'amour à quatre voix (...) conforme aux règles les plus strictes de la tragédie française du XVIIe siècle ». Assagi Cocteau ? Il faut dire que la période ne le gâte point, et pourtant, il en attendait tant! N'a-t-il pas écrit en juillet 40 à Christian Bérard, après le suicide du chirurgien Thierry de Martel : « Sauf en ce qui concerne la " santé " (c'est son mot de code pour l'opium) je trouve cette époque passionnante et je trouve que Martel n'est pas curieux. Il a, du reste, raté son mot historique. » Cynique... et naïf, dans une autre lettre : « Je dois rentrer en hâte à Paris où l'on remonte *Les Parents terribles*. Les miracles se produisent partout et je garde une curiosité vivante de ce Paris de rêve [187]. » Naïf donc déçu : la pièce ne reçoit pas les autorisations exigées et ne sera pas jouée; au printemps 1941, Cocteau donne au théâtre Hébertot *La Machine à écrire*, avec Jean Marais et Gabrielle Dorziat. Rebatet dans *Je Suis Partout* du 12 mai 1941 écrit : « *La machine à écrire* est le type même du théâtre d'inverti. » Et de lui opposer la santé morale d'un Céline! Le 14 avril 1943, soir de la première de *Renaud et Armide* où Marie Bell tient la vedette, Cocteau peut espérer une réhabilitation d'autant

que la pièce a été favorablement accueillie. Mais le lendemain les critiques sont réservées alors que Céline écrit à
Marie Bell : « Cocteau aurait introduit un peu de drôlerie, il
frôlerait Shakespeare. Déjà tel quel, c'est bien agréable, et
vous êtes à la mesure ce qui est magnifique. On n'y célèbre
aucun juif si ce n'est un peu Ben Jésus. J'y respire [169]. »

La veille de la première du *Soulier de satin* (1er décembre 1943), Paul Claudel réunit une conférence de presse et
déclare : « Si je devais refaire une carrière, je choisirais
l'épicerie qui nous permet de palper les choses les plus
agréables comme les plus variées, et en même temps de voir
toutes sortes de gens. » Épicerie *Le Soulier*, au sens exotique
et noble du mot ? peut-être, mais en gros, si l'on en juge par
sa durée initiale de neuf heures. Il fallut amputer l'œuvre
pour que le spectacle ne durât que cinq heures en raison du
couvre-feu. Sacha Guitry avait quand même pu faire un bon
mot : « Heureusement qu'il n'y avait pas la paire ! » Du
metteur en scène Jean-Louis Barrault, Claudel avait dit :
« Nous avons le bonheur de posséder en ce moment un
artiste de génie dont on peut beaucoup attendre (...). Hélas !
je viens de lire qu'il est engagé au Théâtre-Français.
Espérons qu'il saura se dégager à temps de cet étouffoir [35] ! »
Après une première mise en scène (*Phèdre*) il s'attaqua au
gigantesque ouvrage divisé en trente-trois tableaux, accompagné par la musique d'Arthur Honegger. Le soir de la
première, en cet hiver 43, le froid est tel que Rodrigue-
Jean-Louis Barrault, est obligé de pincer Prouhèze-Marie
Bell, transie et sur le point de s'évanouir. Les figurants ne
sont sans doute pas mieux lotis : notamment, Juliette
Gréco [69], qui sort de la cellule 322 de Fresnes (soupçonnée
avec sa sœur d'activité résistante), vient de rater son concours d'entrée au Conservatoire et simule ici « une vague »
aux côtés d'un garçon qui sort de l'anonymat : Serge
Reggiani. Quant aux spectateurs, blottis sous les couvertures,
applaudir avec les pieds leur semble un moyen idéal de se
réchauffer. Parmi eux, Claudel, épanoui, et qui atteint le
sommet du bonheur à la fin du spectacle, en saluant entouré
par les comédiens d'abord, puis seul, une salle qui s'est
progressivement vidée et où restent encore quelques unifor-

mes verts. Il faut éteindre la rampe pour interrompre ses courbettes. *Le Soulier de satin*, énorme dramaturgie épique, restait l'événement théâtral de l'année à la Comédie-Française, laquelle allait poursuivre ses innovations en accueillant Raimu au sein de sa compagnie, après des négociations menées par Marie Bell. Réputé pour son mauvais caractère, Raimu fit montre, pendant son passage, d'une patience et d'une souplesse peu communes. Son Monsieur Jourdain du *Bourgeois Gentilhomme* interprété en mars 1944 est apprécié par Jean Cocteau : « M. Raimu humanise tellement ce fantoche, il le charge de tant de grâce enfantine, de bonne volonté naïve, de confiance charmante dans les prestiges de la noblesse [37]... » Et cela à soixante ans, au terme d'une fructueuse carrière, et pour un contrat de pensionnaire aux appointements dérisoires pour lui.

D'ailleurs, la vie n'est pas facile pour les salariés du Théâtre-Français ; à la veille de la reprise de la saison théâtrale 1943-1944, les trente et un sociétaires et les vingt et un pensionnaires représentent ce que l'on fait de mieux dans le métier. Or, un pensionnaire, avec un salaire de 1 800 francs par mois, ne peut prétendre à une vie fastueuse : Jean Marais qui a été engagé à ce tarif avant de démissionner sans avoir jamais joué, en sait quelque chose. D'où l'existence d'une coopérative de consommation pour le personnel du théâtre ainsi que la création d'une cantine joliment appelée « La Ruche de Molière » où se retrouvaient les comédiens, qui se réunissaient aussi dans un bistrot mal tenu avec pour enseigne *Au Grand Véfour*.

Dans cette micro-société tournée entièrement vers le théâtre, les événements avaient-ils un écho ? Lucien Rebatet prétend que ses amis collaborateurs y comptaient « beaucoup d'admirateurs sinon de partisans » et de citer « Maurice Escande, qui avait voulu fêter avec Laubreaux et moi son cinquantième anniversaire, le loyal et sobre Balpêtré, Martinelli, Mary Marquet, Pierre Bertin, Jacques Charron, Jean Desailly [121]... » Volonté tardive d'impliquer des artistes connus dans une idéologie à laquelle il adhérait ? Servilité de certains de ces artistes devant des critiques tout-puissants ? On peut seulement noter que lors de la protestation collective émise contre la nomination par Abel Bonnard du critique de *Je Suis Partout*, Alain Laubreaux, à la tête de la Comédie-Française, seuls Denis d'Inès et Balpêtré ont refusé de s'y associer, ainsi qu'Irène Brillant, épouse de l'as de l'aviation Fonck, proche de Pétain.

Lorsque en février 1941, le Schiller-Theater de Berlin, sous la direction d'Heinrich George, vient, suite à un accord entre Jacques Copeau et Karl Epting, donner deux représentations de la pièce de Schiller *Kabale und Liebe*, les comédiens allemands sont reçus par leurs homologues français sur le plateau du théâtre : on parle métier, on procède à des échanges de vues amicaux, le tout agrémenté par les victuailles et les vins fournis par l'Institut allemand. Quelques jours plus tard, une réception donnée à cette occasion par l'ambassade d'Allemagne, rassemble plus de six cents artistes des théâtres parisiens. Le fait d'avoir doublé en français le héros du film allemand *Les Aventures du baron Munchausen* empêchera-t-il Pierre Dux de faire de la Résistance ? Et Julien Bertheau, qui a tourné en 1942 en Italie dans le *Carmen* de Christian-Jaque, d'écrire dans la *Scène française* clandestine ? Active dans ses rôles de comédienne, Marie Bell ne l'est pas moins dans la clandestinité.

En réalité, comme partout, si les collaborateurs affirmés sont rares, il en est de même pour les résistants. Le théâtre seul accapare les esprits : « Au Français, j'étais à l'abri des occupants. Sortir du Français, c'était entrer dans la mêlée sociale, des idées et de la politique. Je risquais de ne pouvoir mener jusqu'au bout notre action. Desnos qui me connaissait bien, me déconseillait la mêlée [9] », dira Jean-Louis Barrault.

« *NOUS NE POUVONS PAS AVOIR PLUS DE SUCCÈS QUE LA GUERRE!* »

En mai 40, devant la désertion des théâtres, Cocteau aurait dit : « Que voulez-vous, nous ne pouvons pas avoir plus de succès que la guerre! » Et quand Fabre-Luce décrit la vie théâtrale de Paris en 1941, il constate que « Bernstein et Verneuil manquent à l'appel, mais Anouilh se multiplie et Molière est joué sur plusieurs scènes [56] ». En effet, l'activité ne se ralentit pas au cours des années d'occupation, malgré les contraintes. Légales d'abord, celles du C.O.E.S., Comité d'Organisation des Entreprises de Spectacles, équivalant du C.O.I.C. pour les théâtres, music-halls, etc., qui précise « que tous les artistes doivent se faire recenser au siège du Comité, 2, rue de la Paix, avant le 27 mars 1942, dernier délai ». Ce recensement a pour unique but la délivrance ultérieure de la carte professionnelle, sans laquelle il sera impossible d'obtenir un engagement dans les entreprises de spectacle. Parmi les membres du comité, Jean-Louis Vaudoyer, Gaston Baty, directeur du théâtre Montparnasse, et l'inévitable Sacha Guitry.

Contraintes d'horaires : les spectacles commencent à 19 h 15 pour finir à 22 heures, « pour assurer au public la jouissance totale des spectacles et lui permettre de profiter normalement des moyens de transport de retour ». Entrave accrue en 1944 pour des raisons de consommation d'électricité : les théâtres ne donneront que quatre représentations hebdomadaires dont trois les samedi et dimanche. La censure entraîne des mesures répressives et des manifestations bruyantes contre les pièces qui déplaisent. Jean Guéhenno note dans son *Journal* : « Débordement de la sottise. Deux acteurs de cinéma avaient monté au théâtre Édouard VII, *Andromaque*. Leur interprétation de la pièce a semblé immorale. *Andromaque* est interdite. Ce matin, les journaux publient la note suivante : " La milice française est soucieuse de la protection intellectuelle de la France, ainsi que de la moralité publique. C'est pourquoi le chef régional de la milice française d'Ile-de-France a prévenu le préfet de police qu'elle allait s'opposer à la représentation de la pièce scandaleuse de MM. Jean Marais et Alain Cuny. " M. le Préfet de Police a pris un arrêté interdisant immédiatement la pièce [72]. » Et le ministre d'État à l'Information de considérer les deux acteurs comme « aussi coupables que les Américains destructeurs de cathédrales » ! L'autorisation de jouer *La Parisienne* de Becque ayant été refusée à Alice

Cocéa, on change le titre de la pièce qui devient *Clotilde du Mesnil*. Quant à *Tartuffe*, le régime de Vichy en déconseille la reprise, sans que pour autant Jean-Baptiste Poquelin dit Molière en soit inquiété. Tout cela n'empêche pas la vitalité théâtrale. En septembre 42, *Hyménée* à La Michodière en est à sa huit centième représentation consécutive. *Une jeune fille savait*, terminée par André Haguet dans un Stalag, arrive à la deux cent cinquantième aux Bouffes-Parisiens; un mois plus tard, il y aura un an que *Topaze* tient l'affiche au théâtre de Paris.

« *SARAH BERNHARDT* » *DEVIENT* « *LA CITÉ* »

Le rôle des directeurs de théâtre est fondamental : ainsi Marcel Herrand, qui sera le redoutable Lacenaire des *Enfants du paradis*, revient de Bordeaux et se met immédiatement en quête, à l'automne 40, de capitaux pour financer une nouvelle pièce de Marcel Achard en son théâtre des Mathurins qu'il codirige avec Jean Marchat. C'est lui qui donne sa première chance à Maria Casarès en lui offrant le premier rôle dans *Deirdre des douleurs*, du dramaturge irlandais Synge, aux côtés d'autres débutants : Michel Auclair, surnommé « Bébé Cadum » pour son visage joufflu, Jean-Marc Thibault ou Jean Carmet.

Roger Capgras, l'époux d'Alice Cocéa, mandataire aux Halles, se démène de la même façon pour la vie de son théâtre, les Ambassadeurs. Est-ce lui qui est visé dans un article de *Comœdia*? : « Des hommes d'affaires, sans aucune formation professionnelle, ont sévi sur les spectacles comme ils avaient sévi au marché noir. Et certains font fortune... » Il est vrai que Capgras a été inquiété pour certaines activités économiques, mais il n'a pas hésité à prendre des risques en tentant la reprise des *Parents terribles* ou de *La Parisienne*.

Charles Dullin se voit confier la direction du théâtre Sarah-Bernhardt, rebaptisé théâtre de la Cité; il y tente des efforts de rénovation, pas toujours couronnés de succès; peut-être la vaste scène, qui le change du petit plateau de son théâtre de l'Atelier, le désoriente-t-il ? Les auteurs ne chôment pas non plus. Anouilh [4] est représenté dès décembre 1940 avec *Léocadia* au théâtre de La Michodière : « Cette comédie un peu singulière se déroule sur un plan d'irréalité et de fiction que souligne un voile de gaze légère qui, avant chaque tableau, s'interpose entre le spectateur et la scène », animée par « la grâce mutine et sensible de Mme Yvonne Printemps (...) l'effervescence volubile de Mme Marguerite Deval, la distinction et la classe de M. Pierre Fresnay ». Quant à Victor Boucher, c'est là un de ses derniers rôles car il va mourir au début de 1942. Trois mois après *Léocadia*, nouvelle pièce d'Anouilh, décidément prolifique, avec *Le Rendez-Vous de Senlis*, à l'ironie grinçante et avec un jeune premier : Michel Vitold. Mais l'événement, c'est *Antigone*, donnée à L'Atelier, dans un décor nu, avec une héroïne vêtue de noir, et des gardes, chapeaux et imperméables sombres qui font penser aux hommes de la Gestapo. Antigone : est-ce la résistance à l'oppression, à la toute-puissance de l'État ? Peut-être car Anouilh fait dire à Créon : « Au lendemain d'une révolution ratée, il y a du pain sur la planche. » Mais cette réplique, comme beaucoup d'autres dans la pièce, peut être interprétée tout autrement. C'est pourquoi dès la première (en février 44), les analyses des critiques divergent et chaque camp veut tirer le texte à lui... et y parvient ! Des résistants transforment Antigone en une « figure de proue » de leur cause, tandis que Robert Brasillach écrit dans *La Chronique de Paris* : « Même *Le Voyageur*, même *Eurydice,* ne nous avaient pas donné à ce point l'impression d'une extraordinaire maîtrise et n'avaient enfoncé en nous une aussi déchirante émotion. Voir Antigone, en cet hiver 44, est une récompense que nous n'osions plus espérer. » Quelques mois plus tard, certains accuseront Anouilh de s'identifier au personnage de Créon, et la polémique rebondira. Les Allemands, eux, ont d'autres chats à fouetter, et ne trouvent rien à redire à cette pièce ; comme d'ailleurs à la plupart des autres œuvres théâtrales du moment...

Jean Giraudoux, qui avait effleuré en 1940 le domaine politique où il avait montré une certaine pusillanimité, qui s'était ensuite risqué au cinéma avec *La Duchesse de Langeais* dont il signait les dialogues, revient au théâtre avec *Sodome et Gomorrhe*, sujet brûlant bien entendu, car le châtiment de l'Éternel à l'encontre de ces villes impies, n'est-ce pas l'évocation d'une France punie de ses errements passés ? Edwige Feuillère et Lucien Nat bien entourés sont là pour porter le poids de la pièce : le jardinier est joué par François Chaumette, « un jeune homme encore dans les grâces de l'adolescence avec une étrangeté physique et vocale qui évoquait l'étudiant slave [57] », se souvient Edwige Feuillère.

Si Giraudoux revient au théâtre, Sartre lui, y arrive. Paulhan écrit à Jouhandeau : « As-tu lu Sartre ? C'est du Giraudoux à l'envers ! » Le 3 juin 1943, a lieu la première des *Mouches* au théâtre de la Cité, dans l'après-midi, pour éviter les coupures d'électricité. La salle est houleuse. Rebatet prend la tête des perturbateurs. Dans *Comœdia* du 24 avril 1943, hebdomadaire accueillant pour Sartre qui est un ami de son directeur Delange, le nouvel auteur dramatique avait présenté sa pièce : « J'ai voulu traiter de la tragédie de la liberté en opposition avec la tragédie de la fatalité. » Mais les critiques sont réservées, voire hostiles comme celle d'André Castelot dans *La Gerbe* qui voit une « prédilection pour l'abject » manifestée par l'auteur. C'est un échec. Seul Michel Leiris dans *Les Lettres françaises* « loua *Les Mouches* et en souligna la signification politique [10] », indique Simone de Beauvoir. Un journal clandestin pour soutenir une pièce, c'est commercialement insuffisant.

« *N'ÉCOUTEZ PAS MESDAMES* »

« Il a joué sur tous les théâtres d'Europe, sauf sur le théâtre des opérations. » C'est en ces termes que Pierre Bénard parle de Sacha Guitry dans *L'Écran français*. Il est vrai que l'homme dépasse les normes habituelles de la création théâtrale ou cinématographique. Internationalement connu, il peut se permettre de rouvrir le théâtre de la

Madeleine avec *Pasteur,* aux résonances quelque peu germanophobes, qui indispose les autorités allemandes. Prudemment, Guitry interrompt les représentations mais se pose en ambassadeur de la culture française, ce qui lui vaut des relations suivies avec l'occupant et une vie mondaine débordante qui nuit peut-être à la qualité de sa production, dont le seul événement notable est la création de *N'écoutez pas mesdames.* La première a lieu le 19 mai 1942. L'auteur a enrichi le décor d'œuvres d'art provenant de son hôtel particulier. Les dialogues comptent une phrase lourde de sens à l'époque : « – Tu es vraiment devenu antiquaire ? – En vérité, non, je ne suis pas antiquaire répond le héros joué par Guitry lui-même. Je rends service à quelqu'un qui est en ce moment dans le malheur. C'est tout. » C'est tout. Cela ne fait pas de Guitry un résistant mais compte au nombre des quelques actions positives qui jalonnent sa vie pendant l'occupation, actions rendues possibles par ses relations privilégiées avec les Allemands : libération de dix prisonniers, et surtout celle de Tristan Bernard. Prévenu le 12 octobre 1943 de l'arrestation du célèbre humoriste juif, qui affirme pendant la guerre avoir surtout besoin « d'un cache-nez », Guitry, invité le lendemain par le ministre allemand Schleier à l'ambassade d'Allemagne, demande et obtient sa libération, appuyé en cela par Arletty.

Le théâtre ne se limite pas aux salles parisiennes, sa vitalité se manifeste ailleurs aussi. En zone libre, organisée par les Chantiers de Jeunesse, l'E.P.J.D. (Éducation par le Jeu dramatique) emploie Roger Blin et le paie 11 francs de l'heure. Il y rencontre Pascale de Boysson, Philippe Noiret, Pierre Louki, Alain Cuny, dont certains critiques affirment méchamment que « l'herbe pousse entre ses répliques », et Delphine Seyrig qui se révèle une élève douée.

De nombreuses troupes effectuent des tournées en zone Sud. Dans un autocar rouge vif, encombré d'un chargement hétéroclite la Compagnie des Comédiens de France conduite par Jean Nohain et son frère Claude Dauphin parcourt les routes de la France non occupée avec huit voyageurs. Cette troupe artisanale et sympathique diffuse la poésie française. « Quel est donc le secret d'une pareille entreprise?, demande *L'Illustration* du 2 novembre 1940. C'est que les animateurs et le spectacle qu'ils donnent sont 100 % français. » Nationalisme un peu douteux à cette époque!

La Compagnie du Regain doit sa création en 1941 à Christian Casadesus, frais émoulu du Conservatoire, issu d'une innombrable tribu théâtrale, et dont la sœur Gisèle est sociétaire de la Comédie-Française. En zone occupée, elle effectue un travail considérable de promotion du répertoire classique. Molière, Marivaux, Musset sont applaudis en province avec un succès inespéré. *Lorenzaccio* « fait » 77 000 francs à Lille, 38 000 à La Rochelle, rapporte en un trimestre la coquette somme de 1 400 000 francs. La troupe, de 1941 à 1943, donne sept cents représentations dans deux cents villes.

Pour ceux qui pratiquent le métier de « tourneur », les conditions ne sont pas toujours roses. Gérard Philipe s'en souviendra longtemps :

« Pendant quarante jours, dans des trains bondés, mal accueillis dans des hôtels combles, grelottant sur des scènes glaciales (...) ensuite nous galopions à la recherche d'un restaurant qui pourrait satisfaire le quart de notre appétit; puis, ce quart à peine avalé, nous repartions vers un second restaurant dont le menu " catégorie B " (poireaux vinaigrette, rutabagas) suffirait peut-être à remplir un second quart [119]. »

René Lefèvre raconte sa tournée avec *Jean de la lune* d'Achard : « Faute d'essence nous voyageons en chemin de fer et le trafic des réseaux du Midi, déjà compliqué en temps normal, est devenu résolument fantaisiste. Je demande à un employé quand passe le train pour Sète. Réponse : " Il passe quand il a un moment [98]. " »

Pierre Brasseur organise avec Odette Joyeux, Pierre Prévert, Maurice Baquet et Marcel Duhamel, le futur directeur de la « Série noire », la tournée *Domino,* du même Marcel Achard, qui connaît un beau succès, au cours de laquelle ils rencontrent Balthus à Chambéry, Paul Poiret au bord de la misère à Saint-Tropez, Cocteau à Montpellier, Jouvet à Aix-en-Provence.

CHAPITRE VIII

DES ÉCRIVAINS
ET DE LEURS ÉDITEURS

« **D**EBOUT, enchaînée à son rêve, une partie de la jeunesse de Paris lit passionnément. Elle a toujours lu aux étalages, et le long des quais, prise sous le couvercle des " boîtes " comme passereaux à la trappe (...). Ils lisent et contemplent des œuvres entomologiques, des livraisons dépareillées d'ouvrages sur l'art, un bon vieux roman d'Alphonse Daudet, des annales incomplètes de médecine, des manuels de science pratique, un gros tome de droit, le récit d'un voyageur du XVIIIe siècle [40]... », note Colette en 1942. Comme eux, beaucoup de Français ont soif de culture, de loisirs, pour mieux oublier la guerre et ses contraintes. Ou tenter de l'oublier... Coincés chez eux par le couvre-feu et limités dans leurs déplacements, les Français « occupés » disposent de beaucoup de loisirs forcés, de longues heures à passer seuls ou en famille. Alors ils sont pris d'une phénoménale fringale de lecture : tout y passe. S'ouvre ainsi une période bénie pour les libraires, les auteurs et les éditeurs.

DE « CORPS ET ÂMES »
À « MOBY DICK »

Parmi les livres les plus appréciés cette année-là, on trouve *Le Pain des rêves* de Louis Guilloux qui obtient le prix populiste en 1942; *Corps et âmes* de Maxence Van der

Meersch un des auteurs favoris du public; *Premier de cordée* de Frison-Roche; *Le Pèlerinage aux sources* de Lanza del Vasto, et Marcel Aymé avec *Le Passe-Muraille*.

Léo Malet, relâché après huit mois de captivité dans un camp allemand, rédige son premier roman policier en 1941 : *120 rue de la Gare* et le succès de ce nouveau genre se confirme tant dans le domaine du livre (avec le développement rapide de la collection « Le Masque »), qu'au cinéma où *L'Assassin habite au 21* d'Henri-Georges Clouzot est plébiscité par les spectateurs en 1942-1943.

La France n'est pas totalement fermée aux auteurs étrangers dont les livres se font toutefois plus rares qu'avant-guerre (sauf ceux des Allemands bien sûr!). *Autant en emporte le vent* se vend sous le manteau, d'occasion. Grâce à Giono, les Français découvrent l'Américain Melville et son prodigieux *Moby Dick*. Ce livre est appuyé par une critique très favorable de Georges Blond dans les pages littéraires de *Je Suis Partout*; Georges Blond y recommande aussi la lecture de *Via Mala*, un roman de John Knittel (écrivain suisse de langue allemande), de *Mort subite* de l'Italien Alberto Moravia, ou de *La Ferme africaine* de la Danoise Karen Blixen.

Pour la première fois en France, la demande est supérieure à l'offre! Neuf ou ancien tout se vend... ou presque. Le livre d'occasion connaît un important regain commercial et de nombreux amateurs recherchent avec ténacité le titre (interdit ou non) qui leur tient à cœur.

Cette seconde jeunesse du livre incite les éditeurs à publier un maximum de nouveautés car les stocks de vieux rossignols, réputés invendables, fondent à vue d'œil. Cependant, les Allemands veillent soigneusement au contenu des livres et si les séries « pratiques » du type « J'élève des lapins » ou « La cuisine sans beurre » ne connaissent aucune entrave, tout n'est pas toujours aussi simple.

Les censeurs exercent leur vigilance dans plusieurs directions : ils écartent de l'édition les influences juives ou subversives, ils évitent tout réveil du nationalisme français, et traquent toute attaque franche ou pernicieuse contre l'idéologie nazie. Pour parvenir à un résultat radical, une prise de contrôle totale et directe des maisons d'édition françaises par les Allemands eût été possible. Mais sous l'influence d'Otto Abetz c'est plutôt vers une édition en « liberté surveillée », en « autocensure » qu'ils vont s'orienter. Les Français feront donc eux-mêmes le tri entre ce qui est « publiable » et ce qui ne l'est pas, les Allemands n'intervenant qu'en fin de circuit : au moment d'attribuer le papier et l'autorisation de paraître.

Parmi les quelques Français qui, au Cercle de la Librairie, travaillent à la répartition du papier, une jeune femme écrit ses premiers poèmes : mademoiselle Donnadieu deviendra plus tard célèbre sous le nom de Marguerite Duras.

Aux premiers jours de l'occupation on peut croire un instant que les Allemands vont exercer directement leur tutelle car l'application des nouvelles lois antisémites entraîne l'« aryanisation » de certaines maisons. Parmi les plus visées on trouve Nathan, Calmann-Lévy, Ferenczi... Contrairement à l'attente générale, les Allemands ne les confisquent pas mais les confient à des Français qui leur sont favorables. Par exemple chez Calmann-Lévy, l'ancien directeur littéraire Louis Thomas, fait prisonnier en juin 40 alors qu'il était officier de chasseurs, est libéré de son Oflag en 1941 pour diriger la maison. Celle-ci prend alors une nouvelle raison sociale : Les Éditions Balzac.

Pourtant les nouveaux gérants sont parfois de simples prête-noms, favorables aux anciens propriétaires, et choisis... en accord avec eux! Les Allemands n'y regarderont pas de trop près. En 1944, la plupart des éditeurs juifs, de retour d'exil, pourront récupérer leurs biens et reprendre aussitôt leurs activités.

En de rares cas, les Allemands vont effectuer des prises de participations financières chez des éditeurs parisiens : Sorlot, Cluny ou Denoël par exemple.

Après sa démobilisation (il était officier dans l'armée belge), Denoël regagne Paris dès que possible pour y reprendre ses activités. Il établit de bons contacts avec l'occupant et, à compter d'octobre 41, il travaille même avec un associé allemand : Wilhem Andermann. Cette situation n'empêche pas Denoël d'avoir une production assez éclectique car s'il est l'éditeur de Céline et de Rebatet (*Les Décombres*), il demeure pendant l'occupation celui d'Aragon et d'Elsa Triolet avec lesquels il entretient d'excellents rapports : il leur prêtera même temporairement son appartement parisien.

Denoël contrôlait aussi une autre société, Les Nouvelles Éditions Françaises, dans laquelle furent publiés *Les Beaux Draps* de Céline et des titres violemment antisémites, tels que *Comment reconnaître le juif?* du professeur Montandon, *Les Tribus du cinéma et du théâtre* de Rebatet...

Les Allemands essaient de contrôler les éditions Hachette, désertées en juin 40 pour cause d'exode. A son retour le directeur, Schoeller, trouve les Allemands installés dans les lieux où ils ont créé une « coopérative » de distribution des journaux qui tente de se substituer aux puissantes messageries Hachette. En octobre 40, on apprend que Pierre Laval, qui s'intéresse à la maison, aurait passé un accord avec Otto Abetz et Rahn pour créer de nouvelles sociétés franco-allemandes : messagerie et étranger. Le groupe allemand Mundus y prendrait la moitié des parts et seul le secteur librairie (c'est-à-dire l'édition) resterait français; mais le personnel d'Hachette fait front et l'affaire traîne en longueur. En février 41, les occupants nomment deux administrateurs : Möllhausen et Kaldenbach; dans le même temps Schoeller doit cesser ses activités. Mais Hachette fait appel; on échange des avocats et en fin de compte ce sont des administrateurs provisoires qui demeurent en place pendant toute la guerre. Cette affaire démontre qu'il restait aux Français une marge de manœuvre face aux Allemands, dans la mesure où ces derniers préféraient le plus souvent exercer un contrôle si possible discret plutôt qu'une prise en main ouverte, difficile dans le monde de l'édition.

Pendant l'occupation, à de rares exceptions près, les éditeurs français demeurent donc en place et, sous réserve de respecter les consignes de la censure, ils peuvent encore travailler. Ils ne vont pas s'en priver.

DES « DÉCOMBRES » REMARQUÉS

Au cours de ces quatre années, tous les éditeurs qui poursuivent leur activité, vont plus ou moins « collaborer » avec l'occupant sous peine de se voir non seulement interdire tel ou tel titre, mais pis encore, d'être privé de papier. Tout se joue donc dans la nuance. S'il existe des maisons comme Denoël ou Grasset qui, mieux que d'autres, s'accommodent de l'Ordre nouveau, là encore rien n'est simple. Chaque maison, y compris Denoël nous l'avons vu, a plusieurs cordes à son arc. Ainsi, Gallimard, publie la *N.R.F.* de Drieu, mais encourage Jean Paulhan dont les activités « résistantes » sont connues; pourtant la maison recule parfois devant les auteurs les plus virulents. De ce point de vue, le parcours éditorial de Rebatet est significatif. Pour *Les Décombres*, il accomplit d'abord une tentative infructueuse chez Gallimard qui réclame des « coupes » importantes. Refus. Ensuite il se rend chez Grasset, qui ne donne pas dans la modération idéologique : André Fraigneau lui oppose divers arguments peu convaincants; mais Rebatet comprend vite : « J'insultais trop d'amis du patron. J'adoptais des positions trop risquées. Bref j'étais génial mais impossible [121]. » Déçu mais têtu, il s'en va alors, sans grande conviction, chez Denoël : « Je trimbalais mon énorme manuscrit dans son échoppe plutôt minable, d'une petite rue près des Invalides. » Là aucune hésitation. Le contrat signé en 48 heures est accompagné d'une forte avance, et Rebatet doit seulement couper quelques lignes hostiles à l'annexion de l'Alsace-Lorraine par le IIIe Reich. Chez Denoël, Rebatet rencontre un jeune chef de fabrication avec qui il sympathise, René Barjavel, comme lui originaire de la Drôme.

Les Décombres connaîtront un succès foudroyant qui contribuera à remettre Denoël à flots; lequel en avait bien besoin.

Reçu à Vichy par le maréchal Pétain, Bernard Grasset à décidé de rentrer à Paris dès l'automne 40 pour y reprendre ses activités. Ami et éditeur (en France) de l'écrivain allemand Friedrich Sieburg, dont il a publié *Dieu est-il français*? en 1938, il l'invite à Paris en 1941 et organise une conférence.

Comme beaucoup de ses confrères, Bernard Grasset fréquente souvent les officiers de l'armée d'occupation dont Gerhard Heller avec qui il déjeune chez *Lipp*. Il n'hésite pas à recevoir ses amis dans son pavillon de Garches ce qui lui vaut d'être surnommé « le César de Garchtesgaden »! A son catalogue figurent Jacques Chardonne, Drieu La Rochelle (*Ne plus attendre*), Henry de Montherlant (*Le Solstice de juin*), Georges Blond, Brinon, Doriot, Bonnard... On y trouve aussi *Principes d'action* d'Adolf Hitler! Un éditeur bien « engagé » donc, mais qui est pourtant celui d'André Malraux (avant-guerre) et de François Mauriac. Pour *La Pharisienne* (juin 41), Mauriac accepte des modifications de son texte et même une traduction en allemand. Ce livre lui vaut de violentes critiques de la part de Drieu dans la *N.R.F.*, et *Je Suis Partout* lui dénie le droit de reparaître « dans tous les sens du terme »! A cette date, Mauriac n'est pas seul à s'interroger sur la conduite à suivre, puisque Paul Éluard fournit de la copie à Drieu (pour la *N.R.F.*) tout comme Gide ou Valéry; mais André Malraux, pourtant ami de Drieu, fait publiquement savoir qu'il refuse, par principe, de publier dans la *N.R.F.*

Tous ceux qui peuvent faire circuler des idées font l'objet d'une étroite surveillance, même s'ils sont proches du nouveau pouvoir. En zone occupée, rien n'échappe à la vigilance allemande – textes modernes comme textes anciens : « La censure allemande a interdit Euripide. Heureux classiques qui trouvent toujours le moyen de sembler d'actualité!... On devra bientôt interdire *Andromaque* qui est après tout un drame de la défaite et de la déportation [137]! », note ironiquement (et de façon prémonitoire!) André Thérive en 1941.

Bien des auteurs connaissent des problèmes là où l'éditeur n'en attendait pas. C'est le cas de Georges Duhamel à propos de son dernier livre, *Lieu d'asile*, qui a pour objet la récente campagne de France; ce livre est finalement interdit en 1941 et un camion allemand viendra au Mercure de France embarquer les exemplaires disponibles et les envoyer au pilon. Les Allemands exercent aussi une surveillance étroite sur les nationalistes traditionnels : en dépit de sa célébrité Roland Dorgelès est visé sans qu'aucun arrangement soit acquis d'avance. Gerhard Heller raconte qu'en 1942 il a reçu la visite de Robert Esménard (le gendre de l'éditeur Albin Michel) pour obtenir une éventuelle réédition des *Croix de bois*. Heller discute, argumente, mais Dorgelès refuse d'ôter le mot « boche » de son livre qui ne pourra donc reparaître avant la libération. Dorgelès aura pourtant le droit de publier une nouveauté : *Sous le casque blanc*. Ce livre, à la gloire des héros de la conquête coloniale, lui sera reproché à la libération.

Les contrôles parfois tatillons qu'exercent les Allemands en zone occupée ont provoqué un renouveau de l'édition française en zone libre.

Il n'est évidemment pas de notre propos d'énumérer tout ce qui a été publié en province de 1940 à 1944. Notons seulement quelques exemples, révélateurs de la variété ou de la qualité.

A Marseille, Jean Vigneau se bat pour développer sa maison; s'il édite des valeurs déjà reconnues comme Paul Valéry, il publie aussi le premier roman d'un jeune homme replié dans la ville, Roger Peyrefitte : *Les Amitiés particulières*. Ce livre qui sent le soufre connaît un indéniable succès. Dans la même ville un jeune éditeur promis à un bel avenir se lance dans l'aventure en mai 41 : il assurera la sortie de soixante titres en trois ans et s'appelle Robert Laffont. Dans *Vers l'Ouest* l'écrivain Michel Mohrt se souvient des débuts : « Il avait déjà publié quelques livres de luxe, à l'enseigne d'Arion, le personnage de la mythologie grecque à cheval sur un dauphin. Laffont était jeune, séduisant, chaleureux. Je me rappelle une soirée dans son bel appartement de la rue Paradis où il nous avait exposé ses projets. Kléber Haedens était venu de Lyon, moi de Vichy où je résidais alors [113]. »

En Avignon, Édouard Aubanel édite le poète Léo Larguier (de l'Académie Goncourt) replié à Nîmes où son frère possède une pharmacie. Non loin de là, dans un bourg du Vivarais, Les Éditions du Pigeonnier réalisent des livres pour bibliophiles dont l'un (de Gabriel Faure) obtient en 1941 le grand prix de littérature de l'Académie française. A Lyon l'association Jeune France, encouragée par Vichy pour aider au renouveau des lettres et des arts, publie des recueils de chansons destinées à la jeunesse et illustrées par Peynet ou Effel. Jeune France édite aussi de belles brochures intitulées *Un an de théâtre* qui, pendant plusieurs saisons, font le bilan de l'activité théâtrale dans l'ensemble du pays.

A Lyon toujours, où se sont repliées les Éditions Alsatia, Lardanchet, libraire-éditeur, embouche les trompettes du régime de Vichy : il publie divers romans, les œuvres du maréchal Pétain, celles de Charles Maurras (qui est interdit en zone Nord) ou celles d'Henri Massis *Les idées restent.*

La zone libre est devenue le refuge de nombreux écrivains communistes, suspects ou juifs, parmi lesquels Aragon, Julien Benda, Marc Bloch, Maurice Druon, Elsa Triolet, Joseph Kessel, Tristan Bernard, Emmanuel Berl... Là aussi l'antisémitisme est officiel (le port de l'étoile jaune ne sera cependant pas obligatoire) et la censure de Vichy se méfie beaucoup des auteurs « repliés » de Paris; mais au cours des premières années de l'occupation des écrivains reconnus trouveront encore des arrangements.

Ainsi Aragon, communiste notoire, peut-il circuler librement en zone Sud et publier légalement jusqu'en 1943; Julien Benda réussit à percevoir des secours de la municipalité de Carcassonne (dont il est devenu citoyen d'honneur) et il intervient publiquement dans *Les Cahiers du Sud* (en avril 41) où il relance l'éternel débat sur « la nécessité de l'engagement des clercs » dans le combat politique. Cela lui vaut les sarcasmes de Léautaud qui le met dans le même sac que Gide pour en faire de grands bourgeois démagogues « qui s'affublent de gros souliers pour aller faire des conférences au peuple [94] ». Marc Bloch enseigne l'histoire du Moyen Age à Clermont-Ferrand puis à Montpellier jusqu'en 1942.

De son côté Joseph Kessel continue d'écrire sans se cacher (à Anthéor puis Agay) mais, par principe, il refuse de publier comme Vichy lui en avait exceptionnellement accordé le droit. Cependant en 1941, il figure encore au catalogue des Éditions de France pour deux de ses œuvres (*Nuits de princes* et *Fortune carrée*) aux côtés de Léon Degrelle, Philippe Henriot ou Henri Béraud. Un voisinage surprenant, même s'il est vrai qu'Horace de Carbuccia, patron de la maison et ami de Kessel, voulut ainsi lui rendre service. Plus étonnant encore, à Paris, Denoël peut, sans problème avec la censure allemande, publier Elsa Triolet en 1941 (*Mille Regrets*) puis en 1943 (*Le Cheval blanc*) et il peut lui faire parvenir (à Lyon) des droits d'auteurs qui seront les bienvenus en ces temps difficiles. A la fin de l'année 1942, Aragon publie légalement un roman (écrit en 1941, puis expurgé de quelques passages), *Les Voyageurs de l'impériale*, chez Gallimard. Cela vaut à l'éditeur les sarcasmes de *Je Suis Partout* : « Monsieur Aragon, du bolchevisant *Ce Soir*, a retrouvé ses goûts de romancier. Son dernier livre vient de paraître à Paris. Aux Éditions Gallimard bien entendu... », commente Midas qui remarque, ulcéré, que l'éditeur avait refusé *Les Décombres* de Rebatet « faute de papier et qu'il a su résoudre le problème pour Aragon. » Après quelques semaines Gaston Gallimard fera retirer *Les Voyageurs de l'impériale* de la vente, non sans avoir écoulé auparavant une grande partie de son stock. La même année, Aragon publiera chez Fabiani un ouvrage sur le peintre Matisse.

Certes il s'agit là de cas particuliers, mais, tant pour les éditeurs que pour les écrivains, une étroite marge de manœuvre a indéniablement subsisté (surtout en zone libre jusqu'en novembre 1942). Comment fallait-il l'utiliser ? Dans les conditions de l'occupation, était-il possible de publier légalement en France et dans le même temps de s'affirmer résistant ? Jusqu'où pouvait-on aller dans la légalité sans se compromettre ? La réponse n'est pas simple car nombre d'auteurs ont joué sur les deux registres : publiant au grand jour d'une part, clandestinement d'autre part. Les champions du genre : Aragon, Sartre, Mauriac, Desnos, Éluard... Ces textes constituent ce que Pierre Seghers appellera la littérature de « contrebande ».

LA LITTÉRATURE DE « CONTREBANDE »

Cette cohabitation avec l'ordre établi peut parfois créer des confusions : se sera le cas pour certains poèmes « patriotiques » d'Aragon qui, lors de leur parution (dans la presse légale), semblent satisfaire autant les « vichystes » que les résistants. A Marseille, de jeunes militants de la Résistance protestent contre ce genre d'ambiguïté avant même la libération, tandis qu'à Londres, des gaullistes rédigent un pamphlet intitulé *Ideology and Confusion* par lequel ils dénoncent les écrivains publiés à la fois légalement et clandestinement. Pourtant, plusieurs poèmes d'Aragon, d'Éluard, de Desnos... sont indiscutablement chargés d'un message « résistant » que Drieu percevra très bien et il attaquera avec virulence les revues littéraires et poétiques de la zone libre « cousues de fil rouge! ». Quelques mois plus tard (en mars 1942), il publiera dans la *N.R.F.* trois des strophes d'Aragon sans y joindre le moindre commentaire.

Les mêmes ambiguïtés valent pour Sartre qui écrit des articles pour *Les Lettres françaises* (clandestines), mais ne rencontre aucun obstacle pour publier son gros ouvrage philosophique *L'Être et le Néant*. Sans succès commercial il est vrai. Sartre est plus heureux avec ses pièces de théâtre (*Les Mouches* en 1943, et *Huis Clos* en 1944) dont le « message résistant » ne paraît pas aussi évident qu'on voudra bien l'affirmer plus tard. En tout cas, la censure allemande ne trouve rien à y redire et le Dr Heinrich Strobel a même chaleureusement salué l'œuvre de Sartre dans l'édition française de *Signal* (en 1943).

Robert Desnos mène un jeu plus dangereux, qui écrit régulièrement pour *Aujourd'hui* des articles (souvent à double sens mais que Georges Suarez laisse passer sans broncher), qui fréquente les cafés parisiens à la mode, réalise des dialogues de films et publie au grand jour un roman *Le Vin est tiré* – roman diversement apprécié, qui provoque une critique amicale de Joë Bousquet dans *Les Cahiers du Sud* : Bousquet reproche à Desnos de donner une explication trop mécaniste de la responsabilité de la société dans la dérive d'un homme vers la drogue, alors que l'individu conserve une large part d'autonomie, même dans une situation difficile. Paralysé depuis des années, Bousquet est bien placé pour en juger. En apparence, on se trouve là bien loin des préoccupations de la Résistance, mais, dans l'ombre, Desnos milite activement. Il publie *État de veille* également en 1943, un recueil de textes hors commerce, et de nombreux poèmes clandestins dont certains seront repris dans *L'Honneur des poètes*, anthologie qui réunit des textes d'Éluard, Aragon, Vildrac... Le dernier message clandestin de Robert Desnos (*Le Veilleur du pont au Change*) figure dans une anthologie des Éditions de Minuit au 1er mai 1944 – plusieurs semaines après son arrestation.

L'aventure des Éditions de Minuit a commencé en février 1942 par la publication clandestine du premier roman d'un auteur encore inconnu : Jean Bruller, juif d'origine hongroise, qui a adopté le pseudonyme de Vercors. Son livre, *Le Silence de la mer*, dédié « A la mémoire de Saint-Pol Roux, poète assassiné », raconte l'histoire d'un officier allemand de l'armée d'occupation qui prend garnison dans une famille française ; famille qui pendant des mois se mure dans un silence réprobateur malgré tous les efforts de l'officier, homme cultivé, courtois et plutôt francophile. Le livre ne sera pas toujours bien compris : certains (des Résistants) trouveront que l'officier allemand n'est pas assez « nazi » et que la fin du roman est ambiguë : la jeune fille et l'officier sympathisent en silence ; d'autres voudront reconnaître un portrait d'Ernst Jünger en cet allemand lettré. A la Libération, le livre connaîtra un énorme succès et sera traduit en plusieurs langues.

Initialement, Vercors avait conçu son récit pour un numéro de *La Pensée libre* qui n'a pu voir le jour. Ainsi sont nées les Éditions de Minuit, de la volonté d'une petite équipe organisée autour de Jean Paulhan et de Pierre de Lescure. Dans des conditions précaires et artisanales, avec la complicité d'artisans-imprimeurs parisiens (Aulard, Oudeville...) furent imprimés, brochés et distribués une vingtaine de titres de 1942 à 1944. Rapidement les manuscrits affluèrent et le plus difficile fut de trouver le papier, le fil, la

211

colle... pour réaliser ces petits livres au format d'un faire-part de deuil : le format de la seule machine disponible ! Parmi les titres les plus connus on retiendra *A travers le désastre* de Jacques Maritain dont une copie est parvenue des États-Unis en France occupée ; puis ce sera *Le Cahier noir* de Forez, un nom nouveau en littérature qui camoufle un auteur confirmé, François Mauriac. Suivront *Le Musée Grévin* de François la Colère (Aragon), *Les Amants d'Avignon* de Laurent Daniel (Elsa Triolet), *Angleterre* d'Argonne (Debû-Bridel), *Le Puits des miracles* de Lauter (André Chamson), vingt-quatre livres au total – quelques milliers d'exemplaires qui peuvent paraître minces en face des centaines de milliers d'exemplaires réalisés par l'édition officielle mais qui comptent beaucoup en raison des conditions très difficiles de réalisation. Les livres sont imprimés de nuit, feuille à feuille sur une presse à bras, puis brochés un à un sur une table de cuisine par Yvonne Desvignes. La diffusion nécessairement discrète s'opère de la main à la main dans un cercle d'initiés, surtout à Paris et dans quelques grandes villes de la zone Sud. On a recours aux pseudonymes pour brouiller les pistes, ce qui donne lieu à surenchère pour reconnaître le style de chacun. La clandestinité littéraire est toutefois beaucoup moins opaque que la clandestinité politique et militaire. En ce qui concerne les Éditions de Minuit, comme *Les Lettres françaises*, de nombreux noms circulent sur la rive gauche. Pour identifier les auteurs, il suffit parfois de le demander comme le suggère ce passage étonnant du *Journal* de Léautaud (mai 43) : « J'ai parlé à Paulhan de cette espèce de revue clandestine, tirée en polycopie, *Les Lettres françaises*, qui m'est adressée sans que je sache par qui, et dans le dernier numéro de laquelle figure encore un très beau poème. Il m'apprend que l'auteur est Éluard [94]. »

« *LES GENS DE LETTRES SONT EN GÉNÉRAL PEU DISCRETS* »

Édith Thomas, ancienne élève de l'école des Chartes, qui est devenue la cheville ouvrière de l'équipe des *Lettres* *françaises* déplorera plus tard la légèreté avec laquelle étaient organisées les réunions du comité de lecture dans son appartement du 15, rue Pierre-Nicole au Quartier latin. Alors qu'il est interdit d'assembler plus de cinq personnes sans autorisation, elle en compte certains jours jusqu'à vingt-deux : « Avec une quinzaine de bicyclettes garées dans l'entrée! » Dans ces conditions, on voit mal comment les auteurs pourraient maintenir l'incognito entre eux, et à quoi peuvent bien servir les pseudonymes. Édith Thomas précise : « Comme nous connaissions tous nos véritables identités (je crois bien que c'est le seul groupe de résistance qui n'usa pas de pseudonymes), Claude Morgan leva bientôt son incognito et se réconcilia avec Debû-Bridel [217]. » * Enfin, imprudence supplémentaire, les réunions se tiennent presque toutes au même endroit. Des gens de tendances diverses s'y côtoient et le ton monte parfois. Le niveau sonore aussi : « Les gens de lettres sont en général peu discrets. Je recevais, au moment de nos réunions, des coups de téléphone que l'on croyait obscurs, mais qui étaient si aberrants que n'importe quel policier imbécile aurait pu comprendre qu'ils recouvraient autre chose [217]. » Cette mini-République des Lettres emploie donc des méthodes situées à cent lieues de celles des réseaux de renseignements alliés ou des communistes clandestins.

Inévitablement la rumeur parvient aux oreilles allemandes. Ernst Jünger ou Gerhard Heller affirmeront aprèsguerre n'avoir rien ignoré des activités souterraines d'un certain nombre d'intellectuels : « J'avais bien pressenti les activités clandestines de Paulhan ou de certains autres, comme Mauriac ou Malraux; mais il me paraissait plus sûr, pour eux comme pour moi, que je n'en sache pas davantage. » Plus tard Heller précisera qu'ayant appris par une rumeur que des ouvrages des Éditions de Minuit « étaient imprimés dans une petite maison du boulevard de l'Hôpital », il s'est rendu sur place : « Pour me rendre compte des

---

* Édith Thomas veut bien sûr parler de pseudonymes utilisés entre membres du groupe; les articles, eux, étaient signés de noms d'emprunt.

lieux et pour intervenir s'il y avait un jour des menaces sérieuses [78]. » Il n'en sera heureusement rien.

Jean Paulhan a pourtant connu des ennuis passagers avec les Allemands en particulier en mai 41 : il a été arrêté pour avoir répandu des tracts « anglais ». En réalité il avait caché chez lui une des « ronéos » du réseau du Musée de l'Homme, mais la solidarité professionnelle et l'amitié jouent à plein, et il est relâché le soir même sur l'intervention de Drieu qui se porte garant de lui. Plus tard, malgré les attaques de Rebatet dans *Je Suis Partout*, qui le traite d' « aryen honteux », il ne sera pas sérieusement inquiété, bien que beaucoup de gens connaissent ses activités clandestines. En juin 44, prévenu par Gerhard Heller de l'imminence d'une autre arrestation, il devra se réfugier quelque temps à la campagne. Jacques Decour qui était à l'origine des *Lettres françaises* et Jean Vaudal tomberont cependant sous les coups de l'occupant; tous deux seront fusillés en tant que militants communistes et non pas en raison de leurs activités d'écrivains.

Dans l'ensemble les écrivains furent moins inquiétés que les militants politiques car la vigilance et la surveillance de la Gestapo étaient plus incertaines à leur égard : « D'une part il y avait ce qu'ils appelaient les terroristes; leur cas était du ressort de la Gestapo. D'autre part il y avait ce qu'ils appelaient l'opposition : les Allemands prenaient cela beaucoup moins au sérieux [71]... », déclarera après la guerre André Malraux à Frédéric Grover au sujet de la littérature clandestine.

DU CÔTÉ DE LA SUISSE ET DE NEW YORK

Comme il n'est pas toujours possible de publier à Paris, en 1943-1944, Armanger, imprimeur à Saint-Flour, réalise clandestinement des brochures de poésie pour le compte de Jean du Haut (Éluard) ou de François la Colère (Aragon). D'autres imprimeurs de province feront de même, à Lyon ou Lille en particulier; mais l'édition d'auteurs français à l'étranger se développe aussi. En Suisse surtout, où la revue

Curieux et *Les Cahiers du Rhône* (dirigés par Albert Béguin) font paraître des poèmes de Pierre Emmanuel (*Le Poète et son Christ*), d'Aragon (qui rend hommage « à ses amis morts en mai »), d'Éluard, etc. Certaines maisons, telles Les Trois Collines à Genève, éditent des auteurs français (Queneau, Paulhan, Sartre, Mauriac, Claudel...) dans la revue *Messages* dirigée par Jean Lescure et prennent parfois en charge quelques titres dont les Éditions de Minuit ne peuvent assurer la production. André Malraux qui ne veut pas publier en France fait parvenir en Suisse une partie de son dernier manuscrit : *Les Noyers de l'Altenburg*; l'autre partie sera détruite par les Allemands.

La Suisse, dont les émissions de radio parviennent en France, constitue donc un étonnant havre de paix pour quelques écrivains ou artistes. Francis Carco y séjourne souvent; il y dirige une collection intitulée « Les Amitiés amoureuses ». Avant son départ pour l'Amérique latine, Jouvet y a organisé des représentations théâtrales; Pierre Seghers ou André Roussin s'y rendent parfois pour de brefs séjours et des conférences; comme tous les voyageurs, ils sont surpris par l'abondance et le calme qui y règnent : « La Suisse, pays où l'on respirait un air unique, celui de la paix. La nuit venue, les rues étaient illuminées comme en temps de carnaval, les magasins d'alimentation semblaient les fournisseurs de Gargantua, les vitrines des bureaux de tabac laissaient rêveurs les fumeurs comme nous [127]... », écrit André Roussin.

Pourtant, en dépit de ce calme helvétique, la plupart des candidats à l'exil ont préféré Londres ou les États-Unis, refuges qui paraissaient plus sûrs. Jacques Schiffrin par exemple, ex-directeur de « La Pléiade » chez Gallimard, après un séjour d'attente à Marseille, crée une nouvelle collection de langue française à New York.

New York où fonctionne une librairie française (au Rockefeller Center) qui sera à l'origine des Éditions de la Maison Française. Ainsi pourront paraître des ouvrages de Raymond Aron, Julien Green (mobilisé dans l'armée américaine), Jacques Maritain, André Maurois (qui conserve pourtant quelques actions chez l'éditeur parisien

Grasset) *, de la journaliste Geneviève Tabouis (qui connaissait personnellement Madame Eleanor Roosevelt), Jules Romains, etc. D'autres éditeurs publient des ouvrages en français comme Brentano's ou Didier; ce dernier fait ainsi connaître le *Message aux pays libres* du président Herriot dont le manuscrit est parvenu par l'intermédiaire de l'amiral Leahy. Au Canada, en Argentine d'autres livres de langue française sortent des presses.

Pendant ces années noires, une partie de la littérature française survit aussi... aux Amériques!

MARGRAVOU OU LE ROMANCIER SAVETIER

On a beau être en guerre, occupés, on ne se débarrasse pas comme cela des habitudes. Décerner un prix compte parmi les traditions importantes de la vie culturelle française. Celle-ci se poursuivra pendant quatre ans malgré quelques bouleversements. A tout seigneur tout honneur : le Goncourt. Tout honneur ? C'est vite dit. Histoire, embrouilles, querelles ne vont pas manquer. Le quotidien de cette Académie, de 1940 à la libération, ne manque pas de sel.

En 1940, les dix couverts qui ornent la table chez *Drouant* sont pourvus. Quatre membres siègent depuis l'origine (depuis 1902) mais J.-H. Rosny Aîné, immortel auteur de *La Guerre du feu*, s'éteint en 1940, Léon Daudet va disparaître en 1942, Rosny Jeune et Lucien Descaves. Jean Ajalbert, Léo Larguier, René Benjamin, Roland Dorgelès et Francis Carco ont été élus plus récemment. Quant à Sacha Guitry, le petit dernier, il a été admis en 1939 malgré l'opposition de Lucien Descaves qui déclarait : « Un acteur me paraît déplacé autour d'une table où s'étaient réunis avant lui de purs lettrés [47]. » Il est vrai que le comédien a sans doute promis de donner aux académiciens, à sa mort, son hôtel particulier de l'avenue Élisée-Reclus avec toutes ses

---

* Notre confrère Pierre Assouline précise dans son excellent livre *Gaston Gallimard* qu'André Maurois serait demeuré pendant la guerre actionnaire (200 actions) des Éditions Grasset.

richesses. Il réitère son offre en 1942. *Le Petit Parisien* du 22 janvier titre : « L'Académie Goncourt peut se considérer chez elle dans la maison de mon père, nous dit Sacha Guitry. »

En 1940, après la débâcle, le prix n'a pas été décerné. Seuls sont présents à Paris Rosny Jeune, René Benjamin et Sacha Guitry. Carco et Ajalbert sont à Nice, Dorgelès à Marseille, Larguier à Nîmes et Daudet à Saint-Rémy-de-Provence.

Pour 1941, il faut songer d'abord à la succession de Rosny Aîné : un outsider est élu contre André Billy; c'est Pierre Champion, archiviste et historien, riche notable et Conseiller national. Les disputes que provoque son élection sont sans objet, car il meurt six mois plus tard, sans avoir siégé.

Et le prix ? Parmi les lauréats possibles, on cite le plus souvent Paul Vialar et Maurice Blanchot; mais c'est Henri Pourrat qui l'emporte pour *Vent de mars* par six voix contre trois à Guy des Cars pour *L'Officier sans nom*. Signe des temps. René Benjamin en fait l'annonce : « A une heure exceptionnellement pathétique où la France se cherche et aspire à se retrouver, l'Académie Goncourt a préféré souligner la notoriété d'un écrivain déjà connu, dont le livre de l'année, en exprimant quelques-unes des plus hautes et des plus nobles valeurs françaises, semble répondre au désir d'une opinion publique où les inquiets cherchent, dans une œuvre d'art et de pensée, un guide et un appui [295]... » Disons aussi que Pourrat est le chantre du maréchal et du retour à la terre. Ce qui rejoint la pensée de Rosny Jeune : « L'unité rétablie dans la pensée française par l'adhésion spontanée de tous aux grands projets du chef de l'État, à cette collaboration nécessaire et admirable avec le Maréchal pour le plus grand bien et le plus grand honneur de la France », peut-on lire dans *Le Petit Parisien* du 21 juin 1941.

En réponse à ce qu'ils considèrent comme un prix « sous influence », Carco et Ajalbert, auxquels s'est joint par correspondance Lucien Descaves, ont décerné le Goncourt « de zone libre », à Guy des Cars. Décidément, l'ambiance académique manque de sérénité et 1942 ne va pas arranger les choses : en décembre, pour la succession de Léon Daudet, ils sont quatre académiciens à voter devant cinq assiettes de sandwiches et une bouteille de porto rouge. Au bout de quarante minutes de délibérations, c'est La Varende qui est élu contre le malchanceux André Billy. La succession du couvert de Champion restera en suspens jusqu'en 1944.

Le prix va au *Pareil à des enfants* de Marc Bernard – prisonnier de guerre récemment relâché – déjà lauréat de l'Interallié en 1934, qui vit à Nîmes, dénué de tout, et nanti d'une ardoise de trois mille francs chez son épicier. L'argent du Prix lui permet de fuir la Gestapo avec sa femme Else qui est juive. L'année 43 ne voit pas d'éclaircie : les membres du jury ont du mal à se réunir et Marius Grout l'emporte grâce aux votes par correspondance, alors qu'André Billy, enfin récompensé de sa constance, est élu contre le prince des poètes Paul Fort, qui a reçu les suffrages de La Varende, Benjamin et Guitry. Ce dernier refuse de voir siéger le nouveau juré qui ne prendra place qu'après le débarquement, la mise à l'écart de Benjamin et la démission de La Varende, tous deux maréchalistes convaincus.

Pendant ce temps, Elsa Triolet rédige dans la Drôme quatre nouvelles sur des cahiers d'écolier. L'ensemble s'appellera *Le Premier Accroc coûte deux cents francs*. Le titre est tiré d'un des messages de Londres à la Résistance française. Ce sera le Goncourt 1944, décerné en 1945 sous les couleurs de Denoël, alors que les prix de la période sombre avaient tous couronné un Gallimard.

Le prix Renaudot qui n'a pas été attribué en 1940 (le prix prévu cette année-là sera décerné en 1946 à David Rousset pour *L'Univers concentrationnaire*) couronne en 1941 Paul Mousset : *Quand le temps travaillait pour nous*. Voilà ce qu'en dit *Le Petit Parisien* : « Un pendant véridique au trop fameux *Silence du colonel Bramble*, qui fait apparaître d'une manière extrêmement vive le cynisme des Britanniques, leur désinvolture devant les nécessités françaises, et la détermination avec laquelle ils ont quitté le combat où ils étaient engagés à nos côtés pour se rembarquer les premiers. » Allons, avoir un prix en 1941, peut imposer une certaine ligne de conduite! Les années suivantes seront récompensés Robert Gaillard, le Dr Soubiran et Roger Peyrefitte (en 1944) pour *Les Amitiés particulières*, le titre ne désignant pas la récente politique de collaboration...

Les jurés du Femina ont préféré attendre des jours meilleurs et attribueront le prix en 1944 aux Éditions de Minuit. De même l'Interallié ne sera pas décerné entre 1940 et 1945.

L'Académie française attribue encore quelques récompenses : le Prix de littérature couronne l'ensemble de l'œuvre de Jean Schlumberger en 1942, Jean Prévost en 1943, André Billy en 1944. La présence solitaire du cardinal Baudrillart à la séance du jeudi 13 juin 1940 préfigurait l'assoupissement de la vénérable institution. Certains académiciens vivent en zone non occupée comme Pétain bien entendu, mais aussi Weygand, Henry Bordeaux, Émile Mâle, Maurras ou Léon Bérard. Neuf sièges sont vacants en 1942 et il ne peut y avoir d'élection puisque le quorum de vingt membres minimum présents en séance ne peut être atteint. Reste alors une dizaine de fidèles qui se réunissent péniblement le jeudi : Georges Duhamel, Georges Lecomte, Paul Hazard, Maurice Paléologue, Mgr Grente et l'amiral Lacaze.

Jérôme Tharaud se souvient de ces réunions rituelles du temps de guerre : « Nous arrivions entre trois heures et trois heures et demie, et tout de suite notre petite assemblée prenait un air confidentiel. Chacun de nous donnait les nouvelles qu'il avait récoltées dans la semaine. Elles étaient des plus diverses (...). Un coup de sonnette du directeur nous rappelait tout à coup notre devoir hebdomadaire, qui est, comme chacun sait, le travail du dictionnaire. Les membres du bureau allaient prendre leur place, les autres gagnaient leur fauteuil. Je dois dire que, souvent, les conversations interrompues continuaient à mi-voix, de voisin à voisin. Cependant assez vite la discussion autour du mot sur la sellette devenait générale [136]. » Voilà qui ne fait pas beaucoup avancer le dictionnaire!

On constate l'apparition de nouveaux prix, l'un d'eux directement lié aux circonstances : André Thérive participe en décembre 43 à « un jury de gens de lettres, aux fins de couronner des manuscrits envoyés par des écrivains prisonniers. L'assemblée se compose de tous les notables qui habitent la capitale, et de quelques Vichyssois ou Lyonnais de passage. L'urbanité règne et même une douceur évangélique [137] ».

D'autres prix attirent l'attention des chroniqueurs. Dans *Le Petit Parisien* du 19 août 1941, Alain Laubreaux écrit : « On ne pouvait se passer plus longtemps de Prix Goncourt. C'est une institution vénérable (...). C'est à tel point qu'en l'absence prolongée du Prix Goncourt, un nouveau prix littéraire a été fondé à Paris. Du premier coup, il s'est égalé à son fameux modèle : il a couronné un cordonnier. De fait, le Prix de *La Nouvelle France*, créé en 1941 a donné son prix de 10 000 francs à monsieur Margravou " le romancier savetier ". » Le jury, qui se réunira au cours de l'occupation au restaurant de *La Tour d'Argent*, est très composite et apparemment non limitatif : Pierre Benoit, Abel Hermant, Bernard Grasset, Paul Fort, Abel Bonnard, Sacha Guitry, La Varende, Simenon, Mac-Orlan, Henri Troyat, Drieu La Rochelle, Luchaire... quelques noms en font néanmoins subodorer la tendance. D'un autre côté, Lucien Descaves, le pilier du jury Goncourt, écrit : « Un prix de 5 000 francs fut décerné à un débutant de vingt-six ans, Marcel Mouloudji, par des clowns et des baladins qui nous en remontraient en fait de compétence et de générosité [46]. » Clowns et baladins ce sont les termes qui désignent les membres du jury du Prix de la Pléiade fondé en 1943 par Gallimard : Marcel Arland, Maurice Blanchot, Joë Bousquet, Albert Camus, Paul Éluard, Jean Grenier, André Mairaux, Jean Paulhan, Raymond Queneau, Jean-Paul Sartre, Roland Tual.

Marcel Arland dit à Maurice Toesca : « C'est la première fois que je vois un jury fonctionner sérieusement. Un premier tri a été fait par Camus et Lemarchand. Il est resté une trentaine de manuscrits. Nous les avons tous lus, ceux-là. Je crois que c'est " Balouchi " qui aura le prix. C'est un ami de Sartre [138]. » De fait, par neuf voix sur onze, *Enrico* de Mouloudji, qui est âgé de vingt et un ans, reçoit en 1944 la récompense de 100 000 francs. Les mauvaises langues prétendent que la protection de Sartre n'a pas été étrangère à l'attribution de la récompense.

Ce Prix de la Pléiade est le deux cent quatre-vingt douzième décerné en France à cette époque; le montant annuel total des sommes distribuées atteint 1 414 545 francs.

Allons, on n'a pas fini de tresser des lauriers aux bons élèves! Mais il y a aussi des cancres en littérature : le 24 septembre 1943, Jean Genêt a été arrêté pour vol. C'est la treizième fois. A son procès, Cocteau a dit : « Vous avez devant vous le plus grand poète du siècle ». Quant à Jouhandeau qui lui avait déclaré : « Vous gagnerez plus d'argent avec vos vols qu'avec vos livres », s'estimant un peu responsable, il lui envoie en prison un colis par semaine.

CHAPITRE IX

LE CHOC DES IDÉES

C omme toutes les guerres, la Deuxième Guerre mondiale est faite de sang, de larmes et d'acier, et plus que jamais les idéologies s'entrechoquent. Avouée ou non, la propagande prend une grande place dans ce conflit. Pour les intellectuels, il devient difficile de tenir « l'art au-dessus de la mêlée ! ». Seule une minorité prend clairement position pour ou contre le nazisme; les autres louvoient, s'interrogent, hésitent...

GUERRE DES ONDES

A l'instar de leurs adversaires nazis, les Britanniques ont vite compris l'importance idéologique de la radio; ils assurent sur les ondes de la B.B.C. de nombreux programmes en langues étrangères. Dans leurs premières émissions, les Français libres cherchent à rassembler des volontaires autour d'eux et à faire connaître les F.F.L. Parmi ceux qui prennent ainsi la parole, on peut entendre Jean Oberlé, peintre et ex-journaliste du *Crapouillot,* Jean Marin ex-correspondant du *Journal,* l'acteur Jacques Duchesne ou Maurice Schumann qui anime une rubrique régulière intitulée « Honneur et patrie ».

Les intellectuels en exil sont plus libres de leurs paroles que leurs confrères demeurés en France. Aussi, malgré les distances et les obstacles, jouent-ils un rôle important dans le débat. Qu'ils soient à Londres ou en Amérique, c'est d'abord avec eux et contre eux que, pendant quatre ans, se développent les polémiques les plus rudes.

Tout commence par des chansonnettes : « Radio-Paris ment! Radio-Paris ment! Radio-Paris est allemand! » affirme Jean Oberlé sur l'air alors très en vogue de *La Cucaracia*; à quoi répond l'annonce parodique de Radio-Paris : « Ici Radio-Londres! Bobards et chansons! Divagations hypocondres! Ou boniments de francs-maçons! » Un des premiers journaux clandestins de Paris, *Valmy*, vient alors à la rescousse en faisant connaître ses « Commandements de l'occupé » : « La B.B.C. écouteras – Chaque jour avidement! – Radio-Paris laisseras – Car il est boche assurément! »

Rien de bien méchant, mais au fil des mois le ton se durcit dans les deux camps. Après la condamnation à mort (par contumace) du général de Gaulle et de ses partisans, et en réponse aux premières exécutions d'otages et aux déportations, les attaques contre les Kollabos deviennent plus acerbes; plus nombreuses aussi : « Les deux voix de Vichy et de Londres, sans compter la radio de Paris directement contrôlée par les Allemands, échangèrent dès juin 1940 un dialogue d'ennemis inexpiables [6] », se souviendra le philosophe Raymond Aron qui avait gagné l'Angleterre dès le 24 juin 1940.

A partir de 1942, Radio-Londres et la Résistance font circuler des « listes noires ». La presse anglo-saxonne ou clandestine les reprend : écrivains, dirigeants politiques, miliciens ou artistes, tous ceux qui, à des degrés divers, sont susceptibles d'aider les Allemands font l'objet de dénonciations régulières. Le magazine américain *Life* publie pêle-mêle de nombreux noms d'artistes ou d'hommes politiques parmi lesquels Jean et Corinne Luchaire, Horace de Carbuccia, Céline, Pagnol, Guitry et bien d'autres... En février 1943, *Je Suis Partout* ne manque pas de relever le côté hétéroclite de cette « liste assez burlesque (...) qui contient indistinctement les noms de Mistinguett, de Maurice Chevalier, de Marcel Pagnol et de Georges Carpentier. Mais le plus comique c'est que les Torquemada de *Life* condamnent également à mort le gaulliste Pierre Pucheu * et le pourrisseur Prouvost pourtant tout dévoué aux intérêts de la juiverie anglo-américaine. Fiez-vous à vos amis! » Certes l'hebdomadaire ironise mais pour les personnes visées l'inquiétude grandit.

Si les attaques sont souvent dirigées contre d'anonymes Kollabos, la B.B.C. en vient parfois à des menaces plus précises qui peuvent viser des gens moins célèbres que Mistinguett; par exemple Lucien Pemjean, un vieux militant anarchiste devenu progressivement hostile aux juifs et aux francs-maçons, est dénoncé par Londres qui lui attribue le dessin de « la Francisque », symbole officiel de Vichy, et l'accuse d'être « un organisateur de la conjuration Pétain »! Ce qui revient à le créditer d'une influence bien supérieure à la réalité.

Un des champions de cette guerre des ondes est l'humoriste Pierre Dac [44] réfugié à Londres en 1943 après avoir quitté la France par l'Espagne où il a été emprisonné pendant plusieurs mois par les franquistes. Rédacteur (avant-guerre) du journal satirique *L'Os à moelle,* il manie humour et menace avec la même efficacité ravageuse. Une de ses cibles préférées est Abel Bonnard qu'il a surnommé « gestapette » et désigné « Président du groupe l'envers vaut l'endroit », faisant ainsi référence aux mœurs supposées du ministre; il raconte diverses anecdotes sur son compte « histoire d'illustrer le principe qui établit que des propres à rien peuvent être bons à tout! » Maurice Schumann renchérit en affirmant au micro que Bonnard n'est qu'un « esthète de fin de soirée, un habit vert de fin de série, un penseur de fin de saison »! Dans la tradition des chansonniers, Pierre Dac transforme aussi certaines chansons populaires pour en faire des refrains satiriques comme *La Défense élastique* chantée sur l'air de *La plus bath des javas.*

Il a la dent dure : Maurice Chevalier en fait l'expérience quand sa célèbre chanson *Et tout ça, ça fait d'excel-*

---

* Pierre Pucheu, ex-ministre de l'Intérieur du gouvernement de Vichy, qui était favorable à Giraud et non pas à de Gaulle, est arrêté en Afrique du Nord en août 43, jugé et finalement exécuté en mars 44. Il sera ainsi la première victime officielle de l'Épuration.

lents Français, devient *Et tout ça, ça fait de mauvais Français!*

Comme nombre de ses compatriotes, Maurice Chevalier écoutait Pierre Dac sur la B.B.C. et trouvait cela drôle « jusqu'à un certain soir de février 44 où prenant à partie ceux de son propre métier, les artistes restés en France, il cite mon nom parmi d'autres et nous qualifie tous de mauvais Français. Ils ont collaboré avec l'ennemi, décrète-t-il de sa voix caverneuse.

« Ils seront punis selon la gravité de leurs fautes. Il en est parmi eux dont on n'entendra jamais plus la voix. " Nous condamne-t-il à mort [33] ? " » se demande Chevalier très inquiet. Certes Dac est un humoriste, mais en certaines circonstances l'humour peut devenir redoutable, surtout quand il est accompagné de menaces à propos des collaborateurs : « Quand un jour prochain nous leur ferons avaler leur bulletin de naissance, il est infiniment probable que la rigolade changera de camp et que, cette fois, il n'y aura pas de mou dans la corde à nœud [44]. »

C'est le ton de l'époque. Un ton qui fait écho aux nombreuses exactions des miliciens et des S.S. Le cycle des représailles puis des contre-représailles s'amorce bien avant la libération.

La Résistance, qui se développe tant à l'extérieur qu'en France, éprouve le besoin de se doter d'un signe de ralliement. Ce sera *Le Chant des partisans*, régulièrement diffusé à la B.B.C. à compter de 1943. Inspiré d'un air russe, dont la paternité fut très discutée après la guerre, ce chant est une création de la chanteuse Anna Marly, pour la musique, de Joseph Kessel et de Maurice Druon, pour le texte. Doté de paroles guerrières, *Le Chant des partisans* deviendra l'hymne de la résistance armée. Non sans romantisme, il exalte un combat total et sans merci contre l'occupant (« A la balle et au couteau... »); bien rythmé et facile à retenir, il connaît un succès certain. De plus son refrain (sifflé par les chanteurs) perce très bien les brouillages ennemis.

Chansons « engagées » et slogans s'entrecroisent donc quotidiennement sur les ondes mais cela n'empêche pas les

Français de rester nombreux à l'écoute de Radio-Paris ou de Radio-Vichy, car au-delà des choix politiques, ils sont sensibles à la qualité des programmes..., et de l'écoute! En ces longues soirées de couvre-feu, ils peuvent entendre de bons concerts animés par la formation symphonique de Jean Fournet ou bien le populaire orchestre de variétés de Raymond Legrand. Une vedette du jazz comme le guitariste Django Reinhardt y interprète parfois *Nuages* et la direction veut bien oublier qu'il est gitan. André Claveau, Suzy Solidor ou Tino Rossi chantent souvent à la grande satisfaction de millions d'auditeurs. Le poète Paul Fort anime des séries littéraires et Simone de Beauvoir écrit des textes pour Radio-Paris tandis que Jean-Louis Barrault et Charles Dullin y organisent des soirées théâtrales. Dans les couloirs de la célèbre radio on ne croise donc pas que des nazis comme le « docteur Friedrich » qui, à partir d'avril 41, abreuve les Français de causeries intitulées « Un Journaliste allemand vous parle! ». Radio-Paris (et Radio-Vichy) programment aussi de féroces émissions dirigées contre « l'Angleterre et ses valets » et contre le danger bolchevique. Sur ce thème, on peut entendre les conférences du marin et écrivain Paul Chack ou du scientifique Georges Claude; mais deux voix dominent le tumulte : celle du journaliste Jean Hérold-Pâquis qui ponctue ses allocutions de la célèbre phrase : « Et l'Angleterre comme Carthage sera rasée! » et celle de Philippe Henriot, redoutable polémiste, très écouté y compris par ses adversaires qu'il ne ménage pas. Il tonne régulièrement et d'une manière vigoureuse contre « les nouveaux émigrés » et « les menteurs salariés de Londres et de Boston [79] ». A distance, les polémiques s'aigrissent plus encore; sur les ondes de la B.B.C., on ne le ménage pas non plus; Jean Marin affirme : « Les ânes qui tournent la meule de l'information française ne sont pas seulement aveugles; ils sont sourds! » Tandis que Pierre Dac lance contre lui une chansonnette intitulée *Le Roi des salauds* : violente campagne qui se terminera avec l'exécution d'Henriot en juin 44 par un commando de résistants.

Depuis son refuge africain, André Gide déplore la médiocrité des émissions politiques de toutes les radios du moment qu'il rejette dos à dos : « Il s'agit d'activer la haine, et l'on souffle sur les passions pour les amener à incandescence. Pour combattre des brutes, il faut des brutes; et l'on abrutit [66] », note-t-il dans son Journal. Un jugement bien sévère...

De son côté la presse collaboratrice fustige tous ceux qui ont cherché refuge à l'étranger : « Monsieur Jean-Richard Bloch était l'ornement de l'ancienne *N.R.F.*, celle du juif Benda, celle que regrettent avec des soupirs à fendre l'âme les gaullistes de *Candide* et du *Figaro* », peut-on lire en 1942 dans *Je Suis Partout*. De fait Jean-Richard Bloch parle sur Radio-Moscou, tout comme l'écrivain Ilia Erhenbourg qui fut jusqu'en juin 1941 le correspondant à Paris de la presse soviétique; mais en France occupée, leur influence demeure réduite et la majorité des intellectuels ou des artistes n'a choisi ni Londres (comme le professeur Cassin) ni Moscou, mais plutôt les États-Unis. De puissantes stations comme Radio-Boston et La Voix de l'Amérique leur donnent la parole, ce qui vaut à Jules Romains des commentaires acides en France où *Je Suis Partout* prétend qu'il « injurie le maréchal Pétain ». Cependant, bien que forte de plusieurs milliers de personnes, la communauté venue de France n'en est pas moins divisée en clans très hostiles les uns aux autres : gaullistes, vichystes, neutres...

DES EXILÉS TRÈS DIVISÉS

En 1941, la revue *Aujourd'hui* publiée à Paris par Georges Suarez, ne se prive pas de reproduire des lettres du dramaturge Henri Bernstein et d'André Maurois, tous deux exilés outre-Atlantique, tous deux juifs, mais qui s'opposent en termes dénués d'aménité car le premier est favorable à de Gaulle tandis que le second prend clairement position pour Pétain.

Désolé par ces affrontements, Saint-Exupéry refuse de s'engager clairement du côté des gaullistes comme de celui des vichystes, mais il ne souhaite pas rester au-dessus de la mêlée; il écrit beaucoup, voit de nombreux amis dont

Renoir et, contrairement à nombre de ses compatriotes, il ronge son frein, désireux de reprendre la lutte dès que possible. Peu après l'invasion de la zone libre par les Allemands (en novembre 42) Saint-Ex lance un appel à la radio intitulé « D'abord la France ». « La nuit allemande a achevé d'ensevelir le territoire, déplore-t-il (...). La France n'est plus que silence. Elle est perdue quelque part dans la nuit, tous feux éteints, comme un navire [292]. » Et d'inciter les Français à surmonter leurs divisions. Sans grand succès cependant car la majorité des intellectuels demeure dans un attentisme prudent, et, loin de la guerre ils se préoccupent avant tout d'art, de littérature ou de leur carrière. L'Amérique leur paraît comme un merveilleux pays de cocagne où règne l'abondance. On a mis à leur disposition des logements confortables, des véhicules et surtout on leur a rapidement permis d'exercer une activité créatrice, pour eux fondamentale.

Lors de son arrivée à New York, Jean-Pierre Aumont est stupéfait par le luxe dans lequel vit Henri Bernstein : « Un valet de chambre à gants blancs m'ouvre son appartement au Waldorf Astoria. Aux murs, les tableaux qu'il a réussi à sauver : un Toulouse-Lautrec, un Courbet, d'élégants dessins de Constantin Guys, et son propre portrait, enfant, en costume marin, par Manet. » Plus encore, il est choqué par l'apparente indifférence de son hôte à la guerre : « Des millions d'êtres humains, et parmi eux certains de nos amis, sont morts, ou prisonniers, ou déportés. Il ne me demande aucune nouvelle de notre pays, ni par quel miracle je me trouve là. Il ne me dit même pas bonjour. Il me demande seulement si je pense qu'il puisse encore se montrer sur une plage [7] ! »

Plusieurs universités ouvrent largement leurs portes : Paul Hazard (qui rentrera en France en 1941) enseigne à la Columbia University dont il est docteur *Honoris Causa,* André Breton, entre deux expositions et une vie mondaine chargée, donne une conférence à Yale qui a pour thème le surréalisme, tandis que Lévi-Strauss prend régulièrement la parole à la New School for Social Research. Darius Milhaud professe en Californie, au Mills College, non loin de San

Francisco, aux côtés d'André Maurois et de Fernand Léger, car la cession d'été est placée sous le signe de la France. Darius Milhaud compose aussitôt de nouveaux opéras pendant que Chagall – après des démêlés avec les syndicats américains d'artistes qui lui reprochent de ne pas respecter les conventions – quitte New York pour le Mexique où il retrouve le célèbre danseur Massine, ex-vedette des Ballets de Monte-Carlo; Chagall réalise alors les décors nécessaires à cette triomphale tournée mexicaine. Salvador Dalí a installé un atelier en Californie où il prépare tranquillement une grande exposition qui parcourra le pays tandis que Fernand Léger ouvre à New York une école de peinture qui accueille de nombreux élèves. Peu après son arrivée, Max Ernst épouse Peggy Guggenheim; riche et cultivée, la jeune femme inaugure en 1942 à New York une galerie d'art rapidement fréquentée par les artistes en exil, et dont le catalogue est préfacé par André Breton.

Même s'il parle de temps à autre de politique sur La Voix de l'Amérique (en lisant des discours qu'il n'a pas écrits), André Breton se sépare de sa femme et se remarie; il voyage (en particulier au Canada) et, assisté de Max Ernst et du peintre Marcel Duchamp, il crée une prestigieuse revue « surréaliste » intitulée *V.V.V.* dont trois numéros paraîtront de juin 42 à février 44.

Acteurs et metteurs en scène se sont, eux aussi, remis au travail. Comme si de rien n'était... Somptueusement logé, Renoir se dit un peu déçu par Hollywood, mais il y exerce ses talents dans de bonnes conditions. De temps à autre, il héberge des amis de passage comme Saint-Exupéry qui continue de vivre dans son univers, parfois loin de la réalité, et à un rythme qui lui est propre : « Le matin quand nous prenions notre petit déjeuner, nous le trouvions à table prenant son dîner. Il travaillait la nuit. Lorsque, par hasard, nous nous trouvions réunis par un horaire normal, il nous amusait avec ses tours de cartes [122]... » Dès 1941, Renoir entame le tournage de *Swamp Water* (*L'Étang magique*) réalisé en décors naturels dans les marais de Georgie.

Duvivier et René Clair, qui sont venus aux États-Unis en mission officielle et non comme «réfugiés», produisent aussi plusieurs grands films. Après avoir tourné *La Belle Ensorceleuse,* qui subit un sévère échec commercial, René Clair obtient plus de succès avec *Ma Femme est une sorcière* (1942) puis avec *C'est arrivé demain.*

Reçue comme toute grande star, Michèle Morgan retrouve Duvivier à Hollywood : « Un enchantement, la splendeur de ces villas blanches au milieu de leurs jardins bien peignés, débordants de fleurs sur des trottoirs sans passants (...). Un rêve, je roule dans mon rêve! » Moins de deux jours après son arrivée, elle est aspirée par des réceptions mondaines luxueuses : « Tout y est, la villa style néo-mexicain, la nuit de velours bleu étoilé, et dans un coin du parc ratissé, le croissant de la lune miroite dans la piscine. Les voitures, leur bruit de papier de soie sur le sable [115]... »

Écrivains et artistes français s'intègrent donc facilement à la trépidante vie américaine! Et il faut bien constater que les problèmes de la France occupée leur paraissent lointains : écrits, œuvres d'art ou films de l' « exil » abordent peu de thèmes politiques...

Pourtant cette vie fastueuse et superficielle du star system americain pose parfois des problèmes de conscience. Après avoir fait du théâtre puis du cinéma, Jean-Pierre Aumont craque : « Je ne pouvais plus supporter ce luxe étalé sans vergogne, cette nourriture trop abondante, ces femmes trop bien habillées (...). Je ne pouvais plus supporter de gagner trop d'argent à faire le joli cœur, alors que tant de mes amis, de mes camarades, de mes compatriotes étaient morts, ou prisonniers, ou déportés [7]... » Il prend sa plus belle plume et décide d'écrire pour s'engager dans les F.F.L. La réponse le surprend : son interlocuteur gaulliste lui demande en préalable de tourner un dernier film à Hollywood; aussitôt dit, aussitôt fait : *La Croix de Lorraine* raconte l'histoire de prisonniers français en Allemagne qui prennent les plus grands risques pour s'évader... et rejoindre la France libre! Quelques mois plus tard, Jean-Pierre Aumont, sous l'uniforme, participera effectivement à la libération de l'Italie puis de la France.

Même itinéraire pour Jean Gabin. Aux États-Unis, il a

commencé lui aussi par le cinéma et la vie mondaine. Il a même vécu un grand amour avec Marlène Dietrich. Puis, mal à l'aise, il a décidé de s'engager. Comme pour son confrère, il lui faut d'abord tourner un film en faveur de la France libre : *L'Imposteur* raconte comment (en juin 40) un repris de justice usurpe l'identité d'un officier français mort courageusement au combat; peu à peu cet imposteur, qui a gagné l'Afrique, s'identifie à son personnage et pour finir se conduit en héros, dans les rangs des F.F.L. C'est très moral, point trop mal fait, bien que Gabin soit le seul acteur français du film; tous les autres sont des Américains mimant des Français avec plus ou moins de bonheur. Mais Gabin ne voudra pas en rester là, et peu après il revêtira un véritable uniforme : celui de la célèbre 2ᵉ D.B. du général Leclerc dans laquelle il commandera un char : *Le Souffleur II* !

Inquiet, tourmenté, Saint-Exupéry se lassera vite de ses tours de cartes et de son merveilleux dictaphone qui lui permettait d'enregistrer les textes de ses livres au cours d'interminables nuits blanches. En 1943, n'y tenant plus, il publie à New York sa célèbre *Lettre à un otage* dans laquelle il prend clairement parti pour tous ceux qui souffrent en Europe occupée et veut combattre, mais il refuse obstinément de choisir entre les différentes tendances politiques : « Le voyageur qui franchit la montagne dans la direction d'une étoile, s'il se laisse trop absorber par ses problèmes d'escalade, risque d'oublier quelle étoile le guide. S'il n'agit plus que pour agir, il n'ira nulle part (...). Ainsi à m'enfermer dans quelque passion partisane je risque d'oublier qu'une politique n'a de sens qu'à condition d'être au service d'une évidence spirituelle [292] » puis il gagne l'Algérie avec la ferme intention de se réengager dans l'aviation; en dépit de ses quarante ans.

Pourtant ces trois hommes constituent l'exception plus que la règle; car la communauté « exilée » s'accommode plutôt bien de son isolement..., tout relatif d'ailleurs! Charles Boyer a même créé une sorte de bureau d'accueil pour les Français de passage en Californie où Jean-Pierre Aumont se souvient d'avoir vu : « Janine Crispin et son mari Georges Kessel, Louis Verneuil, Jean Renoir, René Clair [7]... » et bien d'autres!

Quelques écrivains « s'engagent » cependant par la plume et la parole. Le très catholique Jacques Maritain par exemple, entame de violentes polémiques avec les partisans de l'Ordre nouveau dans son livre *A travers le désastre*. Ce texte est largement commenté, surtout à Londres où des messages de Maritain sont régulièrement lus à la B.B.C., messages qui parviennent jusqu'en Pologne où le résistant Milosz en traduit et publie clandestinement des pages.

En France occupée cela ne passe pas inaperçu : des extraits des textes de Maritain sont reproduits dans *Je Suis Partout*, avec des commentaires acides dont ceux de Lucien Rebatet qui le qualifie de « chien ».

PENDANT CE TEMPS EN AMÉRIQUE LATINE...

La communauté française d'Amérique latine se veut un peu plus « militante » que celle des États-Unis. A Buenos Aires, une revue littéraire dirigée par Roger Caillois et intitulée *Lettre française* présente une bonne synthèse des diverses publications du moment. Éditée avec l'aide du magazine *SUR*, la revue fait circuler les principales informations de ses consœurs, *Les Cahiers du Sud* par exemple; mais Caillois publie aussi des inédits d'auteurs reconnus (exilés ou non) comme *La Fosse à tanks* de Malraux ou des poèmes de Supervielle. A l'occasion de l'interdiction d'*Esprit* à Lyon, Caillois, pour protester, insère dans *Lettre française* un article parodique extrait du dernier numéro et qui, « recopié en France, nous fut communiqué par courrier aérien : Supplément aux Mémoires d'un âne; conte à l'usage des enfants de ce siècle, d'après la comtesse de Ségur »!

Un lien ténu mais réel subsiste donc avec la France occupée.

Militant chrétien et auteur du célèbre *Journal d'un curé de campagne* Georges Bernanos qui a rompu avec Charles Maurras, puis avec l'Espagne franquiste, vit au Brésil depuis 1938. Il est venu y faire de l'élevage et mettre sa famille à l'abri d'une guerre qui n'a pas encore éclaté... Pourtant il vit mal son exil, éprouvant souvent le besoin de se justifier : « Je suis venu ici cuver la honte [204] »! Il rêve à la création d'une nouvelle chevalerie (« J'attends que de jeunes chrétiens français fassent entre eux, une fois pour toutes, le serment de ne jamais mentir ») mais il ne se contente pas de sombres prophéties quant à l'avenir de la France et en 1941 il décide d'aider activement de Gaulle et la France libre dans les rangs de laquelle son fils Yves Bernanos s'est engagé. Ses nombreux écrits politiques de l'époque, relayés par la presse et la radio de Londres, parviennent jusqu'en France où Rebatet, qui ne le ménage pas, lui répond durement, le qualifiant « d'aberrant et lugubre pochard »! Cela n'empêche pas Bernanos d'écrire avec emphase des lignes dithyrambiques sur la Résistance française : « On pourrait dire sans exagération *(sic)* que ce n'est pas la guerre des démocraties qui donne un sens à la Résistance française, mais plutôt que la Résistance française donne un sens à la guerre des démocraties [204]... » C'est peut-être aller un peu loin dans l'éloge, mais Bernanos, éternel déçu par tout et par tous, rectifiera de lui-même un peu plus tard quand il écrira (dans *Le Chemin de croix des âmes*) des lignes très dures et tout aussi excessives sur « les mensonges de la Résistance ».

QUAND LES JOURNALISTES S'AFFRONTENT...

Pendant quatre ans, de violentes polémiques opposent les journalistes de Londres ou d'Amérique comme ceux de la nouvelle presse officiellement publiée en France. Exilés ou non, les journalistes prennent vigoureusement position pour ou contre l'occupation : « Tant que les Allemands seront en France, notre collaboration avec eux sera celle qu'une paire de fesses peut avoir avec une paire de bottes », proclame l'ancien directeur de *Paris-Soir*, Pierre Lazareff, lors de son arrivée à New York. En France, la première année, les lecteurs un peu perplexes, assistent à d'étonnants reclassements politiques : si Galtier-Boissière ancien animateur du *Crapouillot* s'abstient d'écrire publiquement, il n'en est pas de même de plusieurs de ses confrères de la presse satirique dont Jules Rivet ex-rédacteur du *Canard enchaîné* qui entre au très collaborateur *Petit Parisien*! Son confrère Morvan Lebesque fournit pendant plus d'un an des chroniques à *Je Suis Partout*. Le caricaturiste Moisan dessine dans le fascisant *Réveil du Peuple* et le populiste *Rouge et Bleu* dirigé par un ex-responsable socialiste : Charles Spinasse. Pendant ce temps, Dubosc (ex-dessinateur de *L'Humanité*) fournit régulièrement ses croquis au *Cri du peuple* de Doriot. Le vieil anarchiste Lucien Pemjean se préoccupe de l'avenir du *Nouvel Occident*, une foule d'écrivains se bousculent pour pouvoir écrire dans *Comœdia* ou dans *Aujourd'hui*.

La défaite a aussi réactivé le débat sur la responsabilité des intellectuels en politique. En octobre 40, *Le Figaro littéraire* publie une série d'articles accusant certains intellectuels d'être, par leurs écrits et leur influence sur la jeunesse, en partie responsables de l'effondrement de la France : Gide, Cocteau et quelques autres sont directement visés par Henris Massis, Camille Mauclair et l'académicien Henry Bordeaux; mais au sein de la rédaction du journal comme parmi les lecteurs, les avis sont plus nuancés et, par souci d'objectivité, le journal décide d'ouvrir ses colonnes à un débat contradictoire en élargissant le sujet. La question posée est alors de savoir si l'ensemble de la littérature des années trente n'était pas dévoyée. En cas de réponse affirmative il importerait d'en modifier l'inspiration. Paul Claudel approuve chaudement ce point de vue réformiste mais François Mauriac se déclare satisfait de la littérature incriminée, et André Gide se défend de son mieux; Kléber Haedens forme le vœu, audacieux dans le climat de l'époque, que la littérature puisse continuer à prospérer libre d'entraves! Le débat s'enlisera sans que personne l'emporte vraiment, mais il rebondira, cas par cas, à propos des auteurs les plus en vue.

Ainsi Jean Cocteau, volontiers provocateur, devient une des cibles préférées de la presse, en particulier de *Je Suis Partout*. Les critiques pleuvent contre sa pièce la plus récente, *La Machine à écrire*, dont le thème central est celui de la lettre anonyme : François Vinneuil (Rebatet) n'approuve ni l'atmosphère de délation ni les scènes d'épilepsie; dans un violent article intitulé « Marais et marécages », il dénonce « le type même du théâtre d'invertis » et estime que cette pièce résume « vingt années d'abaissement, de complaisances pour toutes les turpitudes du corps et de l'esprit », puis il éreinte Cocteau « le truqueur, l'énervé, le cuisinier de l'équivoque, des artifices les plus soufflés et les plus écœurants (...). Ce clown aurait pu être charmant. A cinquante ans, l'âge de pleine maturité pour les vrais hommes, ce n'est plus qu'un Jocrisse dégénéré »! L'attaque est rude, et Cocteau devra modifier sa pièce, en particulier supprimer la pénible scène d'épilepsie prévue à la fin du deuxième acte. Dans les semaines qui suivent, Alain Laubreaux et Brasillach sonnent la charge. Excédé par ces critiques répétées, Jean Marais se fâche; à la suite d'une représentation de *Britannicus* (avec Serge Reggiani) dans laquelle il jouait Néron, il voit sortir Alain Laubreaux accompagné d'Hébertot : « Je les suis. Il pleut toujours à torrents. Laubreaux a une grosse canne carrée. Je la lui arrache. Si je me sers de cette canne, je risque de le tuer. Je la jette de l'autre côté du boulevard des Batignolles. Je me précipite sur lui. Il tombe. L'arcade sourcilière s'ouvre (...). Je n'ai aucun mérite : il ne se défend pas [104]. »

Plus tard, au cours d'entretiens avec André Fraigneau, Cocteau [38] donnera une version légèrement différente; il affirmera que « Laubreaux était un agent de la Gestapo » – ce qui est faux – et situera l'incident à la sortie « d'un restaurant de marché noir », non loin du théâtre Hébertot, où tout le monde aurait dîné sans que Jean Marais reconnaisse Laubreaux attablé plus loin; la bagarre aurait eu lieu à la sortie. Cette scène, transposée, a servi à une séquence du film *Le Dernier Métro*. Laubreaux ne donnera aucune suite à cette affaire.

Un nouveau scandale éclate en 1941 avec *Les Parents terribles*; des membres du P.P.F. de Jacques Doriot organisent un chahut pendant la représentation : Serge Reggiani est précipité dans la fosse d'orchestre, boules puantes, bagarres, cris... Pour finir, le théâtre est fermé. « Alors, je me suis tenu tranquille jusqu'à *Renaud et Armide* », précisera Cocteau qui, bien qu'il soit l'objet de nombreuses critiques des collaborateurs français, n'est pas pour autant favorable à la Résistance. Il s'accommode même assez bien de la présence allemande et de la guerre qu'il feint d'ignorer.

Pendant quatre ans, la presse clandestine développe un contenu essentiellement politique. Confrontée à des problèmes d'organisation et de diffusion, elle se préoccupe assez rarement de prendre parti dans les querelles artistiques ou littéraires. On remarque quelques exceptions comme l'éditeur de musique Raymond Deiss qui paiera de sa vie la publication de seize numéros d'un journal culturel clandestin intitulé *Pantagruel*. Arrêté en octobre 41, il sera exécuté à la hache en 1943 à Cologne.

A Paris, une poignée de jeunes surréalistes demeurés dans la ville occupée, tant peintres que poètes, publient de mai 41 à mai 44 sept numéros d'une revue courageuse mais confidentielle : *La Main à la plume*; ce titre est inspiré par Arthur Rimbaud : « La main à la plume vaut la main à la charrue », ce qui peut paraître une provocation en une période où est prôné le retour à la terre. Encore que dans ce domaine les Parisiens – Kollabos ou pas – soient souvent excédés par le ruralisme de Vichy et la prolifération d'écrits sur ce thème : « A quand la petite annonce du lecteur désabusé : Échangerais – état neuf. non coupés – lot de romans agricoles contre colis de même nature? » peut-on lire en janvier 1943 dans *Je Suis Partout*.

Au-delà de ces tentatives, ce sont *Les Lettres françaises* qui assureront le plus gros de la résistance littéraire. Après un essai malheureux de Jacques Decour en 1942, la revue ne prend vraiment son essor qu'au printemps 43 sous la direction de Claude Morgan (le fils de l'académicien Georges Lecomte) et de Jacques Debû-Bridel. Simple feuille ronéotée au début, elle s'étoffe et sera même imprimée sur huit pages à compter du printemps 44 grâce à Georges Adam ancien journaliste de *Ce Soir*. Réalisée dans une clandestinité imparfaite, la revue est éditée par le Comité national des écrivains, organisation aux contours assez flous, bien contrôlée par des militants ou sympathisants communistes, mais ouverte à tous les « antifascistes ». Ce groupe, confidentiel en 1943, attire ensuite de manière plus ou moins régulière de nombreux intellectuels dont une bonne partie sont déjà associés aux Éditions de Minuit : Jean Paulhan, Jean-Paul Sartre, Aragon, Jean Guéhenno, Jean Cassou, Charles Vildrac, Paul Éluard, François Mauriac, Albert Camus...

Au-delà de poèmes et de textes de qualité inégale, le ton des *Lettres françaises* est assez vigoureux et « militant »; elles dénoncent comme traîtres les écrivains qui acceptent de se rendre en Allemagne; elles condamnent l'élection de La Varende au jury Goncourt et menacent : « L'Académie Goncourt aura des comptes à rendre, il est nécessaire de le préciser maintenant. » Dès le numéro 11 (1943), la rédaction annonce la création d'une commission pour juger « de la conduite des écrivains depuis juin 40 afin d'éclairer l'action de la justice et de préparer les libres conditions de l'exercice de la profession dans l'avenir ». Plusieurs mois avant le débarquement, l'« épuration » est ainsi annoncée. Les attaques pleuvent contre Maurras, Laubreaux, Rebatet, Drieu, Giono... En mai 44 est publié un numéro spécial pour soutenir l'action des maquis et en juin 44 l'éditorial appelle les Parisiens à l'action armée : « Paris est brave. Paris veut des armes et toujours plus. Il se lèvera et fera de chacun de ses vingt quartiers et de ses banlieues un maquis nouveau »! Revue littéraire, mais avant tout revue de combat politique.

Quel fut l'impact de cette presse littéraire clandestine. Faible dans le cas de *Pantagruel* ou de *La Main à la plume*. Inégal suivant les époques et discuté dans le cas des *Lettres françaises*. En 1943, la revue trouve lentement son rythme (mensuel) et passe de quelques centaines d'exemplaires à plusieurs milliers. En 1944, au cours des derniers mois de l'occupation, sa parution devient plus régulière. Pourtant les opinions divergent totalement quant à son impact; vingt ans plus tard, François Mauriac (très sceptique) s'opposera cordialement à Jacques Debû-Bridel [217] :

« Et enfin, ces *Lettres françaises* clandestines, il y avait de très bonnes choses dedans – personne ne les a lues naturellement! affirme Mauriac.

– Oh, c'était quand même distribué..., répond Debû-Bridel.

– Je ne sais pas..., insiste poliment Mauriac.

– Les Éditions de Minuit, elles, avaient un tirage assez faible, mais pas *Les Lettres françaises*, à la fin », réplique Debû-Bridel.

En fait, le tirage de la revue était limité par le problème du papier, acheté très cher au marché noir; pourtant les derniers numéros (en 1944) atteindront environ 10 à 12 000 exemplaires mensuels, chiffre considérable pour une revue clandestine, mais peu élevé face aux 300 à 400 000 exemplaires hebdomadaires de *Je Suis Partout* à son apogée. De plus *Les Lettres françaises* n'étaient pas vendues mais distribuées gratuitement à des sympathisants à la manière d'un tract; pour cette raison, de nombreux Français ne les ont donc découvertes qu'à la libération. Il est certain que son influence sera beaucoup plus forte que son tirage, surtout à partir de mai-juin 44, car c'est autour de la revue que va se cristalliser le débat essentiel sur le rôle des intellectuels pendant l'occupation.

Appartenir au Conseil national des Écrivains suffit-il à faire d'un intellectuel un Résistant? La réponse n'est pas évidente, car l'activité au sein de cette organisation, un peu informelle, varie beaucoup suivant les lieux et les hommes. Ainsi, Louis Parrot, l'un des fondateurs du groupe affirme-t-il : « De nombreux écrivains qui appartenaient au Comité n'y siégeaient pas, tels que Paul Valéry, Georges Duhamel, Jérôme et Jean Tharaud, le regretté Paul Hazard [254]... »

René Tavernier, qui se trouvait à Lyon, va dans le même sens : « Le C.N.E. de zone Sud avait réuni tout un noyau de gens d'opinions, de tendances, de natures, d'orientations politiques, littéraires, esthétiques, profondément différentes. Camus avait donné son adhésion au Comité, mais je ne l'ai jamais vu à aucune réunion [217]. »

Dans certains cas, l'appartenance au C.N.E. impliquait simplement une adhésion morale et la fourniture, de loin en loin, d'un texte signé d'un pseudonyme. Cependant fin 1944, le C.N.E. refusera du monde et devra écarter certaines candidatures pour le moins tardives...

La logique conduit à penser qu'à l'inverse, écrire un article dans un journal pendant l'occupation ne suffit pas à faire de son auteur un « nazi ». Là encore rien n'est simple et la presse légale ne forme pas un bloc uniformément kollabo. Si tous les journaux militent plus ou moins pour « L'Europe nouvelle », ils le font avec des nuances particulières et parfois s'opposent violemment entre eux. Dans *La Gerbe* Alphonse de Chateaubriant, inspiré par un pseudo-romantisme médiéval, brocarde le gouvernement de Vichy et proclame : « La Révolution nationale n'est pas plus la révolution que le café national n'est le café [32] ! » On trouve toujours plus extrémiste que soi...

A Lyon, en août 1941, la revue *Esprit* est violemment critiquée par *L'Action française*, *La Gerbe* et bien d'autres; pliant sous le choc, elle devra cesser de paraître et de jouer un trop subtil double jeu. Emmanuel Mounier sera assigné quelque temps à résidence dans le Massif central.

Très lu, *Je Suis Partout* attaque volontiers les juifs, les communistes, les gaullistes... mais aussi ses confrères! en particulier ceux de la « zone libre » qui (en 1942) ont obtenu dans leur région l'interdiction du roman de Céline *Les Beaux Draps* : « Les pères-la-pudeur ne doivent pas très bien savoir qui est Céline (...). Il est excessif ? Il est mal élevé ? Il exagère ? Il se trompe parfois ? Je veux bien. Mais c'est un prophète! » écrit Midas avec son parti-pris coutumier. Le pseudonyme de Midas apparaît régulièrement dans *Je Suis Partout* au bas de brèves chroniques ou d'échos, souvent virulents; Brasillach a sûrement utilisé ce pseudonyme, mais il ne fut probablement pas le seul et il est difficile de lui attribuer avec certitude tous les écrits signés de ce nom.

Je Suis Partout ne ménage pas non plus *Le Figaro* qu'il juge beaucoup trop « gaulliste », surtout quand à la fin de l'année 42 la rédaction prend la décision de se saborder plutôt que de continuer à paraître sous contrôle allemand. Un article intitulé « Les Rosses de Figaro » vise Pierre Brisson qui a expliqué par une lettre-circulaire envoyée à chacun des abonnés les motivations des rédacteurs; *Je Suis Partout* de janvier 1943, accuse ces derniers de souhaiter « la victoire juive » et, ajoute : « Que pouvait-on attendre d'autre d'un journal qui réchauffait en son sein Mauriac et d'Ormesson ? »

Malgré l'occupation il ne se réalise donc aucune Union sacrée des écrivains; au contraire, les vieilles querelles et les inimitiés perdurent : Pierre Benoit n'hésite pas à dire de Dorgelès, qui a du mal à vendre ses nouveaux livres, qu'il est « un auteur qui ne tire pas à moins de quinze cent mille morts! » Allusion perfide au prodigieux tirage des *Croix de bois* à la suite de la Grande Guerre. Paul Léautaud démolit allégrement Duhamel; il n'est pas le seul. Charles Maurras éreinte *Les Décombres* et son auteur, Rebatet, qui le lui rend bien : *L'Action française* a publié « trois colonnes d'injures, d'où il ressortait que je n'avais jamais été dans sa maison qu'un subalterne borné, n'entendant rien aux grandes pensées de ses maîtres », écrira Rebatet dans ses *Mémoires*.

Après la défaite allemande de Stalingrad (en 1943), bon nombre d'intellectuels prennent cependant leurs distances par rapport à la collaboration; mais plusieurs ne renient rien de leurs convictions et signent un manifeste contre les méfaits des bombardements alliés sur la France comme Rebatet, Brasillach, A. de Chateaubriant, Abel Bonnard...

Une des polémiques les plus violentes éclate en décembre 1942 à propos de la sortie simultanée (aux États-Unis et en France) de *Pilote de guerre*. A la surprise de certains, le roman de Saint-Exupéry a obtenu le visa de censure! La presse française apparaît très divisée par ce livre et dans *Je Suis Partout*, Pierre-Antoine Cousteau écrit qu'il est « fort ennuyeux » mais surtout qu'il constitue un « manifeste » en faveur de la poursuite de la guerre et plus encore en faveur des juifs : « On s'étonne qu'un tel bouquin ne porte pas sur sa page de garde le *nihil obstat* de Mandel et l'imprimatur de Blum ». Pourtant, les avis sont partagés; dans *Aujourd'hui*, Jean-Pierre Maxence défend vigoureusement Saint-Exupéry, tout comme Pierre Mac-Orlan dans *Les Nouveaux Temps* ou plusieurs journalistes de *Comœdia*. C'est pourquoi la semaine suivante *Je Suis Partout* contre-attaque : « Car le plus choquant n'est pas qu'un éditeur antifasciste ait lancé dans le commerce cette machine de guerre, mais bien que tant de journaux se soient faits les complices de cette provocation »; et Cousteau de traiter de « vendus » ses confrères qui aiment bien le livre. On n'y va pas de main-morte dans les colonnes de *Je Suis Partout* où Brasil-lach porte l'estocade : «*Pilote de guerre*, l'apothéose du judéo-bellicisme, la justification de tous les crimes commis avant et depuis la guerre contre la France, l'illustration de toutes les âneries et de toutes les saloperies dont nous sommes en train de crever (...). M. de Saint-Exupéry a toujours aimé les juifs (...) il reste le judéo-blennoragique fanfaron. » A quoi Saint-Exupéry répond : «Nous ne fon-dons pas la France, nous ne pouvons que la servir »; mais il ne peut empêcher l'interdiction du livre en France après quelques semaines de vente libre.

Dans *Les Lettres françaises* de janvier 1943, Jean Blanzat constate : «*Pilote de guerre* vient d'être interdit. Il rejoint par un destin naturel, cette littérature clandestine par laquelle la France prisonnière déchire l'absolu de silence. » De fait, rapidement, paraissent deux éditions clandestines du roman (l'une à Lyon, l'autre à Lille), grâce au courage d'impri-meurs et de typographes résistants.

En plein cœur du conflit (1943) Kléber Haedens tente d'établir un bilan; il publie une *Histoire de la littérature française* qui fera mouche. En cinq cents pages bien tour-nées, il brosse un tableau des écrivains français, illustres anciens comme jeunes contemporains : «Cocteau se veut toujours poète... La mort rôde partout dans son œuvre. Elle saisit les cruels " enfants terribles ", puis revient à la surface de la vie, projetant sur un mur l'image d'un roi assassiné », écrit-il avant d'égratigner Pierre Benoit qui «pour séduire un vaste public a renoncé au talent ». Il dénonce la pauvreté de la syntaxe dans l'œuvre de Céline «mais Céline a de la verve, de la couleur, il ne recule devant aucun excès et il livre sa pensée en désordre avec une mauvaise foi tellement sincère qu'elle donne un spectacle des plus divertissants qui soient ». Haedens consacre une demi-page à Drieu qui exprime l'amertume de la génération de 14-18; il ne fait pas de Malraux «un fils de la guerre, mais des révolutions (...). Les livres de Malraux sont chaotiques et confus comme les révolutions elles-mêmes », et conclut sur ce thème : «Drieu La Rochelle, Montherlant, Malraux sont des théoriciens ou des romantiques de l'action. A côté d'eux, il faut citer l'aviateur Antoine de Saint-Exupéry, écrivain irritant, plein d'idées falotes et nuageuses, mais capable d'écrire des pages étincelantes d'étoiles arrachées au ciel nocturne qu'il fréquente. Il achève ce que l'on pourrait nommer, dans la littérature de cette époque, le quadrilatère des héros [233]. » Il faudrait citer des pages entières de ce livre d'Haedens où sont analysés Colette, Giono, Gide, Mauriac, Giraudoux..., et qui connaît un vif succès pendant l'occupation. Il sera réédité dès 1947 et mérite toujours d'être lu.

LES CAMPAGNES ANTISÉMITES, ANTIMAÇONNIQUES... ET DE SOLIDES AMITIÉS

Si Céline est l'un des plus féroces écrivains antisémites de l'avant-guerre, pendant l'occupation il conserve sa férocité et ses convictions mais écrit beaucoup moins sur ce thème contrairement à Rebatet et Brasillach qui, au fil des livres et des articles, n'épargnent pas une communauté pourtant persécutée. Charles Lesca abonde dans leur sens lorsqu'il publie dans *J.S.P.* une série d'articles intitulés : « Quand Israël se venge. » En 1941, il les regroupe pour en faire un livre qu'il dédicace à la librairie *Rive gauche,* place de la Sorbonne. Rebatet attirera là aussi beaucoup de monde pour dédicacer *Les Décombres,* violent pamphlet qui n'épargne personne et connaît un rapide succès... Riposte de la Résistance : les vitrines de la librairie sont brisées à coups de pavés.

Dans ses colonnes, *Je Suis Partout* qui réclame sans cesse des mesures contre les juifs et les francs-maçons encore nombreux en France, multiplie les attaques nominales et n'hésite pas à pratiquer la délation. Il ne ménage par les personnalités du régime comme Jérôme Carcopino accusé de ne pas assez « épurer » l'Éducation nationale des nombreux francs-maçons qui s'y trouveraient encore. La célébrité ne protège pas complètement des attaques et plusieurs artistes devront prouver qu'ils ne sont pas juifs : Charles Trenet est accusé par le journaliste Boissel (dit « le radioteur ») de s'appeler Netter (anagramme de Trenet) et d'être petit-fils de rabbin; le chanteur devra réunir un imposant arbre généalogique pour démontrer qu'il n'en est rien. Cela n'empêchera pas Vinneuil (Rebatet) de revenir à la charge à propos du film *La Romance de Paris*. « Je n'ai pas à insister sur la ressemblance excessivement fâcheuse de M. Trenet avec un certain nombre de clowns judéo-américains. » Et d'accuser le chanteur d'avoir « contribué autant que possible à la judaïsation du goût français ». Rien de moins!

En dépit de la violence des polémiques, les ponts ne sont pas toujours irrémédiablement coupés entre les deux camps et, surtout chez les écrivains, les attitudes ne sont pas aussi tranchées qu'il y paraît. A Paris, au sein de la revue *Aujourd'hui* pourtant autorisée par la censure allemande, l'unanimité est loin de régner sur tous les sujets; Georges Suarez connaît pourtant les sentiments d'une partie de ses rédacteurs, en particulier ceux de Robert Desnos qu'il apprécie beaucoup : « De temps en temps, Georges Suarez contemplait ses rédacteurs indociles, prenait une colère et criait : " Gaullistes! Ils sont tous gaullistes dans cette baraque! " Il devenait tout rouge puis allait prendre un whisky au *Harry's Bar* pour se consoler [48] », témoignera Youki Desnos après la guerre. Suarez n'était pas dupe, mais jamais il ne licenciera Desnos et, en 1944, après l'arrestation du poète, il tentera de l'aider et fera verser l'intégralité de son salaire à sa compagne Youki.

Malgré l'intolérance et la violence ambiantes, des îlots d'amitié résistent parfois. Au cas par cas. Ainsi, à l'automne 40, Jean Luchaire a-t-il embauché à son journal *Les Nouveaux Temps* une toute jeune fille, Simone Kaminker bien qu'il n'ignore pas que son père soit juif et de plus réfugié à Londres où il intervient à la radio :

« Tous les gens qui travaillent dans ce journal sont très gentils avec moi. Ils font un journal qui devient vite ignoble (...) mais ils sont tous très gentils avec la petite Kaminker dont le père est à Londres. Et ça ils le savent tous. » Ils le savent car c'est le patron, Jean Luchaire, qui le leur a appris, tout comme à la jeune fille à qui il a précisé : « C'est pourquoi tu es mieux ici qu'ailleurs [132]! » Cette jeune fille, inquiète et vulnérable, s'appellera plus tard Simone Signoret... Elle travaillera aux *Nouveaux Temps* jusqu'en juin 1941. Un des aspects bizarres (et rassurants!) de cette sombre période!

De même l'amitié Drieu-Malraux résiste à toutes les tourmentes de l'occupation et de la libération. Drieu accepte même d'être le parrain d'un des fils de Malraux. Et au moment de l'Épuration, Malraux tentera (en vain) d'aider son ami.

Giraudoux, familier de Vichy, n'en est pas moins très inquiet pour son fils Jean-Pierre qui est passé «à la dissidence gaulliste» comme officier des F.F.L. L'écrivain déploie des trésors d'astuces pour garder le contact avec son fils et se rend même spécialement à Lisbonne pour lui téléphoner à Londres! Cependant, gravement malade, Giraudoux mourra quelques mois avant la libération, sans l'avoir revu.

DES ARTISTES
ET DES ÉCRIVAINS « PROTÉGÉS » ?

A partir de 1942, une répression sévère s'abat sur les juifs de france. Arrestations et déportations se multiplient. Comment les intellectuels et les artistes vivent-ils cette sombre période? Un peu différemment du reste de leur communauté car la célébrité crée une situation particulière, qui ne réserve pas le même sort au simple artisan juif et à l'écrivain reconnu.

Tristan Bernard par exemple, un moment arrêté par les Allemands, sera rapidement relâché grâce à l'intervention de ses nombreux amis dont Sacha Guitry qui fera utilement jouer ses relations. Guitry est également intervenu quand, le 12 décembre 1941, Maurice Goudeket (le mari de Colette) a été arrêté à Paris en tant que juif. La célèbre romancière a aussitôt mobilisé ses relations pour le faire sortir du camp de Compiègne où il a été interné. Bertrand de Jouvenel agit de son mieux auprès d'Otto Abetz, tout comme Robert Brasillach qui se rend spécialement à l'hôtel *Majestic* (où résident les officiers allemands) pour plaider la cause de Maurice

Goudeket. Le 6 février 1942, ce dernier est finalement libéré, et peut regagner le Palais-Royal.

Emmanuel Berl, dont la cousine a épousé de Brinon, bénéficie en 1944 d'une salutaire protection; à la fin de l'occupation, il reçoit la visite d'Horace de Carbuccia en Corrèze : « Il était accompagné par Philippe Henriot. Ils m'ont dit d'être prudent [111] », déclarera Berl à Modiano en 1976. Une double visite qui démontre le côté très relatif de la « clandestinité » des écrivains installés à Argentat... Julien Benda réfugié à Toulouse, puis pensionné et recueilli par la ville de Carcassonne, réussit à passer toute la guerre en zone Sud sans vraiment se cacher : « Personne n'avait moins l'air d'un homme traqué. Il allait où ses amis jugeaient opportun de le cacher, entièrement inconscient du danger qu'il courait. Il fut quelque temps hébergé à Montpellier par une famille courageuse et généreuse, mais d'opinions politiques opposées aux siennes; il ne parut pas s'en apercevoir [81] », témoigne Jean Hugo qui le recueille à Fourques en 1944.

Enfin le cinéaste Jean-Paul Le Chanois, Dreyfus de son vrai nom, pourra continuer à exercer son métier normalement pendant l'occupation sans être inquiété. Il travaille même comme scénariste pour la firme allemande *Continental.*

La célébrité ne suffit pas toujours à protéger des nazis et aucune amitié ne parviendra à dévier le destin tragique de Max Jacob et de Robert Desnos.

A la fin du mois de février 44, le vieux poète Max Jacob qui, de toute l'occupation, n'a pratiquement pas quitté sa retraite de Saint-Benoît-sur-Loire, est arrêté par la Gestapo en qualité de juif, bien qu'il soit converti au catholicisme depuis des années. Les Allemands l'enferment aussitôt à la prison d'Orléans puis le transfèrent au camp de Drancy où, brisé moralement et physiquement par l'épreuve, il meurt une semaine plus tard (le 5 mars 1944) malgré les soins des médecins du camp. Au lendemain de sa mort, Michel Leiris lui rend hommage dans *Les Lettres françaises* clandestines tandis que, sans autorisation préalable, une messe à sa mémoire est célébrée en l'église Saint-Roch; y assistent plusieurs de ses amis dont Mauriac, Picasso, Éluard, Cocteau et bien d'autres. Tous s'étaient mobilisés pour obtenir sa libération, et ils étaient sur le point d'aboutir; mais le froid, la maladie et le désespoir furent les plus rapides... Max Jacob n'avait, semble-t-il, plus la volonté de vivre. Son ultime acte de résistance consista à mourir.

Quelques jours avant, le mardi 22 février à 9 h 25 du matin, des policiers allemands ont frappé à la porte de l'appartement de Robert Desnos, rue Mazarine. Le poète est là, à peine habillé. Il attend; sa concierge l'a pourtant prévenu quelques minutes plus tôt, mais il n'a pas voulu s'enfuir, pas voulu que sa compagne, Youki, soit arrêtée à sa place. Il est emmené rue des Saussaies dans les locaux de la Gestapo (où il ne sera heureusement pas maltraité) avant d'être interné au camp de Compiègne : « Il y a ici un tas de gens, comme Farcy, conservateur du musée de Grenoble, Maurice Bourdet, du Poste Parisien, un poète breton appelé Boncors, le petit-fils Renier, directeur de l'agence Havas, le père Riquet célèbre prédicateur lyonnais [48]... », écrit-il à Youki; elle déploie des trésors d'ingéniosité pour conserver le contact avec lui, lui faire parvenir de la nourriture et des vêtements, et surtout obtenir sa libération. Pendant des semaines, elle frappe à toutes les portes pour éviter un transfert en Allemagne : bien qu'il pense que Desnos a aidé la Résistance, Georges Suarez signe une longue lettre en faveur de son ami, lettre destinée au Dr Illers responsable du camp. La libération était presque acquise quand le Dr Illers change brutalement d'avis et ordonne le transfert de Desnos en Allemagne.

Selon une rumeur, souvent reprise depuis, ce serait Laubreaux qui, au cours d'un repas chez *Maxim's*, se serait opposé à la libération de son confrère et adversaire. La matérialité des faits n'a pas été établie et le témoignage le plus serein à ce sujet est sans doute apporté par Youki, qui rappelle honnêtement l'antagonisme violent qui opposait les deux hommes : « Ce serait Laubreaux qui se serait levé en protestant (...). Peut-être sont-ce là des chipots et des ragots. Je m'en voudrais de piétiner un homme dont les épaules ont maintenant touché terre, mais qu'Alain Laubreaux soit maudit s'il a fait cela. Il est vrai qu'il était peut-être excusable, car Desnos avait fait dire dans tout Paris : Laubreaux ne mourra que de ma main et je lui ferai sortir les tripes du ventre à coups de pied [48] ! » Dangereuse outrance verbale qui a peut-être coûté la vie à Desnos.

CHAPITRE X

1944 : LA NOUVELLE DONNE

AU printemps 44, pendant que les Alliés préparent fiévreusement le plus important débarquement de l'Histoire, à Paris des écrivains et des artistes organisent réceptions et cocktails dans la plus apparente insouciance. Le snobisme et le luxe se combinent parfois avec un zeste de provocation : « Il paraît que des militaires s'entretuent un peu partout et que des bombes écrasent Florence ; on s'écrase à la Galerie X, où le peintre Michel-Marie P. préside son vernissage en travesti féminin : poudré, maquillé, robe de chez Lanvin, bas de soie, hauts talons [137] », affirme André Thérive qui fait lui-même partie du Tout-Paris.

Au moindre rayon de soleil, la terrasse du *Flore* est pleine à craquer. Sartre et Simone de Beauvoir, qui y ont maintenu leur quartier général, figurent toujours parmi les habitués. Ils savourent leur gloire toute neuve et sirotent tranquillement l'apéritif en compagnie de leurs amis. Le couple désormais célèbre constitue avec le jeune Mouloudji, Camus, Maria Casarès, Picasso, les Leiris et quelques autres, le groupe le plus en vue de la rive gauche.

Dans la nuit du 5 au 6 juin 1944, l'habituelle petite bande d'amis organise dans l'appartement de Charles Dullin, rue de La Tour-d'Auvergne, une de leur « fiesta » comme les appelle Simone de Beauvoir. Dans la bonne humeur, Sartre, Camus (venu en compagnie de Maria Casarès), Morvan Lebesque (invité par Charles Dullin), les Leiris, les Salacrou, les Queneau et quelques autres sont fidèles au rendez-vous. Une soirée pleine d'entrain et bien arrosée : « On mit des disques, on dansa, on but et bientôt nous divaguâmes comme à l'accoutumée [10] », écrira Simone de Beauvoir. Pourtant, au petit jour, la tête lourde et les idées pas encore très claires, ils apprendront que depuis l'aube des milliers d'hommes se battent sur les plages de Normandie.

Des bombardements meurtriers accompagnent l'offensive des Alliés; la banlieue parisienne est durement touchée et Jean Hugo, qui repart pour Lunel, est frappé par le spectacle de désolation qui s'offre à lui : « Le train passa lentement entre les villas éventrées de Villeneuve-Saint-Georges, écroulées parmi les lilas en fleurs, et un hallier impénétrable de ferrailles, où s'emmêlaient les carcasses de wagons, les rails tordus et les charpentes des hangars effondrés [81]. » Des familles entières sont piégées sous les décombres mais ces drames ne suffisent pas à interrompre la vie parisienne qui se poursuit en dépit des alertes et des difficultés matérielles.

Le 8 juin, soit deux jours après le débarquement, les académiciens tiennent leur séance hebdomadaire. Imperturbables, ils décernent diverses récompenses dont, sur proposition de Duhamel, « le prix Née » à Paul Léautaud pour « l'œuvre la plus originale de l'année ». Ronchon et têtu, Léautaud refuse cet honneur et fait paraître un bref démenti dans *Le Petit Parisien* qui a annoncé la nouvelle.

Le 10 juin, au théâtre du Vieux-Colombier, Jean-Paul Sartre est très préoccupé par les coupures d'électricité! Devant un parterre mondain, il organise une représentation de sa nouvelle pièce : *Huis clos*. « Je n'oublierai jamais cette générale étouffante, par une température d'été. Dans la salle exiguë et comble, chacun ruisselait et s'épongeait; ce qui donnait à l'action de la pièce une réalité particulière puisqu'elle se situait en enfer (...). On investissait Sainte-Mère-l'Église et les combattants tombaient en masse au pied des falaises normandes, mais l'événement du mois était la pièce de Jean-Paul Sartre [127] », constate amèrement André Roussin de retour à Paris. Tout se passe bien pour Sartre, les critiques sont bonnes (y compris dans la presse allemande), et quelques jours plus tard, satisfait, il anime à la demande de ses amis une conférence sur le théâtre : il prend la parole en compagnie de Jean-Louis Barrault, d'Albert Camus et de Jean Cocteau. A une heure où Caen et Oradour-sur-Glane ne sont plus que ruines fumantes, où des convois de déportés s'éloignent encore vers l'est, à Paris on discute doctement de l'avenir du théâtre dans un salon des quais de la Seine!

Le Tout-Paris de la collaboration ne semble pas terrorisé par l'avance des Alliés; au contraire, par bravade, dans une fuite en avant consciente, journalistes et écrivains les plus engagés s'affichent : à la mi-juin, Dominique Sordet réunit ses amis chez *Lapérouse* pour un des derniers déjeuners-débats de l'occupation. Sont présents Philippe Henriot, Marcel Déat, Henri Béraud « tonnant contre la lâcheté d'Horace de Carbuccia qui venait de saborder son *Gringoire* », Jean Hérold-Paquis, Benoist-Méchin, Drieu La Rochelle, Cousteau, Lesca, Laubreaux et Rebatet. On ne semble pas redouter d'attentat car Rebatet écrit : « La température était étouffante. On avait ouvert les fenêtres de notre salon sur la rue des Grands-Augustins. Aux fenêtres d'en face – et la rue n'est pas large – se pressaient d'innombrables curieux, qui cherchaient à reconnaître Philippe Henriot [121]. »

Dans *La Chronique de Paris* du 15 juin, nouvelle revue littéraire qui, depuis huit mois, tente de prendre la relève de la défunte *N.R.F.*, on trouve toujours des signatures connues : sous la direction de Henry Jamet, Robert Brasillach tient la rubrique spectacles, Lucien Rebatet celle des Beaux-Arts, Georges Blond s'occupe des livres et André Fraigneau des échos parisiens; on y lit aussi divers poèmes et un texte de La Varende intitulé *Andromède ou la fille du concierge.*

Tout ce monde écrit, vit, comme si l'occupation allemande devait durer encore des siècles alors que les jours de plusieurs de ces hommes sont comptés...

En juillet, c'est au tour d'Albert Camus d'offrir une générale, celle du *Malentendu*, sa plus récente pièce (avec Maria Casarès dans le rôle principal); Alain Laubreaux y assiste. Les critiques sont rudes et c'est un échec. Pendant ce temps, les Concerts de la Pléiade, patronnés par Gallimard, attirent une foule huppée et Marie Laurencin, dont les tableaux se vendent toujours aussi bien, lance des invitations pour les repas hebdomadaires de Florence Gould qui tient encore salon. Le vieux Léautaud y vient, comme à l'habitude, tant pour rencontrer du monde que pour emporter son rituel colis de nourriture et de tabac.

En ce dernier été d'occupation, il fait un temps superbe sur la capitale ; des jeunes gens bronzent ou flirtent sur les quais de la Seine dans une apparente insouciance. Pendant ce temps, dans la pénombre, derrière les portes plombées d'un wagon à bestiaux, anonyme parmi d'autres déportés, un poète roule lentement vers son destin : Robert Desnos est transféré du camp de Buchenwald à celui d'Auschwitz puis de Terezín. Dans l'indifférence quasi générale. Un mois plus tôt, à Paris, André Thérive a pu voir dans un cinéma de la rive droite « un film amusant sur la jeunesse, dont le scénario et le dialogue sont de Robert Desnos. Or le pauvre Desnos vient d'être déporté. La nouvelle n'en est d'ailleurs connue que des milieux de presse et des cafés où il tonitruait si gaillardement. Son nom sur l'écran n'émeut donc pas le public [137] ». Hélas pour Robert Desnos, les nazis feront la guerre jusqu'au bout.

Tandis que les combats s'étendent dans le bocage normand, à Paris, Édith Piaf fait encore salle comble, et Sacha Guitry patronne un gala en faveur des prisonniers. Semblant vivre hors du temps, Guitry songe même à organiser divers spectacles pour la saison suivante... Pourtant, au fil des semaines, le climat se tend car la Résistance se montre de plus en plus active et audacieuse. A plusieurs reprises Guitry se fait conspuer dans la rue et, comme beaucoup d'autres, il reçoit des menaces de mort.

Guerre et menaces d'insurrection n'empêchent pas les théâtres de faire recette ; les spectateurs affluent même si en raison de multiples coupures d'électricité il devient nécessaire de jouer en matinée plutôt qu'en soirée : « L'Atelier n'a pas fermé ses portes, presque seul à disposer d'un peu des feux du ciel. La pièce d'Anouilh gagne à cette lumière un éclairage glauque, une angoisse d'aquarium ou de souterrain [288] », note François Nourissier, frappé par l'ambiance particulière qui règne lors des représentations d'*Antigone*. Dans les autres salles aussi il faut trouver des solutions astucieuses pour obtenir un éclairage satisfaisant : « Avanthier, en matinée, où on jouait une pièce de Bernard Shaw, la lumière venait de dehors par un ingénieux système à miroirs [137] », écrit André Thérive le 9 août 1944; et il ajoute que le même jour, dans une salle bondée où est représentée *La Danse de la mort* de Strindberg, l'éclairage de la scène provient d'un unique luminaire, « une authentique lampe à pétrole », qui en cette circonstance ne constitue plus un simple élément de décor.

CEUX QUI S'ÉLOIGNENT

Alors que l'insurrection couve dans Paris, bon nombre d'écrivains et d'artistes songent à s'éloigner de la capitale pour divers motifs. La plupart partent tout simplement à la campagne, comme de coutume au moment des vacances. Simone Signoret, enceinte, a besoin de repos et de calme; elle part passer l'été dans une grande maison située à Charmes (en Haute-Marne) chez les Allégret; Serge Reggiani, Yves Allégret et quelques amis l'accompagnent. Tous vivent très simplement, dans l'inconfort mais dans la bonne humeur, loin de la guerre.

Après l'échec du *Malentendu*, Albert Camus fait de même en août. Comme il n'a aucune responsabilité dans la Résistance et n'est donc pas impliqué dans la préparation de l'insurrection de Paris (contrairement à une légende tenace), il répond à l'invitation des jeunes Gallimard ses amis, et, à bicyclette, ils gagnent ensemble Verdelot au bord du Petit-Morin où Brice Parain leur a prêté une maison. Là, ils déjeunent à l'auberge du lieu et se détendent en discutant. Sartre et Simone de Beauvoir, gagnés par la contagion, quittent eux aussi Paris pour prendre pension à l'auberge-épicerie d'un petit bourg de l'Oise : « Nous y restâmes environ trois semaines. Nous travaillions, nous déjeunions dans la salle publique où les gens du pays jouaient aux cartes, au billard et se querellaient [10] », écrira Simone de Beauvoir. Un *Flore* rural en quelque sorte!

Pour ces nouveaux « repliés » de l'été 44, promenades à vélo dans la campagne, jardinage, cuisine, longues discussions... constituent l'essentiel de l'emploi du temps. Dans une clandestinité toute relative... Pour un observateur non averti, voilà qui pourrait ressembler diablement à des vacances! même si certains de ces intellectuels se croient sincèrement « recherchés ».

Pendant ce temps à Paris Jacques Debû-Bridel, Pascal Pia, Jean Paulhan, Claude Morgan et beaucoup d'autres vivent dans la fièvre les dernières heures avant l'affrontement final et l'arrivée des Alliés. Clandestinement, ils assurent la parution des *Lettres françaises,* de *Combat* ou le fonctionnement des Éditions de Minuit.

D'autres, craignant pour leur vie, doivent se cacher un peu mieux. Maurice Goudeket demeure sur ses gardes; il vit discrètement au Palais-Royal auprès de Colette, se cachant parfois dans une chambre de bonne dépendant de leur appartement. En province, Marc Bloch, qui a rejoint la Résistance, vit sous un pseudonyme dans la région de Lyon; Emmanuel Berl et sa femme gagnent pendant une quinzaine de jours une maison isolée dans la montagne, pendant que, semi-clandestins et munis de faux papiers, Aragon et Elsa vivent dans une petite pension de famille de la Drôme à Saint-Donat où Aragon achève un roman (*Aurélien*) et fournit des textes pour des publications clandestines. A l'annonce du débarquement, le célèbre couple participe à la rédaction d'un journal local de la Résistance : *La Drôme en armes.*

Pour d'autres raisons, Maurice Chevalier se repose discrètement chez des amis en Dordogne où il aimerait qu'on l'oublie un peu! Mais dans cette région évoluent des maquis combatifs et des Allemands nerveux.

Les Allemands vivent à l'heure des désillusions car le succès final du IIIe Reich paraît bien improbable, sauf à une poignée de nazis irréductibles qui veulent encore croire en la puissance des « armes secrètes » (fusées, avions à réaction, bombes volantes...). Beaucoup d'officiers supérieurs souhaitent même une paix séparée à l'Ouest, ou un armistice immédiat; autour du Führer règne une atmosphère de complot et à l'initiative du comte von Stauffenberg une tentative d'assassinat contre Hitler prend forme le 20 juillet 1944. Une bombe explose mais, par un extraordinaire coup de chance, Hitler en sort vivant. Des sanctions impitoyables sont alors prises à l'encontre de l'état-major allemand, et d'importants remaniements ont lieu en France; comme beaucoup d'autres, Rommel tombe en disgrâce.

Dans ce lourd climat de fin de règne, Ernst Jünger quitte Paris en août; il téléphone poliment à Léautaud pour lui faire ses adieux. Gerhard Heller prend la précaution, avant son départ, d'enterrer ses notes et une partie de son courrier dans une boîte en fer, au pied d'un arbre de l'esplanade des Invalides : « Dans la journée du 13 août je fis mes derniers adieux à Jouhandeau, puis à Florence Gould, et le soir, je me décidai à cacher les papiers que je ne pouvais emporter avec moi [88]. » Puis le lendemain, à bord d'une traction réquisitionnée, il s'éloigne vers Gérardmer. Peu à peu Paris se vide de ses occupants. L'insurrection ne fera que précipiter un mouvement de repli déjà bien amorcé.

LE DÉSESPOIR DE DRIEU
ET LE DERNIER CARRÉ

Au printemps 44, Drieu, désabusé, persuadé de l'échec final du fascisme, se détache peu à peu de la vie et songe au suicide. Dans une lettre émouvante, envoyée à son ami Malraux deux jours avant son geste désespéré, Drieu [171] s'explique : « Je ne veux pas fuir. Je ne veux pas me cacher. Je ne veux pas être tué par des lâches... » Même tonalité dans une lettre à sa compagne, Béloukia : « Je ne veux pas renier, je ne veux pas me cacher, je ne veux pas aller en Allemagne et je ne veux pas être touché par des pattes sales [154]. » Pour justifier son geste, il donne de nombreuses raisons politiques. Geste courageux – et délibéré – car il est certain que Drieu, sceptique depuis longtemps quant à la justesse de sa cause, aurait pu fuir facilement à l'étranger; il disposait d'un passeport pour l'Espagne et d'une possibilité de gagner la

Suisse via Lyon. Rester en France – et y mourir – répond donc de sa part à un choix conscient.

Et Drieu avale une dose mortelle de médicaments...

Pourtant le destin n'avait pas dit son dernier mot : Gabrielle, sa gouvernante, avait oublié son sac; elle revient sur ses pas et le trouve inanimé. Transporté le 15 août à l'hôpital Necker, il est sauvé de justesse. Transféré à l'hôpital américain, il y fait une deuxième tentative de suicide mais la mort ne veut décidément pas encore de lui. Il lui faut prendre une décision : il refuse toujours de fuir en Suisse bien qu'une ambulance et les papiers nécessaires soient mis à sa disposition. Avec la complicité de sa première femme, Drieu accepte alors de se cacher dans l'appartement du professeur Legroux, rue de Grenelle. Une étrange vie clandestine commence dont nul ne sait quand et comment elle se terminera.

Mais les intellectuels d'extrême droite ne succombent pas tous au désespoir et, dans les ultimes numéros de *Je Suis Partout*, le ton monte encore d'un cran après le départ de Brasillach (à la fin de 1943). Le journal s'est mis au diapason de la rage meurtrière qui croît de jour en jour et réclame furieusement des représailles contre le maquis. Pourtant Laubreaux et P.A. Cousteau prennent aussi pour « tête de turc » Laval, accusé de mollesse et d'intrigues souterraines avec les gaullistes : « Je ne percevais plus le moindre sens politique à ces exercices que Brasillach n'aurait jamais admis », constate amèrement Rebatet [121] qui sait que l'imminence de la défaite allemande ne resserre pas les rangs parmi les collaborateurs; au contraire! Le 28 juillet, *Je Suis Partout* est saisi sur ordre de Vichy pour avoir publié une manchette d'une violence rare contre Laval : « Napoléon disait de Talleyrand, son ministre des Affaires étrangères : C'est de la merde dans un bas de soie. Nous n'avons plus de bas de soie! »

En attendant, indifférente à ces divisions, la Résistance multiplie les attentats contre les Kollabos et, parmi eux, l'inquiétude grandit; la plupart évitent de coucher chez eux et ne circulent qu'armés. Les menaces pleuvent, par la poste ou par téléphone. Plusieurs prennent peur. Des départs

s'amorcent. Au siège de *Je Suis Partout,* on brûle fébrile-
ment archives, fichiers et dossiers.

Alors que les blindés des Alliés atteignent Chartres,
Rebatet boucle hâtivement ses valises à Neuilly pour rallier
ensuite la rue des Pyramides en poussant devant lui un vélo
chargé de paquets. En compagnie de sa femme, de Cousteau, de Jean Hérold-Paquis (tous deux armés d'une mitrail-
lette) et de quelques dizaines de doriotistes, ils embarquent
dans de poussifs camions de l'armée allemande; les Allemands leur avaient procuré des sortes d'*Ausweiss* afin qu'ils
puissent « se réfugier dans des points fortifiés à l'intérieur de
Paris même, ou gagner l'Allemagne avec les troupes en
retraite [78] ». Le 18 août au petit matin, pendant que l'insurrection se développe dans Paris, un triste convoi s'éloigne
discrètement vers l'est. Comme disent si bien les « titis »
parisiens : « C'est plus *Je Suis Partout!* c'est *Je Suis Parti!* »
La fin d'un règne...

Par principe, Brasillach [152] refuse de fuir en dépit de
l'insistance de ses amis et de Karl Epting qui voulaient
l'aider : « Nous n'avions pas, pendant quatre ans, répété à
satiété qu'il ne fallait pas émigrer pour nous sauver en
Allemagne dès l'approche des Alliés... » Une attitude logique
qui lui coûtera la vie. Le 17 août il va donc tranquillement
au théâtre, revoir... *Huis clos* de Sartre! mais dès le lendemain il lui faut changer d'adresse et se cacher dans une
chambre de bonne, à Paris même.

Un à un, les partisans de l'Allemagne s'éloignent ou se
terrent. Marcel Déat est parti, tout comme Céline, convaincu depuis des mois de l'inéluctable défaite des Allemands. Accompagné de sa femme (et emmenant avec lui
son chat Bébert), il râle contre tout et tous, proclame haut et
fort son mépris « des Boches », des Résistants et de beaucoup
d'autres..., et en août il est déjà loin de Paris qu'il a quitté en
moto depuis plusieurs semaines. Une marque de prudence.

Souvent menacé par la Résistance, Philippe Henriot est
finalement abattu chez lui, le 28 juin 1944 à Paris. *Les
Lettres françaises* commentent l'événement dans leur
numéro de juillet sous le titre « Il a payé sa dette » : « Les

passants ne se gênent pas pour manifester leur joie. C'est pour eux un avant-goût de la justice et de la libération. Après Pucheu, Philippe Henriot. Après Philippe Henriot, ce sera d'autres traîtres... »

Certes avant Henriot d'autres journalistes avaient payé de leur vie leurs engagements politiques, comme les communistes Gabriel Péri (en 1941) ou Jacques Decour (en 1942) fusillés par les nazis. Dans le camp de la collaboration en 1942 également Albert Clément rédacteur en chef du *Cri du Peuple* (le journal de Doriot) avait été abattu par des Résistants.

Pourtant, en 1944, le cycle de ces violences s'accélère. Léautaud écrit dans son *Journal* : « Le jour n'est peut-être pas loin où nous entrerons dans la période des assassinats réciproques, prétendus justiciers [94]. » Pessimiste Léautaud – car représailles et contre-représailles s'enchaînent : Marc Bloch qui a été arrêté puis interné au fort de Montluc au printemps 44 est fusillé au bord d'un chemin à Saint-Didier-de-Formans, dans l'Ain, aux côtés d'une vingtaine de résistants; le vieux philosophe Victor Basch et sa femme, enlevés chez eux près de Lyon, sont abattus de nuit, au bord d'une route dans l'Ain, par des miliciens. A l'inverse, l'ethnologue antisémite (chargé d'une chaire en Sorbonne), Georges Montandon, est exécuté dans son pavillon de Clamart par un commando de la Résistance. Jean Zay, ex-ministre de l'Éducation du Front populaire est abattu par la Milice tout comme son collègue Georges Mandel, ex-ministre de l'Intérieur, lui aussi exécuté par la Milice (dans la forêt de Fontainebleau le 8 juillet). Puis c'est l'amiral Platon chargé de la lutte contre les francs-maçons qui est exécuté par des maquisards dans sa propriété de Dordogne...

CEUX QUI ONT REPRIS LE COMBAT

Parallèlement à ces violents combats de l'ombre, quelques artistes ont choisi de reprendre la lutte sous l'uniforme. C'est le cas de Jean Gabin qui, impatient de fouler le sol français, a combattu avec la 2e D.B., comme simple chef de char en France, puis en Allemagne. Après avoir participé à la campagne d'Italie, Claude Dauphin a débarqué en Provence le 15 août puis a pénétré dans Marseille parmi les premiers soldats français. Non loin de là, dans les collines de Provence, le poète René Char organise la réception de parachutages d'armes destinées aux maquisards.

A Londres, Joseph Kessel se désespérait d'être cantonné dans un rôle non combattant; mais il a réussi in extremis à arracher aux Britanniques l'autorisation de voler à nouveau; en dépit de ses quarante-cinq ans. Grâce à l'appui du colonel Rémy, en juin 1944 il survole la France une nuit sur deux, à bord d'un Mitchell de l'escadrille *Sussex,* piloté par des Anglais. Coincé dans l'étroite carlingue, il est chargé de recueillir par radio des informations transmises par la Résistance française : « Engoncé dans ma combinaison, un parachute sur le dos, un masque à oxygène et un micro sur le visage, je devais capter les messages des agents, parfois en clair mais le plus souvent en code, et les écrire au crayon sur une feuille maintenue par une planchette que je tenais sur mes genoux (...). Et cela avec trois paires de gants en raison du froid [160]! » racontera-t-il plus tard à son ami Yves Courrière.

Dans le Massif central, André Chamson laisse à d'autres la garde des trésors du musée du Louvre pour rejoindre un maquis composé d'Alsaciens et de Lorrains; au cours de l'été il rencontre celui qui se fait désormais appeler «colonel Berger», comme son héros des *Noyers de l'Altenburg* : André Malraux. Depuis novembre 1942, ce dernier vivait en famille dans une grande demeure de Corrèze, mi-ferme, mi-château où il recevait souvent son frère Roland; Roland était l'adjoint d'un major britannique, Harry Peulevé, chef d'un réseau clandestin dans la région. En mars 44, Roland Malraux est arrêté par la Gestapo, maltraité, puis déporté en Allemagne dont il ne reviendra jamais. C'est le déclic qui précipite à nouveau André dans l'action. Il quitte alors son «château» pour des demeures isolées d'où il tente de coordonner l'action des nombreux maquis de Dordogne. Il se heurte à l'hostilité de certains réseaux qui trouvent son entrée dans la Résistance un peu tardive, mais il réussit à s'imposer comme le fédérateur d'autres organisations en créant un fantomatique P.C. interallié dont il est l'inventeur. La réalité de l'autorité de Malraux sur les maquisards de la région sera par la suite très contestée; de multiples rivalités entre organisations de Résistance compliqueront encore les choses. Un fait est certain : le 22 juillet 1944, alors que Malraux se trouvait à bord d'une traction marquée de la croix de Lorraine, une fusillade éclate avec une patrouille allemande. Le major britannique Hiller qui se trouve à ses côtés, est grièvement blessé et laissé pour mort sur le terrain pendant que Malraux, blessé à la jambe, est transféré à Toulouse. Heureusement pour lui, une intervention efficace de chefs de maquis (qui détenaient des prisonniers allemands) et d'amis parisiens lui évitera la torture et la déportation; mais il demeurera en prison jusqu'à la libération de Toulouse.

A la même époque dans le Vercors, l'aventure des maquis tourne au tragique. Marié à Marcelle Auclair, l'écrivain et journaliste Jean Prévost a quitté Lyon quelques mois plus tôt pour gagner cette région sous le pseudonyme de Goderville. Il s'est clairement expliqué à ce sujet; son attachement aux valeurs démocratiques est déterminant. De plus : « Si j'ai choisi de m'engager et d'assumer les risques de l'action, c'est parce que je suis persuadé qu'un homme n'a le droit de vivre, de parler, d'écrire, qu'autant qu'il a connu et accepté un certain nombre de fois dans son existence, le danger de mort. » A l'issue d'un combat courageux mais inégal, lui et ses compagnons sont encerclés dans cette montagne qu'ils avaient crue inexpugnable. Avec une poignée de rescapés, ils se terrent plusieurs jours dans une grotte; puis, le 1er août, ils tentent de s'échapper. Arrêtés par une patrouille allemande près de Sassenage, ils sont tous fusillés sur-le-champ. Comme « Francs-tireurs ».

A l'instant même où Jean Prévost tombe sous les balles, Antoine de Saint-Exupéry a disparu... Avec la complicité de plusieurs de ses amis, il avait enfin obtenu le droit de reprendre les commandes d'un avion. En raison de son âge et de ses blessures antérieures, une dérogation avait été nécessaire. Mais il avait tant insisté! Et il jouissait d'un tel prestige que les Alliés avaient cédé... Le 31 juillet, il s'envole de la base corse de Borgo, seul à bord d'un moderne Lightning, en direction des Alpes.

On ne retrouvera ni son corps ni son avion. Nul n'a jamais su où Saint-Ex a écrit l'ultime page de son histoire. Il s'est approché une dernière fois des étoiles, pour ne plus jamais en revenir. Volatilisé en plein ciel! Une fin digne du *Petit Prince*.

LA LIBÉRATION DE PARIS

A Paris, le 18 août, la grève de la police puis la grève générale donnent le signal d'une semaine confuse où escarmouches et trèves se succèdent, où alternent négociations et violences. A l'appel des dirigeants des F.F.I., certaines rues se couvrent de barricades : la fièvre gagne l'Ile de la Cité, le Quartier latin, l'Hôtel de Ville tandis que d'autres quartiers demeurent très calmes. Parmi les insurgés se trouvent quelques comédiens dont Aimos qui avait tenu le rôle d'Ernest dans *Lumière d'été* de Grémillon; Aimos est tué non loin du Palais-Royal transformé pour la circonstance en poste de secours. De petits groupes armés occupent les principaux monuments officiels; Roger Stéphane, un jeune journaliste, et Gérard Philipe, se sont mêlés aux insurgés qui occupent l'Hôtel de Ville : ils y réaliseront un des premiers reportages radiophoniques de la libération.

De retour à Paris (deux jours avant l'arrivée des Alliés), Camus a aussitôt rallié la rue Réaumur où des Résistants (dont son ami Pascal Pia) préparent la sortie des premiers numéros non clandestins de *Combat* ou de *Défense de la France*; ils ont réquisitionné l'imprimerie qu'occupait la *Pariser Zeitung* depuis 1940.

Jean-Paul Sartre et sa compagne sont eux aussi de retour de la campagne. Pour déjouer une hypothétique arrestation, ils prennent d'amusantes précautions : « Par prudence, au lieu de retourner au *Louisiane*, nous descendîmes à l'hôtel *Welcome* qui se trouve à dix mètres de là... »! Et, précaution supplémentaire (sans doute pour éviter qu'on ne les reconnaisse) : « Nous bûmes des " turin-gins " avec Camus à la terrasse du *Flore* [10]. » Voilà ce qui s'appelle une vie clandestine! Ainsi Sartre est-il rentré juste à temps pour siéger quotidiennement au Conseil national du théâtre!

Pendant ce temps, Jean Paulhan, Éluard, Claude Morgan et toute l'équipe des *Lettres françaises* peuvent enfin distribuer leur journal au grand jour, dans les rues enfiévrées d'un Paris en liesse où les blindés de Leclerc font une entrée triomphale. Des jeunes femmes s'accrochent en grappes aux véhicules pour obtenir un simple baiser de ces vainqueurs bronzés et magnifiques qui effacent quatre ans d'humiliation. Les cloches sonnent à toute volée, y compris le « bourdon » de Notre-Dame. Aux Champs-Élysées un défilé immense salue la libération officielle de la capitale dans une ambiance de kermesse et de fête populaire. L'armée française renaissante a très bonne presse et c'est dans ce contexte que Jean Marais décide de s'engager dans la 2e D.B. Par dérogation, il pourra même garder à ses côtés son chien Moulouk qui deviendra une des mascottes de son régiment. A la même époque, Claude Dauphin, en permission, retrouve brièvement les planches d'un théâtre : le temps de quelques représentations avant de repartir pour le front de l'Est. Sous l'uniforme américain, Ernest Hemingway est lui aussi de retour, comme correspondant de guerre.

Pierre Lazareff n'a pas tardé à rentrer des États-Unis (via Londres où il était arrivé « vêtu d'un uniforme de colonel de l'armée américaine qui lui descendait jusqu'aux pieds », témoigne son ami Charles Gombault [68]); avec l'accord de Prouvost qui récupère son immeuble, il transforme *Défense de la France* en un quotidien populaire d'un style nouveau, *France-Soir*, auquel collabore Joseph Kessel.

A partir du 21 août 1944, une nouvelle presse se substitue à l'ancienne avant même que les Allemands aient totalement quitté Paris. De pagination réduite, ces quotidiens des premiers jours ont été improvisés par de jeunes hommes souvent plus enthousiastes que compétents qui ont travaillé dans la joie de la liberté retrouvée. Les journalistes professionnels et de qualité sont donc très recherchés même s'ils n'ont pas milité activement dans les rangs de la Résistance. C'est ainsi qu'à la demande de son ami Pascal Pia, Albert Camus rédigera régulièrement l'éditorial des premiers numéros légaux de *Combat*. Vendu à la criée puis dans les kiosques, le journal trouve immédiatement de nombreux lecteurs dans la capitale notamment grâce à ses « éditos » d'excellente qualité. Huit jours plus tard Sartre y participe aussi mais à un niveau plus modeste et occasionnel; Pia lui demande de rédiger une chronique sur la toute récente libération de Paris. Le 21 septembre, André Malraux en uniforme de colonel effectue un passage rapide au siège de *Combat* où il rencontre Albert Camus. Une photo montrant les deux célèbres romanciers côte à côte, largement diffusée par la presse, contribuera à renforcer l'image « résistante » des deux hommes dans l'esprit du public.

S'attribuant les locaux et les machines de l'ancienne, cette nouvelle presse se met en place au grand jour. Les communistes font preuve de l'organisation la plus efficace : *L'Humanité* reparaît, mais aussi *Libération* peuplé de « compagnons de route » du P.C.F. et surtout *Les Lettres françaises*, auréolées du prestige de la clandestinité. Au comité de rédaction, Claude Morgan et Éluard jouent un rôle dominant; en septembre ils reçoivent le renfort d'Aragon de retour à Paris. Des slogans comme « A chacun son boche! » (lancés lors de l'insurrection), laissent rapidement la place à une campagne en faveur d'une vigoureuse « épuration ». Une nouvelle page de l'histoire française commence; une page difficile pour certains artistes et écrivains car ce climat d'euphorie n'est pas exempt de rancœur et de haine.

Sur les « listes noires » qui ont été publiées par les journaux clandestins aux côtés de Robert Brasillach, Abel Bonnard, Alphonse de Chateaubriant, Georges Claude, Bernard Faÿ, Alain Laubreaux, Jacques de Lesdain ou Lucien Rebatet, on trouve Giono, Guitry, Jouhandeau, Montherlant, Henri Massis, Pierre Benoit ou Paul Fort... Chacun, à sa façon, a pu apporter une caution au régime de Vichy ou à ses hôtes encombrants; les modalités et la profondeur de cet apport devront être examinées avec attention par ceux qui, résistants de la première mais aussi de la dernière heure, vont jouer un rôle de justicier.

Au cours de l'automne 1944, ces listes évolueront : on y ajoute des noms, on en supprime d'autres. Parmi les suppressions : Paul Fort, Henry Bordeaux, Paul Morand, tardif ambassadeur de Vichy à Berne et qui préfère rester prudemment en Suisse, ou Pierre Benoit. Pour ce dernier, José Corti [42], le libraire-éditeur, affirme que c'est Aragon lui-même qui a rayé son nom pour que puisse paraître en feuilleron *L'Atlantide,* dans *Ce Soir,* le quotidien communiste. C'est possible, mais ces listes en accordéon témoignent de la difficulté d'établir des critères pour réaliser l'épuration de la vie intellectuelle.

A la Comédie-Française, on aligne les noms de Maurice Escande, Jean Debucourt, Balpétré ou Mary Marquet. En ce qui concerne le cinéma, Clouzot, Decoin, Léo Joannon, Georges Lacombe sont suspects et promis à des peines professionnelles de suspension. A l'Académie Goncourt, La Varende préfère démissionner en décembre 1944, alors que Jean Ajalbert, René Benjamin et Sacha Guitry, qui risquent des sanctions judiciaires, ne sont plus convoqués aux déjeuners académiques.

PREMIÈRES ARRESTATIONS

Très connu dans son quartier du Champ de Mars, Sacha Guitry a été arrêté parmi les premiers, chez lui, le 23 août, par de jeunes F.F.I. armés : en chemise à fleurs, pantalon jaune, babouches de crocodile vert jade et coiffé d'un large panama, il est conduit à pied sous bonne escorte jusqu'à la mairie du VIIe arrondissement où il est interrogé une première fois. Cette arrestation originale lui permettra un bon mot de plus : « Quand avez-vous été arrêté ? – Le jour de la libération ! » Mais pour l'heure, il n'en mène pas large et doit passer brutalement des raffinements de son hôtel particulier aux tribulations du réprouvé. Commentant la nouvelle, *Défense de la France* titre : « Vous ne l'entendrez plus Mesdames ! »

Le même jour, Paul Chack, âgé de quatre-vingts ans, connaît les mêmes problèmes : le célèbre romancier maritime paie ainsi son anticommunisme et son anglophobie virulents. Beaucoup de « suspects » ont été enfermés à la prison de la Santé où Guitry est placé dans la même cellule que Jérôme Carcopino, ex-ministre de l'Éducation. Comme de nouveaux captifs arrivent par milliers, on décide de les regrouper... au Vel' d'Hiv! Au même endroit que les juifs deux ans auparavant! Ces suspects de « collaboration » (à tort ou à raison) seront ensuite dirigés vers le camp de Drancy, qui redevient ainsi un important « centre de tri »; puis ils sont ou libérés ou entassés dans diverses prisons de la région parisienne, dont le fort de Fresnes. Parmi les suspects, on reconnaît la cantatrice Germaine Lubin, qui avait chanté Wagner en Allemagne; elle aussi a été interrogée à la mairie du VIIᵉ avant d'être relâchée... puis reprise, conduite rue de Bassano où elle croise Alfred Fabre-Luce; ensuite dans un « panier à salade », elle gagne « le dépôt » où elle rejoint deux autres détenues dans une petite cellule pourvue d'une seule paillasse et d'une couverture et découvre la vie carcérale : « 7 h 30. Toilette en commun à l'eau glacée. Impudeur. Affreuses humanités. Odeurs nauséabondes. Café au goût de la soupe de la veille [156]. » Elle part pour Fresnes d'où elle sort le 3 novembre. En prison, au dépôt, à Drancy – ou à Fresnes, on rencontre du monde : Ginette Leclerc enfermée de novembre 1944 à février 1945, Alice Cocéa, Mary Marquet. Cette dernière qui n'a rien perdu de sa verve annonce son nouvel emploi à un Sacha Guitry interloqué : « Avez-vous déjà gardé les chiottes Sacha [106]? – ??? – Le nouveau cabinet s'est formé... je suis garde des seaux! » Sacha a retrouvé sa première femme, Charlotte Lysès, âgée de soixante-dix ans et dont le tort a été de prêter son talent à la radio de la collaboration; Pierre Fresnay qui a présidé le Syndicat des Acteurs pendant la guerre et qui passe six semaines au dépôt; Albert Préjean, voyageur d'outre-Rhin...

Henri Béraud (qui a quitté Lyon en 1943) n'a pas cherché à fuir; il est arrêté chez lui le 24 août par deux F.F.I. avenue Niel, alors qu'il dînait en compagnie de sa femme et d'un ami. Il est aussitôt embarqué avenue de

Wagram dans l'hôtel du couturier Lelong transformé en bivouac : « Arrivés le jour même, les maquisards y succèdent aux miliciens (...). Sous le porche, au ras du trottoir, une Torpédo chargée à rompre ses essieux va foncer dans la nuit. A furieux coups de klaxon elle ameute le quartier, donnant au tumulte son diapason. Une centaine de garçons armés jusqu'aux dents l'entourent avec des cris. Le hall est bondé, tous en corps de chemise ou en blousons, calots sur l'œil, brassards tricolores. Dans les embrasures, les inévitables boit-sans-soif biberonnent à pleins goulots. Cela respire ce mélange de sueur et de gros rouge qui est l'odeur des insurrections [13] », écrit Béraud qui n'a rien perdu de son aplomb. Pendant des semaines il sera trimbalé d'une cave à une autre en attendant son transfert officiel à Fresnes en vue de son procès.

Pour ceux qui avaient tenu le haut du pavé pendant quatre ans commence une amère redistribution des rôles. Aux F.F.I. qui viennent l'arrêter, Arletty ne peut s'empêcher de s'écrier comme dans *Hôtel du Nord* : « Pour une belle prise, c'est une belle prise ! » Mais cette fois ce n'est plus du cinéma car, après s'être réfugiée quelque temps chez le Dr Evenou à Choisy-le-Roi, elle est imprudemment revenue à Paris et s'y est fait prendre.

« Comment allez-vous Bathiat ? – Pas très résistante... » Voilà ce que répond Léonie Bathiat, alias Arletty, à celui qui l'interroge, du ton inimitable avec lequel, en 1941 elle a répliqué à la question : « Alors, gaulliste ? – Non, Gauloise [5] ! » Arrestation pour avoir tourné pendant l'occupation avec Carné dans *Les Visiteurs du soir* et dans *Les Enfants du paradis*, ou pour sa liaison avec Hans-Jürgen S.., un bel officier de la Luftwaffe ? En tout cas, elle se souvient des quelques actrices qui, ayant traîné leurs escarpins du côté de Berlin ces dernières années, tentent de se faire oublier..., et y parviennent. Toujours est-il qu'à la libération, après avoir été la femme la plus invitée, elle est devenue la femme « la plus évitée » comme elle le dit si bien. Avant d'être acheminée vers Drancy, elle séjourne au dépôt, où elle retrouve Tino Rossi qui chante l'*Ave Maria* pour la messe dominicale. Le chanteur de charme a été « cueilli » quelques jours plus tôt à sa sortie de scène, encore maquillé !

En décembre, elle est placée en résidence surveillée pour quinze jours, à 50 km de Paris, chez des amis, au château de Houssaye en Seine-et-Marne. En fait, elle y restera soixante-quinze semaines et ne pourra rentrer à Paris qu'en mai 1946.

Après son arrestation, Sacha Guitry subit pêle-mêle insultes, menaces ou demandes d'autographes. Il est transféré le 28 août, de la santé vers le Vel' d'Hiv. Puis le 31, vers Drancy... ironie du sort ou plutôt, volonté de faire traverser à ces anciens préservés de l'occupation, le calvaire de ceux qu'ils ont dénoncés pour certains, ignorés pour beaucoup, ponctuellement aidés parfois. Calvaire tout relatif pour ce nouveau prisonnier qui ne manque pas de petits colis apportés par son chauffeur. Et puis Albert Willemetz va, les comptes bancaires de Guitry étant bloqués, signer les chèques nécessaires au train de vie du comédien. Quant à Tristan Bernard, il écrit au juge d'instruction : « Si j'intercède de toute mon âme en faveur de Sacha Guitry, ce n'est pas seulement pour payer une dette de reconnaissance à celui qui a obtenu en octobre 1943, ma libération; ce n'est pas seulement parce que je l'ai connu tout enfant, parce qu'il était le fils de mon grand ami Lucien Guitry, c'est parce que c'est un écrivain que j'admire, qu'il fait partie du trésor spirituel de la France [73]. » Le 25 septembre, devant la commission d'enquête qui l'interroge sur son attitude vis-à-vis de la politique de Pétain, Guitry répond : « Je n'ai jamais suivi la politique de personne. J'ai respectueusement considéré le Maréchal comme le chef de l'État et il m'a été donné d'observer son martyre. » Mais aussi : « Je ne peux pas approuver la politique d'un gouvernement qui se permet d'édulcorer Molière et qui supprime le divorce [73]. » Comme reproches... C'est peu! D'ailleurs un article de Pierre Bénard dans *L'Écran français* ne l'épargne pas : « Dès l'occupation, il ouvrait le premier son théâtre aux touristes en uniforme de la Wehrmacht. Il s'inclinait devant Göring et déjeunait avec Stülpnagel. Sacha Guitry se met facilement à table... »

Pendant ce temps, les arrestations se sont multipliées : l'éditeur Bernard Grasset, Georges Suarez, Claude Jamet le chroniqueur théâtral de *Germinal,* le physicien Georges Claude aussitôt exclu de l'Académie des Sciences, et bien d'autres...

Le sort de tous ces prisonniers demeure indécis pendant plusieurs mois. Même sur les plus connus d'entre eux de sérieuses menaces planent, et il ne s'agit pas d'une simple parodie révolutionnaire. Paul Chack ou Georges Suarez, par exemple, laisseront leur vie dans l'affaire.

L'effervescence gagne la province. A plusieurs reprises court le bruit de la mort de Maurice Chevalier : il aurait été lynché à Paris; la radio française répercute la nouvelle dans toute la France et « La voix du Reich » précise même que : « Reconnu sur les boulevards par un groupe de voyous, de patriotes, il a été pris à parti par ceux-ci (...) il s'est écroulé dans son sang [33] ! » Un sosie a-t-il réellement été lynché sur les boulevards ? Est-ce pure invention de la propagande allemande ? Il est difficile d'établir la matérialité des faits un demi-siècle plus tard. Toujours est-il que peu de temps après la radio française annonce à nouveau la mort de Chevalier : il aurait été fusillé par des maquisards en Dordogne (où il s'est effectivement réfugié). Décidément, il ne fait pas bon ressembler à « Maurice » en cette époque agitée.

Le vrai « Maurice », caché chez des amis près de Saint-Mayme, craint pour sa vie surtout depuis les attaques de Radio-Londres, dans cette région aux puissants maquis d'obédiences diverses. Finalement arrêté, il redoute le pire pendant quelques jours (son nom aurait figuré à la mairie de Périgueux sur une liste de fusillés!) mais Nita, sa jeune compagne (qui est juive) vient le récupérer avec une voiture pour le faire transférer à Toulouse. Toulouse ville « rouge » où André Malraux et ses compagnons de prison viennent de retrouver la liberté; ville où l'on parle autant de révolution que de libération : « On s'y serait cru dans une ville espagnole pendant la guerre civile. Les rues étaient pleines de soldats en uniformes plus ou moins réguliers (...) des jeunes femmes en mantilles priaient dans les églises; dans les cafés et dans les bureaux de la radio, les intellectuels parlaient de Paris, ville réactionnaire [81] », témoigne Jean Hugo. Pour ses amis, il semble urgent de sortir « Maurice » de ce chaudron en ébullition où tout est possible. Logé par René Laporte, nouveau directeur de la radio, il est mis en rapport avec Sadoul, et avec divers journalistes français ou alliés. Il peut enfin s'expliquer, faire connaître son point de vue; il rappelle qu'il n'a chanté qu'une fois en Allemagne, dans le camp où il avait été prisonnier pendant la Grande Guerre, et qu'il a ainsi obtenu la libération des « gars de Belleville ». C'est exact et, progressivement, les menaces de mort s'éloignent. Une « réhabilitation » est envisagée; Maurice Chevalier a eu « chaud »!

Ailleurs en province, la situation varie suivant les régions : assez calme à l'Ouest, agitée dans le Centre et le Midi.

A Manosque, Giono est à nouveau expédié en prison, cette fois par les F.F.I.! Il demeurera plus de six mois dans une cellule de Saint-Vincent-les-Forts dans les Hautes-Alpes; le temps de laisser la fièvre retomber.

A Dax, Pierre Benoit est arrêté lui aussi et à Jarnac Jacques Chardonne, très inquiet, craint un moment d'être fusillé : « Cependant des modérés pensent que je serai seulement exilé, après confiscation de mes biens, et perte de la nationalité française. Reste à savoir si ces gens seront encore en vie ou s'ils auront la parole; et qui sera juge et jugé en définitive [171bis]. » Espoir d'un dernier sursaut de l'Allemagne? ou crainte de voir les plus modérés éliminés à leur tour? Il est finalement arrêté le 12 septembre 1944 et conduit à la prison de Cognac. Dans des conditions acceptables, il y côtoie des notables régionaux et des femmes accusées de collaboration horizontale...

Au cours des semaines qui suivent la libération de Banyuls, Maillol est souvent pris à partie par des passants ou des voisins : injures, jets de pierres contre sa maison, menaces... Excédé, le vieil homme décide d'aller rejoindre son ami Raoul Dufy qui fait une cure non loin de là, à Vernet-les-Bains dans les Pyrénées. Hélas, au cours du voyage, la voiture que conduit le Dr Nicoleau dérape sur une plaque de boue et sort de la route. Grièvement blessé, Maillol est ramené à Perpignan, puis chez lui à Banyuls où il meurt. Dans son atelier mis à sac par des inconnus, plusieurs statues ont été détruites. Maillol payait ainsi **ses amitiés** allemandes...

A Lyon, le journaliste Yves Farge est nommé commissaire de la République et règne en maître sur les forces de la Résistance. Albert Lejeune, administrateur de *Lyon Républicain* et de plusieurs autres journaux dont *Le Petit Marseillais*, est arrêté parmi les premiers, sans ménagement, puis transféré à Marseille où, après un jugement rapide, il est passé par les armes.

Charles Maurras, Maurice Pujo et Louis-François Auphan ont assuré jusqu'au 24 août la parution à Lyon de *L'Action française*. Recherché par les milices patriotiques, Maurras s'abrite quelque temps chez une amie rue Vaubécour; il change de nom et devient « Monsieur Berre » tandis que Pujo prend le pseudonyme d'Austin. La clandestinité a changé de camp... Le 4 septembre 1944, Maurras parvient à rencontrer discrètement plusieurs journalistes américains qui transmettent aux États-Unis une longue interview publiée le 7 septembre dans l'*Evening Star* de Washington. L'affaire s'ébruite à Lyon où Yves Farge veut absolument capturer « le Maître »; le 8 septembre, ses hommes parviennent à arrêter Auphan, ensuite Maurras et enfin Pujo qui se retrouvent tous trois bouclés au fort Montluc où avaient souffert tant de Résistants.

A la même époque, Aragon et Elsa Triolet quittent Saint-Donat pour Lyon où ils sont triomphalement reçus par Yves Farges et les nouvelles autorités de la ville. Pour le célèbre couple commence une longue période d'honneurs, de récompenses et de somptueuses réceptions officielles : dans toute la presse de la libération, ils sont présentés comme le symbole même des intellectuels résistants et deviennent (pour longtemps) les figures de proue des intellectuels communistes.

A Paris, dès la fin du mois d'août, a commencé une première épuration littéraire. Secrétaire perpétuel depuis 1942, Georges Duhamel (dont l'œuvre avait été interdite pendant quatre ans) triomphe à l'Académie française. De violents remous secouent la vénérable institution qui tranche pour l'exclusion des deux Abel (Bonnard et Hermant) mais l'unanimité ne règne pas pour autant sous la coupole : sur vingt-huit académiciens, onze seulement se prononcent en faveur de l'exclusion. Soit une minorité car les autres s'abstiennent, sont absents ou votent contre. Très délicats, les cas de Charles Maurras et de Philippe Pétain sont reportés à plus tard. L'Académie les exclura mais ne procédera pas à leur remplacement de leur vivant. L'Académie fait donc preuve de sa modération coutumière, ce qui lui vaut de devenir elle-même la cible de maximalistes qui demandent sa dissolution. Le général de Gaulle s'y oppose fermement : « Il est du plus haut intérêt français que l'Académie joue de nouveau le rôle qui est le sien. Mon intention est de ne rien changer à la constitution que lui donna Richelieu... » Mais il souhaite un renouvellement rapide des membres par des écrivains « qui se montrèrent, dans l'épreuve, les champions de la liberté de l'esprit et ceux de la France [64] ». Il ne sera que partiellement suivi.

Autour des *Lettres françaises* s'est constitué un clan de « durs » animé par Claude Morgan et Vercors; communistes ou communisants, ils réclament des sanctions exemplaires; Julien Benda de retour du Midi, Paul Éluard et Aragon en font partie.

Le 9 septembre, Morgan invite les Français à ne pas se laisser apitoyer par le sort des écrivains arrêtés : « Certains sont coupables seulement par leurs écrits, d'autres par leurs actes. Et plus ils ont de talent et plus ils ont donné à l'ennemi et plus grande est leur faute », écrit-il, réclamant implicitement une peine d'autant plus lourde... que l'auteur est célèbre! Emporté par son élan, il ajoute : « Le silence de Giono fut à lui seul un crime »! Léautaud, très acide, remarque : « Ce garçon (Morgan) veut se faire sa place au soleil, au soleil rouge [94]... »

Plus modérés que Morgan, et inquiets de la tournure prise par les événements, Jean Paulhan, François Mauriac et Albert Camus commencent à prendre leurs distances par rapport aux « épurateurs ».

Dans la France libérée, la joie et le soulagement dominent; les rues ont un air de fête et, après quatre années d'humiliation, de restrictions et de souffrance, la majorité des Français respirent mieux. Cependant pour quelques intellectuels comme Paulhan ou Léautaud, cette joie n'est pas sans mélange car l'interdit et la proscription n'ont pas disparu : ils ont plutôt changé de camp. Les groupes armés qui circulent dans tout le pays, plus ou moins organisés et disciplinés, entretiennent une atmosphère de règlements de comptes et de suspicion : « Il va falloir faire attention à ses conversations au téléphone, et peut-être même au contenu de ses lettres quand la poste sera rétablie [94] », écrit Léautaud. Vision juste et naïve à la fois, car pendant quatre ans bien des gens ont dû faire attention à ce qu'ils écrivaient! Et cependant, il s'agit bien d'une nouvelle censure qui se substitue à l'ancienne.

Dès la libération circulent de nouvelles listes de livres interdits à la vente et à la fabrication : comme en 1940, des livres neufs sont pilonnés. Le nouveau directeur des bibliothèques, M. Bouteron, complète même la mesure en adressant une circulaire à tous ses confrères de province leur enjoignant d'épurer soigneusement leurs rayons : « Les ouvrages listés ci-dessous doivent être retirés de la vente en librairie (...). Il m'est apparu qu'il y aurait les plus graves inconvénients, dans les circonstances présentes, à ce qu'ils demeurent à la libre disposition du public dans nos bibliothèques. » Suit une longue liste tout aussi révélatrice que les listes Otto des années 1940-1944. Denoël perd neuf titres dont *Les Beaux Draps* de Céline et *Les Décombres* de Rebatet; Calmann-Lévy (ex-Balzac) doit supprimer huit titres dont *Français d'Europe* de Drieu La Rochelle et la plupart des exemplaires sont pilonnés; Sorlot perd neuf titres, Debresse deux, Les Éditions de France seize (principalement des livres de Philippe Henriot, Jacques Doriot, Georges Claude et P. A. Cousteau), Baudinière douze, Grasset treize (dont des livres d'Abel Bonnard, Chardonne, Drieu, Montherlant, Suarez)... Déjà visé par la liste Otto, Charles Maurras, décidément bien encombrant, figure à nouveau sur celle de la libération.

Cependant cette censure (réversible à tout moment et qui donne immédiatement lieu à des trafics chez les bouquinistes) inquiète moins les intellectuels modérés que la montée rapide d'une nouvelle intolérance politique.

Dans la France libérée, tout le monde ne fait pas preuve de l'ouverture d'esprit de Jean Oberlé qui, de retour à Paris, accepte de discuter calmement avec ses adversaires de la veille et dénonce « les petits Fouquier-Tinville » des commissions d'épuration. Les listes d'écrivains interdits ou suspects pleuvent dru. En septembre 1944, excédé par l'ampleur des dénonciations et les outrances verbales ou idéologiques, Jean Paulhan démissionne des *Lettres françaises*. Son geste s'insère dans une rude polémique ouverte entre les partisans d'une épuration vigoureuse et ceux (encore peu nombreux) qui estiment que l'on doit agir lentement, dans le calme. Or, chacun doit progressivement prendre ses marques : Gabriel Marcel dans *Témoignage chrétien* invite ses confrères résistants à la modestie; Paulhan, rejoint par Galtier-Boissière [61], prône la modération et tous deux (avec un certain sens de la provocation en cette époque de tensions) vont jusqu'à affirmer que « la presse de l'occupation pouvait se lire » et qu'elle comptait dans ses rangs « des gens de valeur ». Le vieux ronchon de Léautaud va encore plus loin qu'eux en affirmant que « les journaux actuels sont illisibles, rédigés par de pauvres bougres sans style et sans culture »! Seul *Combat,* « excellent journal et bien écrit » trouve grâce à ses yeux. Dans *Combat* justement, Albert Camus déplore lui aussi le ton stéréotypé et hargneux de la nouvelle presse. Selon lui, elle comporte trop d'attaques personnelles et de dangereux « excès de rhétorique ». Dès la fin août, il affirme : « Il faut que nous nous persuadions bien que [par ce type d'articles] nous réalisons seulement le décalque, avec symétrie inverse, de la presse d'occupation. » Le jugement est brutal, mais audacieux car prêcher la modération à cette époque suffit parfois à vous rejeter dans le camp des Kollabos! Inquiet, Camus tente dans le même article de définir ce que devrait être « la voix profonde » du pays, voix qui doit s'exprimer par l'intermédiaire des journalistes : « Si nous faisons en sorte que cette voix demeure celle de l'énergie plutôt que de la haine, de la fière objectivité et non de la rhétorique, de l'humanité plutôt que de la médiocrité, alors beaucoup de choses seront sauvées et nous n'aurons pas démérité. »

Se référant à d'autres bases philosophiques, François Mauriac se situe en flèche dans le combat pour la réconciliation. Certes, il comprend bien les tensions et la colère de ceux dont les proches ont été déportés ou torturés, mais dans un retentissant éditorial du *Figaro*, il estime qu'en raison même du souci de vengeance « il ne faut à aucun prix que la IVᵉ République chausse les bottes de la Gestapo » ! Mauriac appelle à ce que cessent les expéditions punitives et les violences. Il souhaite, même si cela paraît difficile, que la justice l'emporte sur la colère : « Ainsi par diverses routes, nous aboutissons tous à ce respect de l'être humain qui, même coupable, même chargé de crimes, doit être châtié sans être avili. » Il sera partiellement entendu.

Camus peut dire dans *Combat* : « Ce n'est pas la haine qui parlera demain, mais la justice, elle-même fondée sur la mémoire. » La référence judiciaire, c'est l'article 75 du Code pénal qui stipule que « sera coupable de trahison et puni de mort » notamment « tout Français qui, en temps de guerre, entretiendra des intelligences avec une puissance étrangère ou avec ses agents, en vue de favoriser les entreprises de cette puissance contre la France ». Référence connue des collaborateurs, des « 1 142 condamnés à mort, tous, l'article 75 au cul... » ; comme écrit Céline des Français de Sigmaringen.

LES ÉMIGRÉS
DE SIGMARINGEN

« **P**OUR parler franc, entre nous, je finis encore plus mal que j'ai commencé... oh! j'ai pas très bien commencé... je suis né je le répète à Courbevoie, Seine [279]... » Ainsi commence *D'un château l'autre*, l'une des œuvres majeures de Céline publiée en 1957. Pour mal finir, il finit mal, mais, chroniqueur illuminé de la guerre, il se trouve dans une situation à la hauteur de son écriture : déchirée, chaotique, stridente... Il raconte souvent faux, mais il dit souvent juste.

Tout a commencé, ou plutôt tout s'est achevé avec la libération de Paris; achèvement prévisible; depuis long-temps, Drieu La Rochelle, prémonitoire, avait intitulé l'un de ses articles de la *N.R.F.* : « La fin des haricots. » Plus que lucide, suicidaire.

Rien ne va plus : Paris est libéré par l'armée Leclerc, Vichy par une poignée de F.F.I. L'accueil des populations dit assez le soulagement et la joie. Néanmoins, certains tenants de « l'Ordre nouveau » vont encore espérer dans le redressement de la situation ou simplement en leur sur-vie.

Pétain et son entourage ont été emmenés de force; les autres ont fui; de Paris, de Vichy, tout ce monde se retrouve à Belfort! Belfort, symbole de la résistance française à l'invasion prussienne lors de la guerre de 1870. Il y a là le maréchal, qui se considère comme prisonnier des Allemands – enfin une prise de conscience – et, désormais, fait la grève de ce que l'on persiste à nommer « le pouvoir ». Bonnard l'appelle dès lors « l'homme invisible ». Sont là aussi Laval, Bichelonne, Gabolde, Marion et puis Darnand et six mille miliciens de choc avec femmes et enfants.

Quant à Déat, Doriot et Brinon, ils sont à Nancy, comme Luchaire, qui tente de faire reparaître un journal à Saint-Dié... sans succès.

Plus aucun subterfuge n'est possible, il faut maintenant se placer entièrement sous la tutelle du Reich. Marion, Déat, Doriot, Brinon, sont reçus par le Führer le 1er septembre 1944 : les Anglo-Saxons sont perdus affirme le Chancelier aux Français, car ses nouvelles armes secrètes les rejetteront à la mer. Malheureusement, la France sera la principale victime de ce combat final. Convaincus, les interlocuteurs ? Peut-être pas, car le jour de leur réception, Hitler, en état de complète apathie, évoque son regret de n'avoir pu venir, incognito, voir l'Exposition de 1937, et se révèle peu persuasif. En tout cas, dès son retour auprès de Pétain, Brinon organise une Commission gouvernementale pour les intérêts français en Allemagne dont il assurera la présidence et dont Pétain désavoue la création. Parmi les membres de cette Commission, Jean Luchaire est nommé Commissaire général à l'Information et à la Propagande.

Mais les Alliés approchent. Il faut partir. Destination ? L'Allemagne bien sûr. Le 7 septembre, le convoi du régime agonisant s'ébranle vers le lieu qui lui a été assigné comme résidence : Sigmaringen, en bordure de la Forêt-Noire et non loin des sources du Danube. Une ville d'eaux, comme Vichy. Coïncidence ? Non, volonté allemande, sans doute d'Otto Abetz, de placer les Français dans ce cadre. Céline en fait la meilleure description : « Quel pittoresque séjour !... vous vous diriez en opérette... le décor parfait... vous attendez les sopranos, les ténors légers... pour les échos, toute la forêt ! dix, vingt montagnes d'arbres !... Forêt-Noire, déboulées de sapins, cataractes... votre plateau, la scène, la ville, si jolie fignolée, rose, verte, un peu bonbon, demi-pistache, cabarets, hôtels, boutiques, biscornus pour " metteur en scène "... tout style " baroque boche " et " Cheval blanc " vous entendez déjà l'orchestre [279]... » Sigmaringen est

aussi le fief de la famille Hohenzollern-Sigmaringen, dont
un ancêtre fut à l'origine de la guerre franco-prussienne en
1870, par sa candidature au trône d'Espagne, rejetée par la
France. D'où un château qui domine la ville; Céline
encore : « Le plus bluffant (...) la pièce comme montée de la
ville... stuc et carton-pâte! » Car Céline est là et bien là... un
vétéran de l'exil. Dès juin 1944! A l'annonce des événements
de Normandie, il est parti pour Baden-Baden... encore une
ville d'eaux, où il a séjourné au *Brenner's Park Hôtel* avec
Lili sa femme, et le chat le plus célèbre de la littérature
française : Bébert, acheté en 1932 au rayon animaux de *La
Samaritaine* par son ami, l'acteur Robert Le Vigan. Justement, Le Vigan, le voilà. Il a pris l'un des derniers trains au
départ de la gare de l'Est à destination de l'Allemagne,
accompagné d'un acteur, fervent du P.P.F., Maurice Rémy,
et du Suisse Georges Oltramare, dit Dieudonné, qui signait à
Radio-Paris l'émission « Un neutre vous parle ».

Le voyage fut dur : « Je t'ai pas tout raconté Ferdine!...
notre train de plaisir! Le dernier dur de la gare de l'Est!...
quatre fois mitraillé mon fils! Epernay... Mézières... et puis
en Belgique!... les deux remblais pleins de maquisards! vois
un peu [279]! » Ferdine, c'est Céline qui raconte pour La
Vigue, son pote, enfin arrivé à Baden-Baden, le 16 août sans
argent ni bagages.

Voyage difficile aussi pour Jean Luchaire qui quitte à la
hâte son appartement de l'avenue des Ternes; avec sa
femme et ses filles : Florence, la danseuse, Monique,
Corinne l'actrice et son bébé de quelques mois. Les femmes
ont pris place dans un train des Jeunesses hitlériennes. Un
demi-wagon a été réservé à des civils français, dont Jacques
de Lesdain de *L'Illustration* et Ménard (du *Matin*) le tout
sous la direction de Pierre Costantini, l'un des fondateurs de
la L.V.F., « un génie de la désorganisation » d'après Corinne
Luchaire. En tout cas, à la libération, il sera reconnu
mentalement irresponsable. Pour le moment on ne peut
quand même pas lui attribuer le fait que le train demeure
bloqué en gare de l'Est pendant deux jours pour cause de
bombardement, ni qu'il va falloir ensuite essuyer le feu des
maquisards, faire sa toilette dans les ruisseaux, traverser avec

ses bagages un long tunnel pour changer de train, avant d'arriver enfin à ce qui semble un havre de paix : Baden-Baden.

Rebatet et Hérold-Paquis sont partis de Paris en août 44 avec le gratin du P.P.F. : Ralph Soupault, le caricaturiste qui a commencé sa carrière à *L'Humanité* pour la finir à *Je Suis Partout*, Maurice-Yvan Sicard (Saint-Paulien) rédacteur en chef de *L'Émancipation nationale*, Claude Jeantet lui aussi de *Je Suis Partout* et d'autres... Selon son compagnon de voyage, Jean Hérold-Paquis dès le départ, Rebatet aurait montré que le terrorisme littéraire qu'il pratiquait, ne s'accorde pas forcément avec le courage physique : « Il était terrorisé, voyait des assaillants partout... » et, à l'approche d'une escadrille américaine, « à plat-ventre dans la nature, arrachait des hautes herbes et s'en couvrait la tête... pour se camoufler des avions [80] »! Ils arrivent finalement à Baden-Baden puis les hommes du P.P.F. suivent leur chef, Jacques Doriot, à Neustadt.

Le *Brenner's Park Hôtel* accueille tout ce monde : Céline, l'un des premiers arrivés, y est déjà logé dans une suite confortable... jusqu'à l'arrivée des « pontes » collaborationnistes : Jean Luchaire, Alphonse de Chateaubriant, accompagné de Madame Castelot, Jean Hérold-Paquis, signant, il y a encore quelques jours à Paris, son dernier livre : *L'Angleterre comme Carthage*, où il prédit la destruction de « la judéo-ploutocratique nation anglo-saxonne », Guy Crouzet, éditorialiste des *Nouveaux Temps*. Voilà Ferdine et La Vigue relégués dans les combles par manque de place.

Séjour idyllique ? Céline évoque les gigots, faisans, langoustes, fraises à la crème qu'il voit ingurgiter par les hommes d'affaires de la Ruhr, les banquiers, les généraux et le ministre Schulze, représentant de la Chancellerie. Exagération ? Peut-être car Corinne Luchaire parle de difficultés de ravitaillement par absence de marché noir et toute-puissance des seuls tickets d'alimentation. Par contre, les distractions ne manquent pas; la fille du directeur des *Nouveaux Temps* raconte : « Nous reçûmes également la visite de la Philarmonique de Berlin et de l'Opéra de

Cologne qui nous valurent d'exquises soirées. Le casino était ouvert et nous jouions à la roulette... » mais les meilleures choses ont une fin. Céline et Le Vigan, comme les autres, doivent quitter l'hôtel. Ils partent pour Berlin où ils arrivent en septembre 1944, dans une ville touchée par les bombardements : « Cette ville a déjà bien souffert... que de trous et de chaussées soulevées (...) c'était une ville plus qu'en décors... des rues entières de façades, tous les intérieurs croulés, sombrés dans les trous [279]... » Affecté comme médecin à la Reichsarztkammer, pris en main par le professeur Harras, il échoue à 50 km au nord de Berlin, mal accueilli. Il écrit alors à Fernand de Brinon pour demander à exercer plutôt ses fonctions à Sigmaringen. Là avec Le Vigan, sa femme Lili, son chat Bébert, il retrouve ses compagnons de route, ceux du voyage au bout de la nuit...

Malgré une population hostile car plutôt antinazie par attachement à la monarchie, l'installation s'est faite progressivement, tout au long du mois de septembre.

A l'intérieur du château de Sigmaringen, il y a trois parties distinctes : à l'étage supérieur, le maréchal et sa suite, sans contact ou presque avec le reste des résidents. Au-dessous, on trouve les anciens ministres de Vichy avec Laval, « l'Auvergnat du Danube » comme l'appelle Abel Bonnard, resté l'un des intimes de Pétain. Et puis dans une autre aile, ceux qui sont restés en activité, les membres de la Commission gouvernementale avec Brinon et Luchaire. Ceux qui espèrent encore... Les autres s'installent comme ils peuvent dans les auberges, les écoles et les gymnases transformés en centre d'accueil. Mais pour avoir un logement et des tickets d'alimentation, il faut avoir un emploi, et pour avoir un emploi, il faut avoir un logement. Délicate contradiction! Céline est devenu l'un des deux médecins de la colonie; le Dr Destouches est surchargé de besogne car sa population médicale souffre du froid et de la mauvaise nourriture en particulier les familles des miliciens logées en baraquements. A l'auberge *Zum Löwen* où il occupe la chambre 11, il se nourrit comme les autres convives, dont Rebatet, de *Stammgericht*, « nauséeuse pâtée de choux rouges, de raves et du rutabagas » se plaint l'auteur des *Décombres*.

Ce monde clos, Brinon l'a déclaré terre française le 1er octobre 1944. Il bénéficie du statut d'extra-territorialité et sur les bâtiments officiels, flotte le drapeau tricolore. Complots, intrigues, illusions, rêves... y fermentent.

Luchaire fonde un Commissariat à la Propagande et à l'Information, nanti de deux cent vingt fonctionnaires, (beaucoup plus que nécessaire mais il faut bien occuper la colonie française), une agence de presse, l'Office français d'Information, une radio et un journal.

Ce journal s'intitule *La France* : un quotidien de quatre pages qui va paraître du 26 octobre 1944 jusqu'en mars 1945. Le premier éditorial proclame : « Ce journal, né dans le deuil de la France, est un acte d'espérance, espoir dans l'avenir de la Patrie, espoir dans l'avenir de l'Europe. Il est rédigé par des Français qui ont placé plus haut qu'eux-mêmes leur idéal (...). Ces Français d'Allemagne, qui redeviendront un jour des Français de France, sont doublement attachés à la France, et, mieux que tout autre, sauront la servir. » A qui peut s'adresser le journal ? A tous les Français d'Allemagne, et ils sont nombreux : si l'on exclut les cent cinquante mille déportés politiques et les cinquante mille déportés de droit commun, « oubliés » depuis toujours par le régime de Vichy, les deux cent mille Alsaciens-Lorrains engagés de force dans l'armée allemande, les « malgré-nous », il reste environ un million deux cent mille prisonniers de guerre, les six cent cinquante mille travailleurs du S.T.O. et les quarante mille travailleurs volontaires de « la Relève ». La clientèle privilégiée se compose évidemment des débris de l'armée collaborationniste : L.V.F., Waffen-SS, Miliciens, P.P.F. et autres, environ vingt-cinq mille personnes, mais dont un certain nombre peut être attiré par le rival affirmé de la Commission gouvernementale, le « Grand Jacques », Doriot, qui a lui aussi son journal, *Le Petit Parisien* sous la direction de Claude Jeantet, et qui, au début de 1945 crée un Comité de Libération Française, une nouvelle « France libre » en quelque sorte !

La radio de Luchaire s'intitule *Ici la France*, ce qui n'est pas sans rappeler le « Ici Londres » gaulliste. Elle est dirigée par Jacques de Lesdain, éditorialiste politique de

L'Illustration. Émettant de 19 h 30 à 21 heures, elle alterne bulletins d'informations, annonçant toujours la défaite imminente de Londres, et dénonçant l'anarchie dans laquelle s'enfonce une France progressivement libérée, et programmes musicaux. Doriot crée lui aussi son émetteur, Radio-Patrie situé à Landau, qu'anime Jean Loustau, ex-rédacteur de *Je Suis Partout* et de Radio-Paris, engagé en 1944 dans la Waffen-SS où sa conduite sur le front de l'Est lui a valu la Croix de Fer. Non content de cela, il a combattu en Normandie contre les Anglo-Américains après le 6 juin. A ses côtés, Jean Hérold-Paquis et Pierre-Antoine Cousteau, vétéran de *Je Suis Partout.*

L'harmonie ne règne pas entre Français de l'exil et dans ses Mémoires... Corinne Luchaire accuse : « La grande affaire était pour Doriot de faire brouiller les émissions de mon père et réciproquement. » Ce qui fait que « Robert Le Vigan [y] faisait d'infructueux essais de speaker à la radio inaudible. [102] ».

Mauvaise nouvelle pour eux : progressive reconquête de la France par les Anglo-Américains étayée de fausses informations sur un cortège d'exactions, de massacres perpétrés par les soi-disants libérateurs; « bonne » nouvelle : la contre-offensive de von Runstedt dans les Ardennes à la mi-décembre; c'est le fol espoir; on fêtera le Nouvel An à Paris; mauvaise nouvelle : après des succès initiaux l'offensive a échoué.

Dans ce monde d'illusions, on préserve un semblant de vie culturelle; on tente de se distraire par tous les moyens. Le couple Luchaire et le couple Déat jouent à d'interminables parties de Lexicon. A la *Deutsches Haus,* Robert Le Vigan récite des poèmes, interprète des sketches; la pianiste Lucienne Delforge joue Bach. On improvise des soirées de music-hall avec des amateurs, on donne de grands dîners, comme avant, comme pendant les beaux jours de l'occupation, la vraie, celle des Allemands en France, mais cette fois avec une table moins riche. Et puis, il y a les conférences : le 3 décembre 1944, Jacques de Lesdain traite de « Nos droits et nos devoirs en Allemagne »! Surtout, Otto Abetz, inamovible ambassadeur d'Allemagne auprès de cette France-là, organise pour le début du mois de novembre des Journées d'études des intellectuels français en Allemagne. Les derniers tenants de l'Europe nouvelle y participent : Déat, Chateaubriant, Rebatet. Brinon inaugure : « Sur toute la terre d'Europe s'étendent les dévastations des parvenus de la violence et de l'argent. Voilà l'œuvre commune des démocraties capitalistes et soviétiques; voilà le résultat de leur alliance... » Et Deat de renchérir : « Le IIIe Reich, je l'ai dit depuis longtemps, est le type même de la vraie démocratie, et de la véritable république! » Pour diffuser ces idées « nouvelles », il faut créer une maison d'édition, ici, à Sigmaringen même. Ainsi, la vie continue, avec l'espoir de rentrer en France, mais aussi le sentiment que le séjour en Allemagne durera longtemps.

Cette vie illusoire favorise les démences, les projets sans suite et sans fin. S'il faut en croire Céline, c'est ce Raoul Orphize qui veut tourner un film sur la vie quotidienne à Sigmaringen : « Je sors de chez Brinon, il est d'accord! (...) Je ferai tout!... le découpage!... les dialogues! (...) vous, n'est-ce pas Céline, je peux compter sur vous. Je verrai Le Vigan!... je verrai Luchaire!... je leur donnerai des rôles (...). Ce film paraîtra en France! Plus de cent salles en France!... votre mère, votre fille, vos amis le verront! » et M. et Mme Delaunys, premiers prix de Conservatoire, qui veulent jouer sous la direction de M. Langouvé, chef d'orchestre de Sigmaringen, Mozart, Debussy, Fauré, à l'occasion des fêtes pour la reprise des Ardennes, « la Reprise des Ardennes... Fête du triomphe de Rünstedt... où il avait pris tout ça [279]!... » Pas si invraisemblable l'histoire de Céline dans l'invraisemblance de la situation générale qui lui permet à lui, le docteur Destouches, de demander à Laval, à qui il vient de remettre un flacon de cyanure, de le faire nommer gouverneur de Saint-Pierre-et-Miquelon. Accordé!

Pas si fou Céline! Il est arrivé parmi les premiers en Allemagne, il en repartira le premier. Le 22 mars 1945, avec un *Ausweis* en poche, il prend le train pour le Danemark. Le regardent partir sur le quai Le Vigan, Rebatet, Paul Marion, Abel Bonnard. « J'en ai mon compte, terminé le ballet des crabes pleins de poux... j' fous le camp [279]. »

C'est le commencement de la fin : un mois plus tôt exactement, le 22 février, Jacques Doriot a été mitraillé dans sa Mercedes par des avions. Il a reçu trente-deux balles. A midi, il devait rencontrer Déat, puis le soir, présider avec Brinon à Sigmaringen, un gala des anciens combattants de la L.V.F. Le jour de la grande réconciliation est sans lendemain. Le 7 mars, quinze jours avant le départ de Céline, les Américains ont franchi le Rhin à Remagen... l'Allemagne est envahie. Au printemps 1945, c'est la débandade : Pétain regagne la France, Laval prend l'avion vers l'Espagne en compagnie de sa femme et d'Abel Bonnard qui, ayant exigé que son frère l'accompagne, est parvenu à évincer Hérold-Paquis. Le Vigan essaie de gagner la Suisse, d'où il est refoulé ; il tente l'Autriche : arrêté, il est reconduit en France puis interné à Fresnes. Luchaire se souvient qu'il est né à Sienne et a fait ses études en Italie ; il tente d'y retourner et de s'y faire naturaliser ; c'est l'échec : arrêté à Merano, il est ramené à Paris. Alphonse de Chateaubriant s'est perdu dans la nature forestière du Tyrol autrichien où il se fait oublier. Jean Hérold-Pâquis a réussi à franchir la frontière suisse ; il y est très provisoirement à l'abri... car, pour la plupart, ils ne sont pas au bout du chemin.

DESTINS CROISÉS :
DRIEU, MALRAUX, DESNOS...

A Paris, à la même époque, Drieu La Rochelle a décidé d'en finir une bonne fois pour toutes avec la vie. Depuis le sabordage de la *N.R.F.* en 1943, il vit « en dehors », une sorte de spleen politique. « On est plus fidèle à une attitude qu'à des idées », a-t-il écrit. Il ne croit plus en la victoire allemande, entre dans une solitude qui le mènera à la mort. Certains de ses amis tenteront-ils de le sauver ? Emmanuel d'Astier de la Vigerie, ministre de l'Intérieur du Gouvernement provisoire voudrait le faire passer en Suisse ; André Malraux, son ami de toujours lui propose de combattre à ses côtés dans la brigade Alsace-Lorraine. Et le maquisard Maurice Clavel, et Emmanuel Berl... tous manifestent une solidarité d'intellectuels, ou une solide amitié. Drieu écrit à son frère : « Je me tue : cela n'est défendu par aucune loi supérieure, bien au contraire. Ma mort est un sacrifice librement consenti qui m'évitera certaines salissures, certaines faiblesses. Et surtout, je ne m'intéresse pas assez à la politique pour en encombrer (prisons, etc.) mes derniers jours. »

Le 15 mars 1945, par le gaz, le poison et en s'ouvrant les veines, il réussit sa sortie. Léautaud, Paulhan, Audiberti, Brice Parain, et son patron Gaston Gallimard l'accompagnent le jour de ses obsèques.

Malraux n'a pu s'y rendre. Il a des raisons : il se bat. Il est devenu le « colonel Berger » – allusion à Dietrich Berger, héros de son livre, *Les Noyers de l'Altenburg*, écrit pendant la guerre et publié en Suisse. Malraux est arrivé à Paris après la libération, mais il a aussitôt quitté la capitale pour rejoindre une brigade composée d'Alsaciens et de Lorrains qui veulent libérer leur région. Il y retrouve André Chamson qui s'est battu dans les maquis du Lot comme le peintre Jean Lurçat devenu F.T.P.

Chamson a constitué un bataillon, Malraux deux qui, groupés avec d'autres, forment une brigade sous le commandement suprême du général de Lattre. Cette brigade combattra cinq mois aux côtés des Alliés, jusqu'à la prise de Stuttgart.

Au printemps 45, il n'y a plus de Reich allemand, et c'est au tour de l'Allemagne d'être occupée. Au cours de leur avance, les armées alliées découvrent l'horreur du système concentrationnaire nazi. Des millions d'hommes, de femmes et d'enfants sont entassés dans les camps où la mort a fauché et fauche encore sans compter. Parmi ces hommes qui survivent, un poète est oublié de tous ou presque : Robert Desnos.

Dans un de ses poèmes intitulé *La Prophétie*, Robert Desnos écrivait :

« *D'une place de Paris jaillira une si claire fontaine,*
Qu'on viendra s'y baigner en cachette, dès l'aurore. »

Cette prophétie, Desnos n'en verra jamais l'accomplissement car le 8 juin 1945 (soit un mois après l'armistice!), il meurt du typhus, comme beaucoup de ses compagnons, victime anonyme parmi beaucoup trop d'autres d'un effrayant génocide. Un étudiant tchèque qui réussit à identifier le poète, trouvera, serré sur son cœur, un petit bout de papier froissé. Ces quelques lignes, réminiscence d'un poème écrit autrefois, constituent le testament de Desnos à Youki :

« J'ai rêvé tellement fort de toi
J'ai tellement marché, tellement parlé
Tellement aimé ton ombre
Qu'il ne me reste plus rien de toi.
Il me reste d'être dans l'ombre parmi les autres
D'être cent fois plus ombre que l'ombre
D'être l'ombre qui viendra et reviendra
Dans ta vie ensoleillée. »

LES JOURS DIFFICILES
DE L'ÉPURATION

E N août 1945, Jean-Paul Sartre pose la question : *Qu'est-ce qu'un collaborateur ?* et tente d'y répondre, d'autant que la guerre « a permis d'isoler la collaboration, comme on fait d'une maladie ». Pas forcément fasciste, ni conservatrice, la collaboration « a été dans tous les cas une décision individuelle, non une position de classe (...). Elle se recrute parmi les éléments marginaux des grands partis politiques, parmi les intellectuels qui vomissent la bourgeoisie, leur classe d'origine, sans avoir le courage ou la simple possibilité de s'intégrer au prolétariat ». Enfin, affirme Sartre, « la majorité des collaborateurs ont été recrutés parmi ce qu'on a appelé les "anarchistes de droite". Ils n'acceptaient aucune loi de la République (...). Cependant c'est sur la conception d'un ordre rigoureux qu'ils étayaient leur indiscipline et leur violence ».

Engagés ? Inconscients ? Opportunistes ? Suicidaires ? Que de types de collaborateurs mais aussi de collaborations. Où est la limite de la collaboration ? Où commence-t-elle ? Lorsque Emmanuel Mounier dans la revue *Esprit* célébrait en 1941 l'invasion de l'Union soviétique par les troupes nazies en écrivant : « Il n'est personne qui ne soit prêt à saluer la chute du sombre régime stalinien, le jour où elle se produira, comme une délivrance pour l'Europe, si elle ne s'accompagne pas de conséquences équivalentes dans le mal », son anticommunisme, surtout antistalinien, peut-il le mener à adhérer aux thèses national-socialistes ? Certes pas. Lorsque Charles Vildrac écrit dans son *Journal* en juin 40 : « Nous organisions les loisirs et la semaine de quarante heures tandis que les nazis fabriquaient leurs engins de mort, jour et nuit. Le fait contradictoire a été de vouloir demeurer une nation impérialiste et profiteuse, sous la tutelle de la City cupide et stupide [145] », il reprend le thème d'une anglophobie traditionnelle et encouragée par Vichy. Mounier comme Vildrac prouveront par la suite leur esprit de résistance. Pourtant les tentations peuvent se révéler fortes tant est répandu le sentiment que la défaite de l'Allemagne risque de marquer la fin de la puissance européenne et son asservissement, soit à l'Amérique capitaliste, soit à la Russie soviétique (comme le pense encore Jouhandeau en 1944).

Quant à la responsabilité de l'intellectuel et notamment de l'écrivain, Vercors dans *Carrefour* du 16 février 1945 l'estime totale : « Ce que l'écrivain a offert à l'ennemi, ce n'est pas lui, c'est sa pensée. Et avec sa pensée, celle d'autrui. Celle de tous ceux que cette pensée va convaincre, séduire, inquiéter, (...). Un écrit publié est un acte de la pensée. L'écrivain est responsable des conséquences de cet acte. Toutefois, cette responsabilité n'est pas équivalente quand la pensée est libre et quand elle ne l'est pas. Dans une société libre, tout écrit peut être contredit. Il s'ensuit que dans une telle société la responsabilité de l'écrivain s'amenuise jusqu'à s'effacer (...) quand un écrit protégé par les armes ne peut être ni réfuté, ni combattu, les conséquences en deviennent entièrement imputables, à l'auteur (...). Il en assume d'avance les sanctions possibles et les assume seul. »

Ce sentiment d'assumer une responsabilité, et par là même de prendre un risque, les collaborateurs l'ont-ils ressenti immédiatement ou seulement en recevant par la poste le petit cercueil miniature qui a commencé à leur être adressé dès l'automne 1941 ? Ont suivi les premières « listes noires » publiées par les journaux clandestins dès le début 1942. L'épuration était déjà en marche.

En 1944-1945, de nombreuses arrestations succèdent à celles qui furent effectuées pendant quatre ans par les

Allemands et leurs auxiliaires; mais cette fois la cible a changé, et suscite beaucoup plus de protestations et de réactions d'indignation que la première. Un des détenus de l'épuration, le professeur journaliste Claude Jamet, méditant sur sa paillasse, n'hésite pas à faire honnêtement le rapprochement : « A tous les camarades, depuis que je suis arrêté, je ne cesse de répéter que notre situation n'est pas aussi nouvelle, exorbitante et inouïe qu'ils se plaisent à l'imaginer (...). Fresnes n'a pas désempli depuis 1940. Nous le savions très bien. Nous ne voulions pas le savoir; nous y pensions le moins possible, nous finissions par l'oublier (...). Je savais en gros, nous savions tous comment les juifs étaient parqués à Drancy ou les communistes à Fresnes. Nous sommes exactement maintenant au même régime. La place est chaude encore, où nous leur succédons. S'il y avait des draps à Fresnes, je dirai que nous couchons dans leurs draps. Ils ne sont pas beaux? Sans doute : on ne les a pas changés. » Par certains aspects, l'épuration peut donc être assimilée à une sorte de « loi du talion » : œil pour œil, dent pour dent! Étrange époque où l'on enferme les collaborateurs (ou les suspects) dans les mêmes endroits – le Vel'd'Hiv, Fresnes, Drancy, le fort de Montluc... – que les résistants; on fusille dans les mêmes fossés de la banlieue; et, logique implacable de l'administration française, ce sont parfois les mêmes juges qui requièrent contre les collaborateurs la même peine que celle requise peu avant contre les résistants : la mort! Pour le même motif : la trahison. D'où, chez nombre de résistants, une impression pesante de malaise.

Car les deux camps ne sont toujours pas aussi tranchés qu'il y paraît : les intellectuels constituaient avant-guerre une sorte de grande communauté avec ses chicanes, ses rivalités, ses rancœurs mais aussi ses solidarités et ses amitiés. L'occupation et l'épuration ont profondément ébranlé la cohésion du groupe, sans compromettre complètement certaines amitiés qui demeurent parfois plus fortes (ou situées sur un autre plan) que l'engagement politique. Ainsi Drieu a-t-il protégé efficacement Paulhan et tous deux demeurent amis; Malraux et Paulhan ont tenté, en vain, d'aider Drieu; Kessel a rompu avec Suarez mais il intervient en sa faveur en 44; Suarez a protégé Desnos de son mieux et Youki tente d'aider Suarez. Guitry fait sortir Tristan Bernard de son camp et Tristan Bernard intervient pour Guitry; Simone Signoret refuse de voir en Luchaire uniquement un collaborateur, et son père, bien que juif, sera un des rares à prendre la défense du directeur des *Nouveaux Temps*.

Une fois l'enthousiasme de la libération retombé, Résistance et collaboration divisent plus que jamais les écrivains, amenant même certains d'entre eux à des révisions stupéfiantes. Le poète Benjamin Péret lance depuis le Mexique de violentes attaques contre ses confrères : dans un pamphlet intitulé *Le Déshonneur des poètes,* il met en doute l'utilité de la poésie clandestine et affirme que le niveau artistique des textes de la Résistance ne dépassait pas celui « de la publicité pharmaceutique [301] »! L'argument est inattendu et saugrenu, mais il fera mouche. A la même époque Jean Paulhan, dans une plaquette intitulée *Lettre aux directeurs de la Résistance*, prend nettement ses distances par rapport à ses amis de la veille : « Je suis résistant. J'ai commencé à l'être dès le mois de juin quarante, et je le suis encore, ou je pense l'être du moins. Pourtant je n'en tire plus aucune fierté [300]... » Quant à Bernanos, désabusé, il effectue un revirement spectaculaire et remet *tout* en cause (même la victoire!) en affirmant dans *Le Chemin de croix des âmes* : « Il y a eu des collaborateurs, mais la collaboration était un mensonge. Il y a eu des résistants, mais la résistance était un autre mensonge. Il y a eu la Victoire, qu'on n'a tout de même pas osé appeler Victoire, par un reste de pudeur, mais libération. Et cette libération était aussi un mensonge, et le plus grand de tous [297]... »!

Il va loin Bernanos, lui qui était si loin de la France tout au long de ces années tragiques; mais comme Paulhan, Péret, Mauriac, Camus, Gabriel Marcel... et bien d'autres, il exprime ouvertement ses doutes.

Aujourd'hui encore ces textes trouvent un écho et incitent les Français à s'interroger sur leur propre histoire, et en particulier sur le rôle des intellectuels pendant l'occupation. Pourtant, doit-on, en raison de l'attitude équivoque de certains, renvoyer tout le monde dos à dos comme le fait Bernanos?

A chacun de dresser le bilan. Le plus honnêtement possible. Cependant, pour notre part nous pensons que certaines ambiguïtés de l'occupation et les violences déplorables de l'épuration ne doivent pas, par une réaction excessive en sens inverse, faire oublier le martyre des victimes de la Gestapo, ni occulter la violence qui fut quotidienne au cours de ces années noires. Certes les intellectuels n'étaient pas toujours les plus exposés mais il ne nous est pas possible d'oublier les dizaines de milliers d'anonymes, victimes du nazisme en France occupée ou non, les otages fusillés, les résistants torturés à mort, les déportations de femmes et d'enfants ou les camps de la mort. Tout cela est encore bien présent dans les mémoires et doit le rester. L'objectivité en histoire n'implique aucune complaisance envers les crimes de guerre ou les crimes contre l'Humanité qui demeurent imprescriptibles.

Plus des trois quarts des Français (ou des Allemands) d'aujourd'hui n'étaient pas encore nés en 1945; en apparence le monde des années quarante n'est donc plus que cendres ou souvenirs.

Ou presque...

Pourtant, sous les cendres couvent encore des braises, et bien des mémoires demeurent douloureuses.

Amorcée depuis des décennies, la réconciliation franco-allemande est en très bonne voie dans tous les domaines, y compris chez les militaires. Curieusement, il n'en est pas encore de même entre Français! Un dialogue beaucoup plus difficile est amorcé entre anciens adversaires d'une même nation; les anathèmes se font plus rares, mais force est de constater que des antagonismes profonds subsistent dans une partie de l'opinion française dès qu'il s'agit d'aborder cette époque. Il est vrai que dès 1944 bien des intellectuels ont envenimé la situation au lieu de calmer le jeu, prenant à contretemps la relève des militaires.

Certains ont pressenti très tôt l'importance de cette fracture. Ainsi, dans son *Histoire de la littérature française* écrite à Lyon en 1943, Kléber Haedens estimait-il que

« même morts depuis des siècles », on pouvait considérer les écrivains comme « des vivants engagés dans un combat qui n'a pas de fin » !

La plupart des écrivains de cette époque ont aujourd'hui disparu ; mais leurs propos demeurent d'une étonnante actualité...

Evreux   Bonsecours
Mars 1985 – mars 1988

ANNEXES

À PROPOS DE L'ÉPURATION

L'épuration des suspects ou partisans de la collaboration donne lieu à un débat depuis 1945. L'évaluation du nombre des victimes oscille entre quarante mille (ou plus) et dix mille, niveau actuellement admis par une majorité d'historiens. Parmi ces dix mille, environ huit cents correspondent à des exécutions après jugement; les autres à des exécutions sommaires dispersées dans l'ensemble du pays.

L'épuration qui se prolonge jusqu'en 1954 – date à laquelle ont été fusillés à Bordeaux les deux derniers accusés (deux Miliciens) – a été suivie de plusieurs décrets d'amnistie. La majorité des condamnés ressortiront de prison au début des années cinquante.

L'étude de cette période sort du cadre de ce livre qui porte sur l'occupation; nous avons néanmoins consacré cette annexe aux principaux procès d'écrivains, mais il nous est impossible de donner cas par cas le détail des jugements ou de préciser le destin de chacun. L'épuration fera peut-être l'objet d'un autre volume. Voici cependant quatre écrivains dont le procès fut exemplaire, suivis par une liste qui résume le sort des principaux personnages de cette époque.

QUATRE PROCÈS
EXEMPLAIRES

En 1944-1945 sont créées trois juridictions d'exception : la Haute Cour (à Paris), chargée des hommes politiques et des hauts fonctionnaires; les cours de justice réparties dans plusieurs villes et qui jugeront de nombreux journalistes et écrivains; enfin les chambres civiques qui sont chargées des cas les moins graves de collaboration.

Comment utiliser l'article 75? Avec une rigueur extrême ou avec indulgence? La réponse sera différente suivant les régions et la date du jugement. En général, les premiers procès seront plus sévères que les derniers. L'épreuve du temps sera ici essentielle.

Qui va utiliser cet article 75? Le plus souvent les mêmes juges qui avaient prêté le serment d'allégeance à Pétain.

Comment décréter de la nocivité d'un article de presse, d'un écrit littéraire, d'une pièce de théâtre, d'un dialogue de film, voire d'une toile ou d'une chanson? Comment en calculer l'impact? Est-il plus grave que celui de la production industrielle au bénéfice des Allemands?

Les réponses ne sont pas simples, mais on peut constater que les journalistes, les acteurs ou les écrivains seront montrés d'un doigt vengeur à la libération et pourchassés beaucoup plus durement que la plupart des industriels. A cette époque, célébrité et culpabilité feront souvent bon ménage. Les verdicts des premiers procès vont le démontrer.

GEORGES SUAREZ : PREMIER INTELLECTUEL
FUSILLÉ POUR COLLABORATION

Biographe de Poincaré, de Clemenceau et d'Aristide Briand, puis journaliste (un moment anti-allemand pendant la drôle de guerre), compagnon de Doriot puis de Déat, Georges Suarez est surtout jugé en raison de ses articles rédigés dans *Aujourd'hui* pendant l'occupation. Ami d'Otto Abetz, Suarez n'est cependant pas le plus virulent des journalistes du moment. Arrêté parmi les premiers et jugé dès l'automne, son malheur viendra en partie de la rapidité du verdict, car quelques mois plus tard d'autres, beaucoup plus « engagés » que lui, seront acquittés. Le 23 octobre 1944, il comparaît devant la cour de justice de la Seine. Dans *Carrefour* Géo London fait un commentaire d'audience très dur, reprochant à Suarez son côté « nouveau riche » et de « s'être embauché et emboché au service du Reich [194] ». Ironie mal venue sous la plume d'un journaliste qui a travaillé pour *Gringoire* en 1941 (cf. chap. IV).

Condamné à mort, Suarez est exécuté le 9 novembre. Tous ses amis l'ont « lâché », ou presque. Seule Youki Desnos, puis Joseph Kessel, tentent en vain de le défendre, sans coordonner leurs efforts car ils ne se connaissent pas : « L'enthousiasme passé, vinrent ces horribles procès, série d'épouvantables malentendus. Je fus amenée à défendre Georges Suarez, que l'on a fusillé quand même, les jeux étant faits d'avance. Il y eut des femmes tondues devant mes yeux, sans que je puisse faire un geste pour les protéger. Les gens étaient devenus très méchants, surtout ceux qui n'avaient, en aucune manière, participé à la défense de Paris [48]... », témoigne Youki Desnos très déçue par la haine qui ternit parfois les joies de la libération. De son côté Joseph Kessel reçoit, griffonnées à la hâte sur une feuille arrachée à un cahier d'écolier, ces quelques lignes : « Mon cher Jef, je pars. Je sais ce que tu as fait pour moi et ton acte inutile ne m'en est pas moins cher. Au moment de mourir on ne ment pas. Tu as été, quoi que tu penses, mon seul ami et ce sont peut-être les difficiles détours de cette amitié qui m'ont dicté certaines de mes attitudes. Embrasse bien tendrement ta maman et Sonia. Adieu Jef. Moi je n'ai jamais cessé d'être ton ami. Georges Suarez [160]. » Généreux, Kessel avait tenté de sauver son ami. En vain.

La nouvelle de la mort de Suarez parvient aussitôt à Sigmaringen où les nouveaux émigrés comprennent que la route du retour est coupée. Ceux qui ont collaboré devront payer. Tel est le sens du message que Paris leur fait ainsi parvenir. Désormais la peur d'être pris domine les esprits des thuriféraires du nazisme ou du pétainisme.

Cependant, à la même époque un autre procès vient tempérer ce verdict très dur : Stéphane Lauzanne, rédacteur en chef du *Matin* et proche d'Otto Abetz, sauve sa tête. Jugé le 30 octobre 1944, il est condamné à vingt ans de réclusion. Les jeux ne sont donc pas faits. Dans *Les Lettres françaises*, Claude Morgan, l'un des tenants de la rigueur, clame son indignation devant un verdict selon lui trop clément.

Est-ce la fin des condamnations à mort d'écrivains et de

journalistes ? Non. D'autres vont suivre. Paul Chack par exemple ; ou Henri Béraud.

HENRI BÉRAUD

A Henri Béraud, Prix Goncourt 1922 pour *Le Vitriol de lune* et *Le Martyre de l'obèse*, on reproche ses articles écrits pendant l'occupation, mais aussi (implicitement) sa participation à l'hebdomadaire *Gringoire* dès avant la guerre ; ce *Gringoire* qui, par une odieuse campagne de calomnie, avait contribué au suicide du ministre du Front populaire Roger Salengro.

En 1942, dans *Les Décombres*, Rebatet écrivait au sujet du *Gringoire* d'avant 1939 : « Seul, *Gringoire*, par la vigoureuse volonté d'Horace de Carbuccia, Corse subtil, animé par une anglophobie d'excellent aloi, avait pu conserver une miraculeuse indépendance. Henri Béraud, Philippe Henriot et une poignée de leurs amis y faisaient la meilleure besogne, se mettant du reste au ban de la corporation... » Depuis les accords de Munich de 1938, Béraud a défendu dans les colonnes de l'hebdomadaire des positions pacifistes, et affirmé sa volonté de ne « pas mourir pour les Sudètes » (16 septembre 38). Au début de l'occupation, alors qu'il vit en zone libre, un de ses ouvrages publié en 1934, figure parmi les titres interdits par la liste Otto. Néanmoins ses tendances anglophobes s'affirment et se renforcent. Le 28 juillet 1944, Galtier-Boissière écrit dans son *Journal* : « Béraud publie un pamphlet, *Les Raisons d'un silence*. Il raconte comment Carbuccia, un beau matin de 1943, l'informa que *Gringoire* devenait désormais anglophile et qu'il lui fallait changer de disque [60]. » De fait Carbuccia finira par saborder son journal. Quant à Béraud, il ira imprudemment jusqu'au bout de ses convictions. Son pamphlet sort fin juin 44, ce qui peut paraître osé pour dénoncer les Anglais et leurs « amis », leurs « complices », leurs « larbins ». Peu avant, il a signé au côté d'autres écrivains (Bonnard, Céline, Chack, Laubreaux...) un manifeste qui dénonce les actions anglo-saxonnes sur le territoire français et s'élève véhémentement contre les bombardements des Alliés.

Au cours du procès, il lui est aussi reproché d'être le journaliste le mieux payé de la période avec 600 000 francs annuels, comme éditorialiste de *Gringoire*, qui, s'ajoutant à ses droits d'auteur et dit-on alors (sans le démontrer) à des subsides allemands, en font un homme riche et envié. Pour ce dernier point on peut dire que Béraud n'entretint pas de contacts avec les milieux allemands pendant l'occupation et qu'il a d'ailleurs surtout vécu à Lyon.

Condamné à mort, Henri Béraud attend quinze jours durant d'être fixé sur son sort. Transféré dans un cachot du quartier réservé de Fresnes, il est habillé d'un pantalon spécial et enchaîné comme un forçat : « Baignée de clarté bleuâtre, la première division superposait ses cinq étages de galeries, aux rampes de fer, de passerelles, de portes numérotées. Il y régnait un morne silence que vont rompre le tintement de mes chaînes [13] », écrit Béraud qui précise qu'on l'enferme dans une cellule sans chauffage en décembre 44 par quinze degrés sous zéro. Le lendemain, il change d'étage, pour un local plus confortable : « Pour voisin de gauche, j'ai le commandant Paul Chack qui sera fusillé ; pour voisin de droite un des frères Ledanseur, qui sera fusillé. En face, comme par un guignol, je vois aller et venir la tête toute en poils du vieux Puységur, octogénaire hilare et bougon, doyen des condamnés à mort, qu'on ne se décidera jamais à gracier, ni à exécuter, et qui resta six mois dans les fers [13]. »

Les commentaires de la presse sont très durs envers Béraud qui croit toucher le fond de l'abîme le jour de l'an 1945, seul dans sa cellule. En un ultime sursaut, il décide alors d'écrire une sorte de « lettre ouverte » à ses confrères écrivains, lettre que son avocat fera circuler : une bouteille à la mer, sans beaucoup d'espoir...

Les réactions sont bien faibles, et bien lentes ! car il n'est pas facile de prendre la défense des condamnés à une époque ou beaucoup de gens réclament vengeance. Béraud commence à désespérer quand un matin de janvier 1945 on lui apporte *Le Figaro*. En quelques lignes François Mauriac brave l'opinion dominante pour défendre quelqu'un qu'il connaît à peine : « Henri Béraud n'a pas besoin de protester qu'il est innocent du crime d'intelligences avec l'ennemi (...). Certes son anglophobie, en pleine guerre – et bien qu'elle ne se manifestât qu'en zone libre – constitue une faute très grave. Mais si le fait que l'ennemi a utilisé certains de ses articles suffisait à le charger du crime de la trahison, la salle des assises serait trop petite pour contenir la foule des coupables (...). Grâce à Dieu et pour notre honneur à tous, Henri Béraud n'a pas trahi [13]... » écrit Mauriac. Intervention décisive, car Béraud verra sa peine commuée par de Gaulle en une détention perpétuelle. Peu après il quittera Fresnes pour le bagne de l'île de Ré.

ROBERT BRASILLACH

Mal informée, la presse de la libération a annoncé la fuite de Brasillach à Sigmaringen avec le reste de l'équipe de *Je Suis Partout*... Cette information erronée évite à Brasillach des perquisitions trop minutieuses à Paris et lui permet d'échapper à ses adversaires politiques. Il peut donc demeurer caché plusieurs semaines dans sa mansarde où des amis le ravitaillent. Il sort même parfois dans la rue (en ôtant ses lunettes pour ne pas être reconnu !) mais personne ne se préoccupe de l'arrêter puisqu'on le croit en

Allemagne. Cependant en septembre 44 il apprend l'arrestation de son beau-frère Maurice Bardèche, puis celle de sa mère à Sens. Alors, le 14 septembre, voulant ainsi hâter la libération de sa mère (à qui on n'avait rien de précis à reprocher), il décide de se livrer. Il se rend à pied à la préfecture de police où le résistant qui l'accueille, un ancien candidat de l'École Normale, lui fait comprendre... qu'il devrait repartir! Mais Brasillach ne veut rien savoir. Il insiste, se fait reconnaître de divers gardiens et, bien sûr, il est enfin arrêté.

Il passe une nuit au dépôt avant d'être transféré au fort de Noisy-le-Sec. Là il connaîtra un sort provisoirement moins dur que celui du commun des prisonniers; il peut communiquer avec l'extérieur, écrire, recevoir colis ou vêtements. Quelque temps plus tard, il apprend la libération de sa mère : sa reddition a été efficace, mais dangereuse pour lui. En octobre 44, il est inculpé d' « intelligence avec l'ennemi » et transféré à Fresnes comme beaucoup d'autres. Il passe en justice le 19 janvier 1945. Il a trente-six ans.

Dans sa promotion de Normale Supérieure, il y avait Maurice Bardèche, Claude Jamet lui aussi emprisonné en 44 et Simone Weil. Nourri de culture classique, brillant représentant de la jeune intelligentsia de droite d'avant-guerre, il a écrit à vingt-trois ans, *Le Voleur d'étincelles*, suivi de cinq autres romans, dont *Les Sept Couleurs* en 1939.

Le fascisme représente pour lui une sorte de poème barbare, la jeunesse. Il est fasciné par l'Allemagne nazie; et plus encore par le fascisme italien; cette fascination le porte à écrire des choses abominables. Dans le *Je Suis Partout* du 18 avril 1941 : « Les juges de Riom, incapables, enjuivés ou gaullistes, ont épargné ces misérables (Zay, Daladier, Mandel, Reynaud) mais il est impossible que ces crimes monstrueux restent sans châtiment. Ces meurtriers doivent payer, et de leur tête! » Le 18 octobre 1941 : « Montoire ne prendra son sens français que lorsque son image se profilera sur le gibet de Montfaucon * ». Le 3 juillet 1942 : « Que les formes de l'hitlérisme soient spécifiquement allemandes, nul n'en doute; mais que les grandes vérités mises en honneur par le national-socialisme soient universelles, nul n'en doute non plus **. »

Cet homme, quels que soient son talent, sa culture, parce que ses propos sont humainement intolérables, ne suscite aucune pitié de la part de la cour de justice. Si, au cours de cette guerre, il a fait preuve d'intelligence, c'est avec l'ennemi. « J'ai contracté me semble-t-il, une liaison avec le génie allemand, je ne l'oublierai jamais ***. » Son journal n'oublie pas non plus de dénoncer : *Je Suis Partout* « signala avec un grand luxe de détails et de précisions

* *Je Suis Partout.*
** *Ibid.*
*** *La Révolution nationale*, 19 février 1943.

que les " gaullistes " de Nice, c'est-à-dire Aragon et Claude-André Puget, Claude Roy et René Laporte, etc., non contents de répandre leur propagande anti-allemande dans les revues de la zone libre, la presse et la radio, se réunissaient chaque soir dans un bar de l'avenue de la Victoire... » accusera Claude Roy, ex-rédacteur de *Je Suis Partout*. Quelques jours après, la parution de l'article, il a vu débarquer un policier chez lui.

« C'est le procès d'un homme qui ne veut pas se renier », clame son défenseur, Me Isorni. C'est vrai, il est allé jusqu'à quitter *Je Suis Partout* au cours de l'été 43, accompagné de Henri Poulain et de Georges Blond, pour un différend avec Lesca. A quoi rétorque M. Reboul, commissaire du gouvernement : « La trahison de Brasillach est avant tout une trahison d'intellectuel, c'est une trahison d'orgueil. Cet homme s'est lassé de la joute dans le tournoi paisible des lettres pures. Il lui a fallu une audience, une place publique, une influence politique, et il eût été prêt à tout pour les conquérir. »

Suite à ce réquisitoire, Brasillach est condamné à la peine capitale. Un homme va alors se lever, comme il l'avait déjà fait pour dénoncer le verdict de mort prononcé contre Henri Béraud : François Mauriac. La polémique entre celui que *Le Canard enchaîné*, aussitôt ressorti de sa mare, appelle « Saint-François-des-Assises » et Albert Camus, reprend de plus belle. C'est en partie un débat entre la charité et la justice.

A un article de Mauriac intitulé « Le Mépris de la charité », Camus répond : « (...) La vertu de la charité est assez singulière pour que j'aie eu l'air, réclamant la justice, de plaider pour la haine... » Et voilà la querelle qui rebondit avec le procès Brasillach. Mauriac va plus loin. Pour demander la grâce de l'écrivain il fait signer une pétition à l'adresse du chef du Gouvernement provisoire, de Gaulle, qui commence ainsi : « Les soussignés, se rappelant que le lieutenant Brasillach, père de Robert Brasillach, est mort pour la patrie le 13 novembre 1914... » Mauriac obtient l'adhésion d'une cinquantaine de personnalités des Lettres ou des Arts qui signent ce recours en grâce : Valéry, Claudel, Duhamel, Dorgelès, Colette, Cocteau, Anouilh, Aymé, Vlaminck, Derain, Claude Farrère... Camus, déchiré mais hostile par principe à la peine de mort, signe aussi, et Paulhan. Claude Roy signe sans hésiter. Son ami Pierre Villon est surpris, voire indigné : « Quoi ! Il t'a personnellement dénoncé, et ta femme, dans son journal ; ton beau-père a été déporté, et il est mort, sans doute à cause de ça ; Brasillach a demandé et obtenu la guillotine pour les nôtres ; et toi tu fais le joli cœur, tu demandes qu'on l'épargne [128]... »

Dans le dossier de l'accusation figure une photo qui représente trois hommes souriants devant un char allemand ; l'un est en uniforme allemand : c'est Jacques Doriot. Deux hommes plus petits l'encadrent : l'un est Brasillach, l'autre Claude Jeantet. On dira (après-guerre) que de Gaulle a vu cette photo, qu'il a ensuite pensé que c'était Brasillach qui portait l'uniforme et que c'est pour cela qu'il a refusé la grâce. Peut-être, mais on peut aussi penser que la lourdeur des charges qui pesaient sur l'accusé, et la proximité des faits, ont suffi à faire pencher la balance.

De Fresnes le 3 février 1945, Robert Brasillach écrit une lettre de remerciements aux intellectuels qui ont formulé un recours en grâce en sa faveur. Le 6 février, date symbolique pour lui, il est fusillé.

CHARLES MAURRAS FACE À « L'AVOCAT DE LA FEMME SANS TÊTE »...

Pendant la même période, à Lyon, Charles Maurras détenu depuis septembre 1944, sauve sa tête de justesse. Son procès s'est ouvert le 24 janvier 1945 devant une foule de journalistes (dont une quarantaine venus de Paris pour la circonstance), d'amis, d'adversaires ou de curieux. Parmi les journalistes se trouve Géo London qui se montrera beaucoup plus bienveillant envers Maurras qu'il ne l'avait été avec Georges Suarez.

Au vieux « Maître », on applique non seulement l'article 75 du Code pénal (comme à tous les inculpés du moment) mais aussi l'article 76 (qui a pour objet les campagnes de démoralisation de l'armée et de la nation). Beaucoup de Français veulent voir dans ce procès la préfiguration d'un éventuel procès du maréchal Pétain, qui se trouve encore à Sigmaringen. L'accusation s'appuie sur de nombreux articles publiés principalement dans *L'Action française* qui n'a cessé de paraître de l'été 40 à l'été 44. Maurras ne se laisse pas abattre; en dépit de sa surdité et de son âge, il se défend vigoureusement, ne reniant ni ses écrits ni ses discours, parfois même attaquant ses juges et surnommant l'avocat général Thomas « l'avocat de la femme sans tête [151] »! Il crée cependant un malaise en « chargeant » Brasillach et l'équipe de *Je Suis Partout* à un moment où ceux-ci n'en avaient certainement pas besoin... Cette attitude, qui trouve probablement son origine dans la rupture idéologique intervenue avant la guerre entre Brasillach et Maurras, sera mal comprise, même de ses amis.

Après quatre jours d'audience, l'accusation réclame la peine de mort; mais on accorde à Maurras des circonstances atténuantes et le verdict tombe : il est déchu de ses droits civiques et condamné à la réclusion à perpétuité. « C'est la revanche de Dreyfus [151]! », s'exclame Maurras avant de regagner sa cellule.

Ce verdict, certains (comme Claude Morgan) le trouvent trop clément; il marque cependant un tournant dans l'épuration des intellectuels. Les condamnations de Suarez, de Paul Chack, de Béraud et plus encore de Brasillach ont créé un malaise parmi les écrivains. Derrière Mauriac, Duhamel et Camus, la majorité d'entre eux hésitent à appliquer le châtiment suprême à un de leurs pairs. Peu à peu, les passions retombent. Fait significatif, Jean Giono peut ressortir de sa prison bien que Tristan Tzara l'accable dans *Les Lettres françaises*.

Après Brasillach, on ne fusillera plus d'écrivains. Avec la chute du IIIe Reich au printemps 1945, les procès d'hommes politiques vont prendre la relève. Leur étude ne ressort pas de ce livre ; signalons néanmoins que quelques mois plus tard, de retour d'Allemagne, Jean Hérold-Paquis et Jean Luchaire seront tous deux condamnés à mort et exécutés.

QUE SONT-ILS DEVENUS?

Raymond Abellio : Ingénieur et écrivain. Condamné à vingt ans de réclusion (par contumace); réfugié en Suisse. Gracié en 1952.

Jacques Benoist-Méchin : Historien. Condamné à mort en 1947. Peine commuée.

Pierre Benoit : Écrivain. Arrêté en 1944; transféré à Fresnes; relâché en 1945 faute de preuves.

Henri Béraud : Journaliste et écrivain. Condamné à mort. Peine commuée en détention à perpétuité. Meurt à l'île de Ré en 1958.

Abel Bonnard : Académicien. Condamné par contumace. Se réfugie en Espagne. Rentre en France en 1958.

Horace de Carbuccia : Journaliste et éditeur. Se réfugie en Suisse. Ne sera finalement pas inculpé.

Jérôme Carcopino : Universitaire et historien. Arrêté quelques mois en 1944. Non-lieu en 1947. Académicien en 1955. Décédé en 1970.

Louis-Ferdinand Céline : Médecin et écrivain. Il se réfugie au Danemark où il reste deux ans en prison. Rentre en France en 1951 pour y être jugé. Est condamné à un an de prison et à l'indignité nationale. Est amnistié l'année suivante comme ancien combattant et se réinstalle comme médecin à Meudon où il meurt en juin 1961.

Paul Chack : Officier de marine et écrivain. Condamné à mort. Fusillé en janvier 1945.

Jacques Chardonne : Écrivain. Arrêté pendant quelques semaines à Cognac puis placé en résidence surveillée; non-lieu. Meurt en 1968 en banlieue parisienne.

Alphonse de Chateaubriant : Écrivain et journaliste. Se cache plusieurs années dans un chalet de Forêt-Noire, puis au Tyrol autrichien. Meurt en Autriche à Kitzbühel en 1951.

Marcel Déat: Journaliste et homme politique. Se réfugie dans un couvent en Italie. Décédé en 1955.

Robert Denoël: Éditeur. Abattu dans une rue de Paris (par un inconnu) juste avant son procès en décembre 1945; procès qui n'aura donc pas lieu.

Pierre Drieu La Rochelle: Se suicide en 1945 pour éviter un procès.

Paul Ferdonnet: Journaliste. Surnommé « le traître de Stuttgart » pendant la drôle de guerre. Condamné à mort et fusillé en juillet 1945.

Jean Fontenoy: Journaliste et écrivain. S'engage dans la Waffen-SS. Meurt en combattant dans les ruines de Berlin en mai 1945.

Jean Giono: Écrivain. Emprisonné six mois en 1944-1945. Reconnu innocent, bénéficie d'un non-lieu. Se réinstalle à Manosque où il meurt en 1970.

Sacha Guitry: Écrivain et acteur. Emprisonné pendant deux mois en août 1944. Non-lieu. Meurt à Paris en 1957.

Philippe Henriot: Journaliste. Abattu par les résistants en juin 1944 à Paris.

Abel Hermant: Académicien. Condamné à la prison à perpétuité. Peine commuée ensuite.

Jean Hérold-Paquis: Journaliste. Réfugié en Suisse. Livré par les autorités helvétiques à la justice française. Condamné à mort. Fusillé en octobre 1945.

Alain Laubreaux: Journaliste et écrivain. Condamné à mort par contumace en 1945. Réfugié en Espagne.

Charles Lesca: Journaliste et directeur de *Je Suis Partout.* Se réfugie en Amérique du Sud.

Robert Le Vigan: Acteur. Arrêté en 1945. Condamné à dix ans de travaux forcés, la confiscation de tous ses biens et l'indignité nationale. Après plusieurs années de détention, il s'exilera en Argentine.

Jean Luchaire: Journaliste. Condamné à mort et fusillé en 1946.

Charles Maurras: Académicien, écrivain et journaliste. Condamné à mort. Peine commuée en détention perpétuelle. Meurt en 1952 à Tours.

Georges Montandon: Universitaire, ethnologue au musée de l'Homme. Théoricien du racisme. Exécuté par des résistants en 1944 à Clamart.

Paul Morand: Diplomate et écrivain. Se réfugie en Suisse. Décédé en 1976 à Paris.

Lucien Rebatet: Écrivain et journaliste. Arrêté en Autriche en 1945. Condamné à mort en 1946. Gracié en juillet 1947 et incarcéré à Clairvaux jusqu'en 1952 où il rédige *Les Deux Étendards.* Décédé en 1972.

Maurice Sachs : Écrivain. Juif mais collaborateur, il meurt dans des conditions encore mal élucidées en Allemagne au printemps 1945.

Maurice-Yvan Sicard (dit Saint-Paulien) : Journaliste et rédacteur en chef de *L'Émancipation nationale.* Condamné à mort par contumace. Réfugié en Espagne.

Georges Suarez : Journaliste et écrivain. Condamné à mort. Fusillé en novembre 1944.

DES RETOURS
PEU EMPRESSÉS...

Si certains exilés saisissent la première occasion de revoir le sol français, comme le journaliste Jean Marin qui anime un nouveau poste de radio à Rennes dès le début d'août 44, beaucoup d'autres réagissent avec moins d'enthousiasme. Après la libération de Paris, André Gide se montre peu pressé de quitter Alger. En décembre 44, il donne ses raisons à son ami Mauriac : « Je n'ai pas trop à souffrir d'un exil qui se prolongera jusqu'au printemps sans doute, attendant que la température, matérielle et morale, se soit faite un peu plus clémente [67]. » Il est vrai que dans *Les Lettres françaises* Aragon lui demande des comptes sur ses écrits du début de l'occupation, en particulier dans la *N.R.F.* et dans *Le Figaro*. Prudent, Gide – qui pense que le Parti communiste aimerait bien régler par la même occasion un plus vieux compte, la publication de *Retour d'U.R.S.S.* peu avant la guerre –, ne reviendra à Paris qu'en avril 45.

A la même date, Louis Jouvet (qui a débarqué à Marseille deux mois plus tôt après sa tournée théâtrale de plusieurs années aux Amériques) donne une conférence à l'Athénée. Charles Vildrac y assiste; son commentaire est acide : « Langage abstrait et entortillé. Ton ironique habituel. Pour Jouvet, il semble que depuis 1940, il ne se soit rien passé de plus important que sa tournée en Amérique du Sud. Il en expose abondamment les difficultés sans se rendre compte qu'elles n'impressionnent guère un public qui vient de subir d'autres épreuves [145]... »

Fernand Léger rentre aussi en 1945; il rapporte avec lui de nombreuses toiles inspirées par les villes américaines et les premières compositions de sa série *Les Cyclistes*; pendant cette année difficile, André Breton a choisi de publier ses œuvres (dont *Arcane 17*) aux États-Unis; il ne rentrera qu'en 1946, tout comme Jules Supervielle bien intégré en Uruguay (dont il avait la nationalité). Salvador Dalí ne se réinstalle en Europe qu'en 1948 tandis que Jean Renoir – très déçu par l'ambiance de la France d'après-guerre – repart vivre à l'étranger en 1949 : « La France était différente. Moi-même étais différent. La France et moi nous nous sentions comme deux vieux époux qui se retrouvent après une longue absence. Ils s'aiment bien, mais ils voient leurs défauts [122]. »

L'occupation a certainement provoqué une cassure, mais de 1945 à 1950, au cours d'une période encore très difficile en Europe tant matériellement que moralement, la vie outre-mer ne présentait pas que des inconvénients...

SOURCES BIBLIOGRAPHIQUES

DOCUMENTS DIVERS

Les auteurs de ce livre ont utilisé le plus possible des documents d'époque :

Des revues ou journaux tels que *Les Cahiers du Sud* (B.N., Versailles), *Comœdia* (B.M., Rouen), *Je Suis Partout* (microfilm B.N., Versailles), *L'Illustration* (coll. part.), *Signal* (édition française, fac-similé), *Lettres françaises* (revue publiée à Buenos Aires par Roger Caillois; B.N., Versailles) à ne pas confondre avec *Les Lettres françaises* (publiées clandestinement à Paris) et que nous avons aussi consultées (en fac-similé), *Cité nouvelle* (revue catholique B.N., Versailles), *Le Journal de Rouen* (B.M. d'Évreux et de Rouen), *La Croix* (archives du groupe Bayard), *La Chronique de Paris* (coll. part.), *La Nouvelle Revue Française* (coll. part. incomplète), *La Semaine* (hebdomadaire illustré, coll. part. incomplète), *Toute la vie* (hebdomadaire des *Temps nouveaux*), *Actu, Instantanés* (hebdomadaire illustré), *Images de France* (la revue des métiers d'art), *La Revue de l'écran* (publiée à Marseille), *Le Figaro, Combat, Le Petit Parisien, Le Matin*... et bien d'autres; ces derniers journaux et revues en collections particulières souvent incomplètes.

Les listes de livres interdits en 1940, en 1942; puis en 1944-1945 (B.M. d'Évreux et de Rouen);

Des tracts, des affiches et des photos (coll. part.).

Des enregistrements radiophoniques de Radio-Paris, de la B.B.C., de Radio-Vichy.

Des actualités cinématographiques de l'époque (en particulier celles de Pathé-cinéma) et une partie de celles disponibles à l'I.N.A.

L'almanach illustré de *Paris 1943-Arts et lettres* publié aux P.U.F. en 1943 par l'inspection générale des Beaux-Arts. Il comporte des nouvelles peu connues de Marcel Aymé, André Thérive, Gonzague Truc, Robert Desnos, André Fraigneau, Léon-Paul Fargue, Pierre Mac-Orlan..., coll. part.

Le numéro spécial de la revue *Messages* (en fait, un livre de 446 pages) publié par Jean Lescure à Genève en 1943 (Éditions des Trois Collines), comportant des textes d'Aragon, Claudel, Mauriac, Sartre, Camus, Paulhan, Gide, Valéry... Contrairement à une légende tenace, ces textes étaient pour la plupart autorisés en France à l'époque (coll. part).

Nous avons aussi recoupé les témoignages de dizaines de personnes, vu la plupart des films qui furent des succès du moment, et écouté de... nombreuses chansons!

Les auteurs remercient les bibliothécaires et archivistes des villes d'Évreux et de Rouen, ainsi que la librairie *Floréal* à Évreux (spécialisée dans le livre ancien), qui les ont souvent aidés dans leurs recherches en leur procurant des ouvrages et documents originaux, des microfilms ou microfiches de toutes provenances.

Différentes revues postérieures à la guerre ont consacré de nombreux articles aux écrivains et artistes des années 40 (ou même des numéros spéciaux). Signalons parmi les principales :
Le Magazine littéraire, La Quinzaine littéraire, L'Histoire, Les Cahiers Charles Maurras et *Aspects de la France, Humanisme, Europe,* les *Cahiers de l'Herne,* ou *La Revue d'Histoire de la Deuxième Guerre mondiale.*
Icare, très belle revue des pilotes de ligne, a publié quatre numéros spéciaux bien documentés sur Antoine de Saint-Exupéry.
Écrits de Paris (revue née en 1947 de *Questions actuelles,* elle-même créée en octobre 1944 par René Malliavin) consacre une grande partie de ses colonnes à réhabiliter ceux qui furent visés par l'Épuration.
En 1957, le Centre français du Théâtre a publié un *Dictionnaire des hommes de théâtre français contemporains* (directeurs, animateurs, historiens, critiques...) dans lequel on trouve de précieux renseignements sur la période 1940-1944.

MÉMOIRES-SOUVENIRS

1 Abellio, Raymond : *Ma dernière mémoire,* Sol Invictus, t. III, 1939-1947, Ramsay, 1980.
2 Abetz, Otto : *Mémoires d'un ambassadeur. Histoire d'une politique franco-allemande,* Stock, 1953.
3 Aglion, Raoul : *De Gaulle et Roosevelt : la France libre aux États-Unis,* Plon, 1984.
4 Anouilh, Jean : *La Vicomtesse d'Héristal...,* La Table Ronde, 1987.
5 Arletty : *La Défense,* Table Ronde, 1971.
6 Aron, Raymond : *Mémoires : Cinquante ans de réflexion politique,* Julliard, 1983.
7 Aumont, Jean-Pierre : *Le Soleil et les Ombres,* Robert Laffont, 1976.
8 Barjavel, René : *Le Journal d'un homme simple,* Denoël, 1982.
9 Barrault, Jean-Louis : *Souvenirs pour demain,* Seuil, 1972.
10 Beauvoir, Simone de : *La Force de l'âge,* Gallimard, 1960.
11 Bénédite, Daniel : *La Filière marseillaise : Un chemin vers la liberté sous l'occupation,* Clancier-Guénaud, 1984.
12 Benoist-Méchin, Jacques : *La Moisson de quarante,* Albin Michel, 1941.
13 Béraud, Henri : *Quinze jours avec la mort,* Plon, 1951.
14 Bœgner, Philippe : *Oui patron... Fabuleuse histoire de Jean Prouvost,* Julliard, 1976.
15 Bordeaux, Henry : *Quarante ans chez les quarante,* Fayard, 1959.
16 Bourdet, Claude : *L'Aventure incertaine : de la Résistance à la Révolution,* Stock, 1975.
17 Bourget, P. et Lacretelle, Ch. : *Sur les murs de Paris et de France, 1939-1945,* Hachette, 1980.
18 Braibant, Charles : *La Guerre à Paris,* Corréa, 1945.
19 Brasillach, Robert : *Notre Avant-Guerre,* Plon, 1941.
20 Brasillach, Robert : *Une génération dans l'orage,* Plon, 1968, qui regroupe : *Six heures à perdre,* publié initialement dans *Révolution nationale* de juillet 1944 en feuilleton, et réédité en 1954.
Journal d'un homme occupé, Les Sept Couleurs, 1955.
Écrit à Fresnes, Plon, 1967.
21 Brassaï : *Conversations avec Picasso,* Gallimard, 1969.
22 Brassaï : *Les Artistes de ma vie,* Denoël, 1982.
23 Breker, Arno : *Paris, Hitler, et moi,* Presses de la Cité, 1970.

24 Brinon, Fernand de : *Mémoires,* V.C. Paris. Imprimeries Réunies, 1949.

25 Cabanis, José : *Les Profondes Années, Journal 1939-1945,* Gallimard, 1976.

26 Carcopino, Jérôme : *Souvenirs de sept ans,* Paris, 1957.

27 Cardinne-Petit, Robert : *Les Secrets de la Comédie-Française, 1936-1945,* Nouvelles Éditions Latines, 1958.

28 Carné, Marcel : *La Vie à belles dents : Souvenirs,* éd. Vuarnet, 1979.

29 Casarès, Maria : *Résidente privilégiée,* Fayard, 1980.

30 Cassou, Jean : *Une vie pour la liberté,* Laffont, 1981.

31 Chardonne, Jacques : *Chronique privée de l'an 40,* Stock, 1941.

32 Chateaubriant, Alphonse de : *Cahiers (1906-1951),* Grasset, 1955.

33 Chevalier, Maurice : *Ma route et mes chansons,* Julliard, 1946.

34 Ciry, Michel : *Le Temps des promesses, journal 1942-1949,* Plon, 1979.

35 Claudel, Paul : *Journal,* t. II, *1933-1955,* Gallimard, 1969.

36 Cocéa Alice : *Mes amours que j'ai tant aimées,* Flammarion, 1958.

37 Cocteau, Jean : *Le Foyer des artistes,* Plon, 1947.

38 Cocteau, Jean : *Entretiens avec André Fraigneau,* U.G.E., « 10 × 18 » 1965.

39 Cocteau, Jean : *Le Passé défini,* Gallimard, 1983-1985.

40 Colette : *Paris vu de ma fenêtre,* Ferenczi, 1948.

41 Combelle, Lucien : *Prisons de l'espérance,* E.T.L., 1952.

42 Corti, José : *Souvenirs désordonnés,* José Corti Éditeur, 1983.

43 Cousteau, Pierre-Antoine : *Après le déluge,* Librairie Française, 1956.

44 Dac, Pierre : *Un Français libre à Londres en guerre,* France-Empire, 1972.

45 Déon, Michel : *Mes arches de Noé,* La Table Ronde, 1978.

46 Descaves, Lucien : *Souvenirs d'un ours,* Éditions de Paris, 1946.

47 Descaves, Pierre : *Mes Goncourt,* Calmann-Lévy, 1949.

48 Desnos, Youki : *Les Confidences de Youki,* Fayard, 1957.

49 Dhordain Roland : *Le Roman de la radio,* La Table Ronde, 1983.

50 Drieu La Rochelle : *Fragments de mémoire – 1940-1941,* Gallimard, 1982.

51 Drieu La Rochelle : *Récit secret,* suivi de *Journal 1944-1945,* puis d'*Exode,* Gallimard, 1961.

52 Dubois, Edmond : *Paris sans lumière,* Lausanne, Payot, 1946.

53 Duhamel, Georges : *Chroniques des saisons amères,* Hartmann, 1944.

54 Dux, Pierre : *Vive le théâtre,* Stock, 1984.

55 Epting, Karl : *Réflexions d'un vaincu,* Bourg-en-Bresse, E.T.L., 1952.

56 Fabre-Luce, Alfred : *Journal de la France,* Amiot-Dumont, 1946.

57 Feuillère, Edwige : *Les Feux de la mémoire,* Albin Michel, 1977.

58 Fourcade, Marie-Madeleine : *L'Arche de Noé,* Fayard, 1968; Plon, 1983.

59 Frenay, Henry : *La Nuit finira,* Laffont, 1983.

60 Galtier-Boissière, Jean : *Mon journal pendant l'Occupation,* La Jeune Parque, 1944.

61 Galtier-Boissière, Jean : *Mon journal depuis la Libération,* La Jeune Parque, 1946.

62 Galtier-Boissière, Jean : *Mon journal dans la drôle de paix,* La Jeune Parque, 1947.

63 Galtier-Boissière, Jean : *Mémoires d'un Parisien,* La Table Ronde, 1963.

64 Gaulle, Charles de : *Mémoires de guerre,* t. I : *L'Appel*; t. II : *L'Unité*; t. III : *Le Salut,* Plon, 1954-1959.

65 Gélin, Daniel : *Deux ou trois vies qui sont les miennes,* Julliard, 1977.

66 Gide, André : *Journal 1942-1949,* Gallimard, 1950.

67 Gide, André : *Correspondance avec François Mauriac,* présentée par Jacqueline Morton, Gallimard, 1971.

68 Gombault, Charles : *Un journal, une aventure,* Gallimard, 1982.

69 Gréco, Juliette : *Jujube,* Stock, 1982.

70 Green, Julien : *Journal,* t. III et IV, Plon, 1949.

71 Grover, Frédéric : *Six entretiens avec André Malraux sur des écrivains de son temps (1959-1975),* Gallimard, 1978.

72 Guéhenno, Jean : *Journal des années noires (1940-1944),* Gallimard, 1947.

73 Guitry, Sacha : *Quatre ans d'occupation,* L'Élan, 1947.

74 Guitry, Sacha : *Soixante jours de prison,* L'Élan, 1947.

75 Guilloux, Louis : *Carnets 1921-44,* Gallimard, 1947.

76 Guth, Paul : *Journal d'un film. Autour des Dames du bois de Boulogne,* Julliard, 1945.

77 Hébrard, Frédérique : *La Chambre de Goethe,* Flammarion, 1981.

78 Heller Gerhard : *Un Allemand à Paris (1940-1944),* Seuil, 1981.

79 Henriot, Philippe : *Ici Radio-France,* Éditions de France, 1943.

80 Hérold-Paquis, Jean : *Des illusions... désillusions!,* Paris, Bourgoin, 1948.

81 Hugo, Jean : *Le Regard de la mémoire*, Actes Sud, 1984.
82 Isorni, Jacques : *Mémoires*, t. I : *1911-1945*, Laffont, 1984.
83 Jamet, Claude : *Fifi roi*, L'Élan, 1947.
84 Jamet, Fabienne : *One, Two, Two*, Presses Pocket-Orban, 1975.
85 Jouhandeau, Marcel : *Journal sous l'Occupation*, Gallimard, 1980.
86 Jouvenel, Bertrand de : *Un voyageur dans le siècle. 1903-1945*, Laffont, 1980.
87 Joyeux, Odette : *Le Beau Monde*, Albin Michel, 1978.
88 Jünger, Ernst : *Journal*, Paris, Julliard, 1965.
89 Laffont, Robert : *Éditeur*, Laffont, 1974.
90 Langeron, R. : *Paris Juin 40*, Flammarion, 1946.
91 Lapara, Léopold : *Dix ans avec Louis Jouvet*, France-Empire, 1976.
92 Lartigue, Jacques-Henri : *L'Œil de la mémoire – 1932-1985*, Carrère-Lafon, 1986.
93 Laubreaux, Alain : *Écrit pendant la guerre*, Inter-France, 1944.
94 Léautaud, Paul : *Journal littéraire*, t. XIII, XIV, XV et XVI, Mercure de France, 1955-1966.
95 Leclerc, Ginette : *Ma vie privée*, Table Ronde, 1963.
96 Lecoin, Louis : *Le Cours d'une vie*, Liberté, 1965.
97 Leduc, Violette : *La Bâtarde*, Gallimard, 1964.
98 Lefèvre, René : *Le Film de ma vie*, France-Empire, 1973.
99 Lévi-Strauss, Claude : *Tristes Tropiques*, Plon, 1955.
100 L'Herbier, Marcel : *La Tête qui tourne*, Belfond, 1979.
101 Lifar, Serge : *Ma vie*, Julliard, 1965.
102 Luchaire, Corinne : *Ma drôle de vie*, Paris, SUN, 1949.
103 Malraux, Clara : *Le Bruit de nos pas*, t. II : *Nos vingt ans*, Grasset, 1966.
104 Marais, Jean : *Histoire de ma vie*, Albin Michel, 1975.
105 Marquet, Marie : *Mes Récitals novembre 1940-décembre 1941*, Fayard, 1946.
106 Marquet, Marie : *Cellule 209*, Fayard, 1954.
107 Martin du Gard, Maurice : *La Chronique de Vichy : 1940-1944*, Flammarion, 1947.
108 Martin du Gard, Maurice : *Mémorables*, t. III : *1930-1945*, Grasset, 1978.
109 Massenet, Pierre et Marthe : *Journal d'une longue nuit (1940-1944)*, Fayard, 1971.
Mauriac, François, *Correspondance avec André Gide*, voir GIDE.
110 Milhaud, Darius : *Ma vie heureuse*, Belfond, 1973.
111 Modiano, Patrick : *Interrogatoire : Emmanuel Berl*, Gallimard, 1976.
112 Mohrt, Michel : *Mon royaume pour un cheval*, Albin Michel, 1949.

113   Mohrt, Michel : *Vers l'ouest,* Orban, 1988.
114   Montherlant, Henry de : *Textes sous une occupation,* Gallimard, 1953.
115   Morgan, Michèle : *Avec ces yeux-là,* Laffont, 1977.
116   Papazoff, Georges : *Mon copain Derain,* Valmont, 1960.
117   Paulhan, Jean : *De la paille et du grain,* Gallimard, 1948.
118   Perrin, Marius : *Avec Sartre au Stalag XII D,* Éditions Universitaires, 1980.
119   Philipe, Anne : *Gérard Philipe. Souvenirs et témoignages,* Gallimard, 1960.
120   Queneau, Raymond : *Journal 1930-40,* Gallimard, 1986.
121   Rebatet, Lucien : *Mémoires d'un fasciste,* Pauvert, 1976.
122   Renoir, Jean : *Ma vie et mes films,* Flammarion, 1974.
123   Rim, Carlo : *Mémoires d'une vieille vague,* Gallimard, 1961.
124   Rosay, Françoise : *La Traversée d'une vie,* Laffont, 1974.
125   Rossi, Tino : *Tino,* Stock, 1974.
126   Roussin, André : *Patience et impatiences,* La Palatine, 1953.
127   Roussin, André : *Rideau gris et habit vert,* Albin Michel, 1983.
128   Roy, Claude : *Moi je,* Gallimard, 1969.
129   Sachs, Maurice : *La Chasse à courre,* Gallimard, 1948.
130   Saint-Bonnet, G : *Vichy capitale,* Clermont-Ferrand, Éditions Mont-Louis, 1941.
131   Sartre, Jean-Paul : *Les Carnets de la drôle de guerre,* Gallimard, 1983.
132   Signoret, Simone : *La Nostalgie n'est plus ce qu'elle était,* Seuil, 1976.
133   Speer, Albert : *Au cœur du IIIe Reich,* Fayard, 1971.
134   Stucki, Walter : *La Fin du régime de Vichy,* Neuchâtel, La Baconnière, 1947.
135   Texcier, Jean : *Écrit dans la nuit.*
136   Tharaud, Jérôme et Jean : *Fumées de Paris,* E.N.F., 1946.
137   Thérive, André : *L'Envers du décor, 1940-44,* La Clé d'Or, 1948.
138   Toesca, Maurice : *Cinq ans de patience,* Émile-Paul, 1975.
139   Tual, Denise : *Le Temps dévoré,* Fayard, 1980.
140   Vallat, Xavier : *Le Nez de Cléopâtre,* Les quatre Fils Aymon, 1957.
141   Van Parys, Georges : *Les jours comme ils viennent,* Plon, 1969.
142   Van Rysselberghe, Maria : *Les Cahiers de la petite dame, 1937-1945,* Gallimard, 1976.
143   Vercors : *La Bataille du silence : souvenirs de Minuit,* Presses de la Cité, 1967.
144   Vernier, Claude : *Tendre exil : Souvenirs d'un réfugié antinazi en France,* Maspero-La Découverte, 1983.

145 Vildrac, Charles : *Pages de journal, 1922-1966,* Gallimard, 1968.

146 Willm, Pierre-Richard : *Loin des étoiles,* Belfond, 1975.

BIOGRAPHIES

147 Andry, Marc : *Colette,* Presses-Pocket, 1984.

148 Assouline, Pierre : *Gaston Gallimard,* Balland, 1984.

149 Berry, Madeleine : *André Chamson ou l'homme contre l'histoire,* Fischbacher, 1977.

150 Beylie, Claude : *Marcel Pagnol,* Seghers, 1974.

151 Boutang, Pierre : *Maurras : la destinée et l'œuvre,* Plon, 1984.

152 Brassié, Anne : *Robert Brasillach,* Laffont, 1987.

153 « B.T.2 », Bibliothèque du Travail, Pédagogie Freinet, n° 107, Spécial Max Jacob, mars 1979.

154 Cahiers de l'Herne : *Pierre Drieu La Rochelle,* L'Herne, 1982.

155 Cannavo, Richard : *La Ballade de Charles Trenet,* Laffont, 1984.

156 Casanova, Nicole : *Germaine Lubin,* Flammarion, 1975.

157 Cazenave, Michel : *André Malraux,* Balland, 1985.

158 Chapsal, Madeleine : *Envoyez la petite musique....* Recueils d'interviews de divers écrivains, Grasset-Fasquelle, 1984.

159 Cohen-Solal, Annie : *Sartre,* Gallimard, 1985.

160 Courrière, Yves : *Joseph Kessel ou sur la piste du lion,* Plon, 1985.

161 Crespelle, Jean-Paul : *Chagall,* Presses de la Cité, 1969.

162 Daix, Pierre : *Aragon – Une vie à changer,* Seuil, 1975.

163 Daix, Pierre : *La Vie de peintre de Pablo Picasso,* Seuil, 1977.

164 Desanti, Dominique : *Drieu La Rochelle ou le Séducteur mystifié,* Flammarion, 1978.

165 Desanti, Dominique : *Sacha Guitry,* Grasset, 1982.

166 Desanti, Dominique : *Les Clés d'Elsa, Aragon Triolet, roman vrai,* Ramsay, 1983.

167 Ferrières, Gabrielle : *Jean Cavaillès, un philosophe dans la guerre (1903-1944),* Seuil, 1982.

168 Ford, Charles : *Pierre Fresnay. Un gentilhomme du cinéma,* France-Empire, 1981.

169 Gibault, François : *Céline,* Mercure de France, 1985.

170 Grimal, P., Carcopino, C., et Ourliac, P. : *Jérôme Carcopino, un historien au service de l'humanisme,* Belles Lettres, 1981.

171 Grover, Frédéric : *Drieu La Rochelle,* Gallimard, 1963.

171 bis Guitard-Auviste, Ginette : *Chardonne,* Olivier Orban, 1983.

172 Halbreich, H : *Olivier Messiaen,* Fayard, 1980.

173 Lacouture, Jean : *Malraux, une vie dans le siècle,* Seuil, 1973.

174 Lacouture, Jean : *François Mauriac,* Seuil, 1980.

175 Langlois, Georges, et Glen Myrent : *Henri Langlois. Premier citoyen du cinéma,* Denoël, 1986.

176 Le Boterf, Hervé : *Le Vigan,* France-Empire, 1986.

177 Lévy, Claude : *Jean Luchaire et les Nouveaux Temps,* Colin, 1974.

178 Lottman, Herbert R. : *Albert Camus,* Seuil, 1978.

179 Loubier, Jean-Marc : *Louis Jouvet,* Ramsay, 1986.

180 Mabire, Jean : *Drieu parmi nous,* La Table Ronde, 1963.

181 Malige, Jeannie : *Colette qui êtes-vous ?,* La Manufacture, 1987.

182 Migeo, Marcel : *Saint-Exupéry,* Flammarion, 1958.

183 Mitry, Jean : *René Clair,* Éditions Universitaires, 1960.

184 Monnier, Pierre : *Arletty,* Stock, 1984.

185 Paulhan, Jean : *Braque le patron,* Gallimard, 1952.

186 Penrose, Roland : *Picasso,* Flammarion, 1982.

187 Steegmuller, Francis : *Jean Cocteau,* Buchet-Chastel, 1973.

OUVRAGES GÉNÉRAUX

188 Amoretti, Henri : *Lyon capitale 1940-1944,* France-Empire, 1975.

189 Amouroux, Henri : *La Grande Histoire des Français sous l'occupation,* Laffont, 1976.

190 Amouroux, Henri : *Les Beaux Jours des collabos,* Laffont, 1979.

191 Arnoult, Pierre : *Les Finances de la France et l'occupation,* P.U.F., 1951.

192 Aron, Robert : *Histoire de la Libération de la France,* Fayard, 1958.

193 Aron, Robert : *Histoire de l'épuration.* Vol. II : *Presse, Arts, Lettres,* Fayard, 1975.

194 Assouline, Pierre : *L'Épuration des intellectuels,* Éditions Complexe, 1985.

195 Astier de la Vigerie, Emmanuel d' : *De la chute à la libération de Paris,* Gallimard, 1965.

196 Audiat, Pierre : *Paris pendant la guerre,* Hachette, 1946.

197 Azéma, Jean-Pierre : *La Collaboration,* P.U.F., 1975.

198 Barrot, Olivier : *L'Écran français 1943-52,* E.F.R., 1979.

198 bis Bazin, André : *Le Cinéma de l'Occupation et de la résistance*, « 10 × 18 », 1975.

199 Bellanger, C. : *La Presse clandestine 1940-44*, « Kiosque », Colin, 1961.

200 Bellanger, C ., Michel, H., et Lévy, C. : *Histoire générale de la presse française*, t. IV, P.U.F., 1975.

201 Bertin-Maghit, J.-P. : *Le Cinéma français sous Vichy*, Albatros, 1980.

202 Blumenson Martin : *Le Réseau du musée de l'Homme*, Paris, 1979.

203 Boisdeffre, Pierre de : *Histoire vivante de la littérature d'aujourd'hui*, Le Livre Contemporain, 1958.

204 Boisdeffre, Pierre de : *Métamorphose de la littérature*, Marabout Université, Verviers, 1973.

205 Bourget, Pierre : *Paris 1940-44*, 1979.

206 Brissaud, André : *La Dernière Année de Vichy*, Perrin, 1965.

207 Brissaud, André : *Pétain à Sigmaringen*, Perrin, 1966.

208 Burin, Philippe : *La Dérive fasciste*, Seuil, 1986.

209 Cadars, Pierre, et Courtade, Francis : *Histoire du cinéma nazi*, Losfeld, 1972.

210 Chauvy, Gérard : *Lyon 40-44*, Plon, 1986.

211 Chauvy Gérard : *Lyon des années bleues*, Plon, 1987.

212 Chirat, Raymond : *Le Cinéma français des années de guerre*, « Cinq Continents », Hatier, 1983.

213 Conte Arthur : *Le Premier Janvier 40*, *Plon, 1977.*

214 Cotta, Michèle : *La Collaboration*, « Kiosque », Armand Colin, 1964.

215 Courtade, Francis : *Les Malédictions du cinéma français*, Alain Moreau, 1978.

216 Daniel, Joseph : *Guerre et cinéma*, Armand Colin, 1972.

217 Debû-Bridel, Jacques : *La Résistance intellectuelle – témoignages*, Julliard, 1970.

218 Defrasne, Jean : *Histoire de la collaboration*, P.U.F., 1982.

219 Delarue, Jacques : *Trafics et crimes sous l'occupation*, Fayard, 1968.

220 Delperrié de Bayac : *Histoire de la Milice*, Fayard, 1968.

221 Desgranges, abbé : *Les Crimes masqués du résistensialisme*, L'Élan, 1948.

222 Dhordain, Roland : *Le Roman de la radio*, La Table Ronde, 1983.

223 Dioudonnat, J. M. : *Je Suis Partout 40-44*, La Table Ronde, 1973.

224 Dubois, Edmond : *Paris sans lumière*, Payot, 1946.

225 Duquesne, Jacques : *Les Catholiques français sous l'occupation*, Grasset, 1966.

226 Fouché, Pascal : *L'Édition française sous l'occupation*, Bibliothèque de littérature française contemporaine, Université de Paris-VII-Jussieu, 1987.

227 Foville, Jean-Marc : *L'Entrée des Allemands dans Paris*, Calmann-Lévy, 1965.

228 Ganier-Raymond, Philippe : *Une certaine France : l'antisémitisme*, Balland, 1975.

229 Garçon, Maurice : *Le Procès de Charles Maurras*, Albin Michel, 1946.

230 Garçon, Maurice : *Les Procès de la radio (Ferdonnet et Jean Hérold-Pâquis)*, Albin Michel, 1947.

231 Gaulle, Charles de : *Discours et messages*, t. I, Plon, 1970.

232 Gouze, Roger : *Les Bêtes à Goncourt*, Hachette-Littérature, 1973.

233 Haedens, Kléber : *Une histoire de la littérature française*, Lyon, 1943, nouvelle édition, S.F.E.L.T., 1947.

234 Halimi, André : *Chantons sous l'occupation*, Marabout, 1976.

235 Hanoteau, Guillaume : *L'Age d'or de Saint-Germain-des-Prés*, Pauvert, 1976.

236 Hoffmann Stanley : *Essais sur la France*, Seuil, 1974.

237 Isorni, Jacques : *Le Procès de Robert Brasillach*, Flammarion, 1946.

238 Jackel, E. : *La France dans l'Europe de Hitler*, Fayard, 1968.

239 Le Boterf, Hervé : *Le Théâtre en uniforme*, France-Empire, 1973.

240 Le Boterf, Hervé : *La Vie parisienne sous l'occupation*, 2 tomes, France-Empire, 1975.

241 Léglise, Paul : *Histoire de la politique du cinéma français*, t. II, Filméditions, 1977.

242 Lévy, Claude : *Les Nouveaux Temps et l'idéologie de la collaboration*, Armand Colin, 1974.

243 Loiseau, J.-C. : *Les Zazous*, Sagittaire, 1977.

244 Loiseaux, Gérard : *La Littérature de la défaite et de la collaboration*, Paris, 1984.

245 Lottman, Herbert : *La Rive gauche*, Seuil, 1976.

246 Michel, Henri : *Vichy année 40*, Laffont, 1966.

247 Michel, Henri : *Paris allemand*, Albin Michel, 1981.

248 Morel, Robert : *La Littérature clandestine*, Fanlac, 1945.

249 Nicolle, P. : *Cinquante mois d'armistice*, 2 tomes, A. Bonne, 1947.

250 Noguères, Louis : *La Dernière Étape : Sigmaringen*, Fayard, 1956.

251 Novick, Peter : *L'Épuration française : 1944-1949*, Balland, 1985.

252 Ory, Pascal : *Les Collaborateurs : 1940-1945*, Seuil, 1976.

253 Ory, Pascal : *La France allemande (1933-1945) : Paroles du collaborationnisme français*, Gallimard, 1977.

254 Parrot, Louis : *L'Intelligence en guerre*, La Jeune Parque, 1945.

255 Paxton Robert : *La France de Vichy (1940-1944) : Vichy et la collaboration : un bilan*, Seuil, 1973.

256 Philippe, Claude-Jean : *Le Roman du cinéma*, t. II, Fayard, 1984.

257 Ragache, Gilles : *1940. La Guerre détraquée*, Aubier, 1984.

258 Rajsfus Maurice : *Des juifs dans la collaboration : L'U.G.I.F. 1941-1944*, E.D.I., 1980.

259 Rebatet, Lucien : *Les Tribus du cinéma et du théâtre*, N.E.F., Paris, 1941.

260 Régent, Roger : *Cinéma de France*, Éd. Bellefaye, Paris, 1948.

261 Robichon, Jacques : *Le Défi des Goncourt*, Denoël, 1975.

262 Rousso, Henry : *Le Syndrome de Vichy*, Seuil, 1987.

263 Ruffin, Raymond : *La Vie des Français au jour le jour : de la Libération à la Victoire, 1944-45*, Presses de la Cité, 1986.

264 Sadoul, Georges : *Le Cinéma français*, Flammarion, 1962.

265 Saint-Paulien : *Histoire de la collaboration*, L'Esprit Nouveau, 1964.

266 Seghers, Pierre : *La Résistance et ses poètes, 1940-1945*, Seghers, 1974.

267 Sérant, Paul : *Le Romantisme fasciste*, Fasquelle, 1959.

268 Sérant, Paul : *Les Vaincus de la libération*, Laffont, 1964.

269 Siclier, Jacques : *La France de Pétain et son cinéma*, Henri Veyrier, 1982.

270 Siegfried, André : *De la IIIe à la IVe République*, t. II : *Vichy*, 1956.

271 Tournoux, Jean-Raymond : *Le Royaume d'Otto. France 1939-1945*, Flammarion, 1982.

272 Veillon, Dominique : *La Collaboration. Textes et débats*, Livre de Poche, 1984.

273 Walter, Gérard : *La Vie à Paris sous l'occupation*, Armand Colin, 1960.

274 Winock, Michel : *Histoire politique de la revue « Esprit »*, Seuil, 1975.

ROMANS, ESSAIS...

Ces ouvrages comportent une large part de subjectivité mais leur intérêt est certain pour qui veut aborder la période sous un angle littéraire.

275 Aymé, Marcel, *Uranus*, N.R.F., 1948, puis Folio-Gallimard, (sur l'épuration).

276 Céline, Louis-Ferdinand : *Bagatelles pour un massacre,* Denoël, 1937.

277 Céline, Louis-Ferdinand : *L'École des cadavres,* 1938.

278 Céline, Louis-Ferdinand : *Les Beaux Draps (sur l'exode),* Nouvelles Éditions Françaises, 1941.

279 Céline, Louis-Ferdinand : *D'un château l'autre,* Gallimard, 1957 (sur Sigmaringen).

280 Chaix, Marie : *Les Lauriers du lac de Constance,* Seuil, 1981.

281 Charles-Roux, Edmonde, *Elle. Adrienne,* Grasset, 1971.

282 Drieu La Rochelle : *Gilles,* Gallimard, 1939 (édition censurée) puis 1942.

283 Gracq, Julien : *Un Balcon en forêt,* José Corti, 1975 (1940 dans les Ardennes).

284 Jardin, Pascal : *La Guerre à neuf ans,* Grasset, 1971.

285 Malaparte, Curzio : *Le Soleil est aveugle,* Folio-Gallimard, 1987 (1940 dans les Alpes).

286 Modiano, Patrick : *La Place de l'Étoile,* Gallimard, 1968.

287 Modiano, Patrick : *Lacombe Lucien,* Gallimard 1974.

288 Nourissier, François : *Allemande,* Grasset, 1973.

289 Sachs, Maurice : *La Chasse à courre,* Gallimard, 1948.

290 Sachs, Maurice : *Le Sabbat,* Gallimard, 1960.

291 Saint-Exupéry, Antoine de : *Pilote de guerre,* Folio-Gallimard, 1986, (les combats de 1940 vus du ciel).

292 Saint-Exupéry, Antoine de : *Lettres,* Gallimard, 1945-1955 (« Lettres à sa mère », « Lettres de jeunesse » et « Lettre à un otage »).

293 Vercors : *Le Silence de la mer,* Éditions de Minuit puis Albin Michel, 1951.

ESSAIS-POLÉMIQUES

294 Bardèche, Maurice : *Lettres à François Mauriac,* La Pensée libre, 1947.

295 Benjamin, René : *Le Maréchal et son peuple,* Plon, 1941.

296 Béraud, Henri : *Les Raisons d'un silence,* Inter-France, 1944.

297 Bernanos, Georges : *Le Chemin de croix des âmes,* Gallimard, 1948.

298 Bloch, Marc : *L'Étrange Défaite,* Franc Tireur, 1946.

299 Mauclair, Camille : *La Crise de l'art moderne,* Paris, Imprimerie C.E.A., 1944.

300 Paulhan, Jean : *Lettre aux directeurs de la Résistance,* Éditions de Minuit, 1952.

301 Péret, Benjamin : *Le Déshonneur des poètes*, Mexico, 1945, réédité chez J.-J. Pauvert, 1968.

302 Rebatet, Lucien : *Les Décombres*, Denoël, 1942.

303 Sartre, Jean-Paul : *Réflexion sur la question juive*, Gallimard, 1954.

N.B. L'ensemble de cette bibliographie indique seulement les ouvrages qui ont été utilisés par les auteurs au cours de leurs recherches.

INDEX

CRÉDITS PHOTOGRAPHIQUES

TABLE DES MATIÈRES

TABLE DES MATIÈRES

Cet ouvrage a été réalisé sur
Système Cameron
par la SOCIÉTÉ NOUVELLE FIRMIN-DIDOT
Mesnil-sur-l'Estrée
pour le compte des Éditions Hachette
le 30 juin 1988

Imprimé en France
Dépôt légal : 9683, juin 1988
N° d'édition : 88050/10037 – N° d'impression : 9919
23.42.4116.91
ISBN 2.01.011568.6
ISSN 0768.0074